학교폭력예방 및 학생의 이해

임성택 · 이금주 · 홍송이
채선기 · 황정숙 공저

SCHOOL VIOLENCE PREVENTION
BY UNDERSTANDING STUDENTS

학지사

머리말

　학교는 학습해야 할 것과 학습하지 말아야 할 것을 철저히 구분하여 교육하고자 하지만, 실제로는 모든 것이 학습되는 장소이다. 폭력은 학교에서 학습되지 말아야 할 대표적인 교정 대상 행위이지만, 역설적이게도 학교교육 과정을 통하여 학습되고 심화되기도 한다. 실제로 다양한 양식의 폭력행위가 학교교육을 통하여 학습되고 확산되어 심각한 사회적 문제로 비화되어 왔다. 청소년은 기성세대의 모습과 행동을 비추는 거울일 수 있다. 청소년의 폭력적 행동은 그들 간의 문제일 수 있지만, 기성세대의 폭력적 문화가 투영된 사회적 학습의 결과가 아닌지에 대해서도 돌아볼 필요가 있다.

　학교폭력을 예방하기 위해서는 학교폭력의 발생 원인, 학습 과정에 대한 다각도의 이해와 사후 대응과 관련된 실무적 해결 역량이 요구될 것이다. 특히 이 과정에서 학교폭력의 가해자, 피해자, 주변인(동조자, 강화자, 방관자, 방어자)으로 일컬어질 학생들에 대한 이해는 필수적이다. '죄는 미워하되 사람은 미워하지 말라'는 경구는 발생한 행위로 사람의 본질을 속단하지 말라는 의미로도 해석할 수 있다. 특히 기성세대와 달리 가소성이 열려 있는 학생들의 경우라면 낙인보다는 이해의 관점에서 접근할 필요가 있다. 뿐만 아니라 피해자가 학교폭력으로 겪게 되는 다양한 외현 및 내현적 문제들에 대한 충분한 이해는 말할 것도 없고 가해자와 피해자의 공간에서 기능하는 주변인에 대한 이해도 필수적이다. 학교폭력은 단순히 가해자와 피해자에 국한된 당사자의 문제라기보다는 학교를 구성하는 모든 구성원에 대한 이해에서 다루어질 문제이다.

　그동안 교육당국은 학교폭력의 학습 가능성을 고려한 예방적 차원의 근본적 진단과 대책보다는 사건 발생에 따른 사후적 대응에 급급하여 학교폭력에 대한 근본적인 이해와 개선방안을 충분히 제시하지 못하였다. 뿐만 아니라 날로 다양화되고 심각해지는 학교폭력을 예방하고 대응할 수 있는 교사의 역량과 효능감을 실질적으로 높일 수 있는 체계적인 교사교육 프로그램이 충분히 만족스럽게 마련되었다고 평가하기도 힘들다.

학교폭력의 심각성을 인식하여 학교폭력 관련 강좌가 교육당국의 정책적 차원에서 교직과목으로 채택된 이래 다수의 교재가 발행되었다. 하지만 우리 집필진들은 예비교사들의 실질적인 학교폭력 예방과 대응 역량을 강화하기 위해 좀 더 갖추었어야 할 내용을 포함하고, 새로운 접근이 적용된 교재의 필요성을 인식하였다. 이 책『학교폭력예방 및 학생의 이해』는 학교폭력을 예방하고 대응하는 과정에서 전·현직 교사들이 필요로 할 것으로 예상되는 내용들을 포괄하여 체계를 갖추어 담고자 하였다. 이를 담보하기 위해 다년간 학교폭력과 관련된 교직 강좌를 담당한 경험을 가진 다양한 전공 분야의 집필진들이 이 책을 짓기 위해 함께 참여하였다.

폭력적인 상황이 지속되는 국가 내란이 조속히 안정되기를 간절히 바라며, 과포화 상태에 놓인 출판 시장의 어려움에도 불구하고 이러한 집필진의 의사를 흔쾌히 수용하여 교재 발행에 도움을 주신 학지사 사장님과 관계자 여러분께 깊은 감사를 표한다.

2025년 3월
대표 저자 임성택 배상

차례

제4부
학교폭력의 대처

학교폭력의 이해

School Violence Prevention by Understanding Students···

학교폭력의 정의 및 실태

학교폭력은 학생들의 신체적 · 정신적 건강을 위협하는 심각한 사회적 문제이다. 인간은 '관계적 자기'를 가지고 있어(Greenberg & Johnson, 1988), 타인과 지속적인 영향을 서로 주고받으면서 자기 안에 복합적인 자아 구조를 완성해 간다. 모든 인간은 서로 연결되어 있어 사실상 타인은 자기의 일부이다(Riviere, 1972). 학교도 학생들이 인간관계를 맺으며 자신의 '관계적 자기'를 건강하게 확장하면서 인지적, 정의적, 신체적인 발달을 이루어 가는 배움의 공간이다. 학교는 세상과 단절된 장소가 아니라 세상과 함께하는 공유지[1]로, 특정한 정치적 혹은 경제적 이해관계에 의해 전유되거나 사유화되지 않은 공간으로서 세상을 이해하고 살아가는 방식을 배우고 실천하는 곳이어야 한다(홍윤철, 2022). 이러한 학교라는 공간에서 학생들 간의 폭력은 더 이상 아이들의 성장 과정에서 누구나 겪을 수 있는 단순한 일이라고 치부할 수 없게 되었다. 이에 교육부(2024a)는 '학교폭력 근절 종합대책'의 현장 안착을 위해 학교폭력 사안처리의 제도를 개선하고 학교 전담 경

---

1) 공유지는 사실 장소적 의미로만 국한되지 않는다. 우리가 일상생활에서 형성하는 사회적 관계와 연대를 의미하며, 소유나 거래의 대상이 되지 않는다. 학교는 미래의 민주시민을 키우는 민주적 공동체의 토대가 되어야 하는 공유지이다. 특히 지구공동체와 더불어 살아가기 위해 생태계와 사람의 상호 관계를 이해하고, 다른 사람과의 협력을 통하여 지속 가능한 사회를 형성하기 위한 교육이 이루어지는 곳이어야 한다(홍윤철, 2022, p. 251).

찰관의 역할을 강화하였다. 또한 학교 현장 대응력을 높이기 위해 '학교폭력 제로센터'를 설치하고 학교폭력 전담조사관을 위촉하였으며, 관계 개선 및 피해학생 지원단을 구성하였다. 더불어 학생들의 마음건강 및 사회정서 성장을 통합적으로 지원하고자 노력하고 있다.

학생 간 폭력은 점점 저연령화, 집단화되고 있고 시·공간을 초월해 복잡한 양상을 드러내고 있어 학생들 간의 생채기 내기는 더욱 심각해지고 있다. 폭력의 공간은 확대되고 있으며 학생을 둘러싼 사회적 환경과 학교교육 환경도 변화하고 있어 학교폭력 양상도 더욱 진화하고 있다. 학생들이 학교폭력 없는 안전한 학교라는 교육 공간에서 생활할 수 있도록 하기 위해서는 우리 모두가 변화하는 학교폭력의 특성에 민감할 필요가 있다.

먼저 이 장에서는 학교폭력이 그동안 어떻게 정의되어 왔으며, 우리나라 「학교폭력예방 및 대책에 관한 법률」(약칭 「학교폭력예방법」; 2004. 제정, 2023. 10. 24. 일부 개정)에서는 학교폭력의 개념을 어떻게 정의하고 있는지 알아본다. 더불어 학교폭력의 유형별 정의 및 특성 그리고 최근 양상을 알아보면서 학교폭력에 대한 본질적 이해를 시작하고자 한다.

1. 학교폭력의 정의

'학교폭력'이라는 용어는 괴롭힘 또는 집단따돌림을 의미하는 'bullying'에서 시작되었다. 점차 학교 내 괴롭힘의 수위가 높아지고 더 심각해지면서 폭력(violence)이라는 개념으로 확대되어 사용되고 있다. 맥케이브와 마틴(McCabe & Martin, 2005)은 학교에서 일어난 총격 사건이나 살인 사건 등과 같은 심각한 범죄를 학교폭력으로 정의한다. 1999년 4월 20일 미국 콜로라도주 콜럼바인(Columbine)에서 발생한 총격 사건은 13명의 사망자와 24명의 부상자를 내 우리에게 적잖은 충격을 안긴 대표적인 학교 총격 사건이다. 이 사건의 가해학생 2명인 에릭 해리스(Eric Harris)와 딜런 클리볼드(Dylan Klebold)의 행동은 학교 내 집단 괴롭힘 및 개인적 건강 상태 등 여러 원인이 복합적으로 작용하였다.[2] 이처럼 신체적·심리적 상해나 재산상의 피해를 초래하는 의도적 행동은 괴롭힘을 넘어선 폭력의 개념으로 보아야 한다(Thomas, 2006). 또한 패링턴(Farrington, 1993)은 괴롭힘을 잠재적 가해자와 잠재적 피해자 사이에서 일어나는 학교폭력의 하위영역이라고 보았다.

이제는 거의 고유명사가 되다시피 한 '학교폭력'이라는 용어가 적절한지 의문이 제기되기도 하였다(이보경, 2020). 이 용어는 처음에는 학교라는 물리적 공간 안에서 일어나는 폭력만을 학교폭력으로 규정하였으므로 몇 가지 애매한 점들이 있다. 학생과 교사 간 폭력을 포함한 학교 내 모든 사람의 폭력을 다룬다는 것인지 학교 간의 폭력이라는 것인지 개념 자체가 모호하다는 것이다. 교사에 대한 학생의 폭력도 학교폭력의 범위에 포함될 수 있는지에 대하여도 의견이 분분하다. 사실 「학교폭력예방법」(2023. 10. 24. 개정)에 따른 '학교폭력 제로센터'와 '학교폭력대책심의위원회'에서는 학생과 학생 간의 폭력만을 다루고 있다. 그러나 미국의 경우에는 학생이 가해자이고 교사가 피해자인 경우도 학교폭력으로 간주하는 사례가 상당하다(정여주 외, 2024).

또한 우리나라 「학교폭력예방법」의 '학교 내·외'라는 공간적인 규정은 학교 안에서의 폭력과 함께 학원이나 등·하굣길 등 학교 밖에서 일어나는 폭력도 포함됨을 명시하고 있다. 문용린 등(2006)은 학교폭력의 장소를 학교 안으로만 한정하지 않고 교내, 주변, 등·하굣길, 집 주변, 학원 주변 등 교육과 관련된 장소와 현장으로 보았다. 그렇다면 '학교폭력'이라는 용어는 학생을 대상으로 모든 곳에서 일어나는 폭력을 의미하는 것이 적절한가? 하지만 올베우스(Olweus)의 괴롭힘에 대한 정의에서 공간에 대한 언급이 없으며, 많은 다른 학자들도 학교라는 공간에 대한 언급보다는 학생들이 당하는 폭력으로 생각하는 경우가 대부분이다. 즉, 학교폭력을 정의할 때 학교라는 공간적 요소보다는 어

---

2) 가해자 중의 한 명인 딜런 클리볼드의 엄마인 수 클리볼드(Sue Klebold)는 딜런이 따돌림당하고 친구도 없는 반사회적 유형의 아이는 아니었다고 말한다. 다만 심한 우울증이 죽음에 대한 욕구로 이어졌음을 사건 후에야 알게 되었음을 엄마로서 개탄한다. 집단따돌림, 학교, 미디어, 또 다른 가해자 친구 에릭의 영향, 부모의 양육 방식 등 가해자들의 행동에 대한 무수한 설명이 난무하나 어느 하나로 단정할 수 없다. 여전히 아들이 보고 싶고 아들을 사랑하는 엄마이며 아들의 행동을 용서받기 위해서가 아니라 아들에게 희생당한 피해자들을 기억하기 위해 그날의 사건을 정직하게 회고하고 있다(Klebold, 2016).

떤 대상이 폭력에 노출되었는가에 더 의미를 두고 있다(정여주 외, 2024).

용어의 적절성은 뒤로하고, 학교폭력의 어원이 괴롭힘에서 시작되었음을 고려할 때 '학교폭력'이란 무엇인지 정의하기 위해서는 '괴롭힘(bullying)'이란 무엇인지 어떻게 정의되는지부터 알아야 한다. 괴롭힘에 대한 정확한 정의도 여전히 의견이 분분하나(Smith, 2021), 일반적으로 괴롭힘은 고의성, 반복성 그리고 힘의 불균형이라는 세 가지 특성을 드러낸다(Coloroso, 2003). 노르웨이의 심리학자인 올베우스(1993)는 괴롭힘을 "한 학생이 반복적이고 지속적으로 다른 한 명 또는 여러 명의 학생이 가하는 부정적이고 폭력적인 행동에 노출되어 피해를 당하는 것"이라고 정의하고 있다. 즉, 괴롭힘은 피해자에게 상처를 주고 해를 끼치기 위한 가해자의 의도적인 목적이 가져온 행동이라는 의미이다. 한편, 미국심리학회(American Psychological Association: APA)에서는 "어떤 사람이 의도적이고 반복적으로 다른 사람에게 상처나 불편감을 주는 공격적 행동의 한 형태"라고 정의하면서 괴롭힘이 물리적인 접촉 외에 언어나 그 이상의 행동으로 발생할 수 있다고 하였다. 또한 학령기 아동 사이에서 실제적 혹은 인지상 힘의 불균형에 의해 상대적으로 힘이 약한 대상에게 해를 가할 목적으로 행해지는 공격적 행동으로 정의되기도 한다(Volk, Dane, & Marini, 2014).

일반적으로 어떤 용어의 의미를 알기 위해서는 보통 사전에서 그 의미를 찾아본다. 그러나 사전은 아이보다는 어른들이 사용하는 의미를 반영하는 경향이 높으며 시대변화에 맞춰 재빠르게 업그레이드되지 않는 경향이 있다(Smith, 2021, p. 23). 예를 들어, 한국어 사전에는 '집단따돌림', '집단괴롭힘' 또는 '학교폭력' 등의 단어가 실려 있으나, 우리 아이들은 '왕따', '찐따', '은따'라는 말을 더 자주 사용한다는 것이다. '왕'은 '왕(king)' 또는 '크다(big)'라는 의미이며 '따'는 '따돌림' 또는 '따돌리다'의 줄임말 형태이다. 즉, 왕따는 심한 따돌림을 의미한다.

우리나라의 「학교폭력예방법」 제2조 제1항은 '학교폭력'을 "학교 내·외에서 학생을 대상으로 발생한 상해, 폭행, 감금, 협박, 약취, 유인, 명예훼손·모욕, 공갈, 강요, 강제적인 심부름 및 성폭력, 따돌림, 사이버 따돌림, 정보통신망을 이용한 음란·폭력정보 등에 의하여 신체·정신 또는 재산상의 피해를 수반하는 행위"라고 정의한다. 학교 내·외라는 확대된 공간적인 의미를 제시하고 따돌림 이외의 다양한 유형이 하위 유형으로 학교폭력에 포함됨을 명시하고 있다.

이상의 학교폭력에 대한 정의를 토대로 학교폭력 발생의 요건 및 공간, 대상의 범위를 반영하여 학교폭력의 개념을 정리해 보면 다음과 같다.

첫째, 학교폭력 행동은 일정 기간 '지속적'이고 '반복적', '의도적'으로 일어날 수 있으며 사례에 따라서는 학생들 사이의 '힘의 불균형'도 발생의 원인이 될 수 있다. 이 중에서 하나의 요건이라도 성립하면 학교폭력으로 본다. 더불어 이 요건이 성립하지 않더라도 그 피해 정도가 심각하면 학교폭력으로 볼 수 있다. 이는 어떤 행동이 의도적이고 반복적이며 일정 기간 지속적이었음을 증명하기 어렵더라도 그 폭력의 수준이 심각하다면 학교폭력으로 간주할 수 있음을 뜻한다. '힘의 불균형' 요건도 모든 폭력 사안에 적용하기는 어려우나 사실 학급 구성원들이나 청소년 무리 사이에 있을 수 있는 '보이지 않는 힘의 불균형'이 학교폭력을 일으키고 있다. 우리나라의 「학교폭력예방법」의 정의에서는 이 세 가지 요건인 의도성, 반복성, 힘의 불균형에 대한 언급은 없으나, 학생을 대상으로 일어나는 모든 폭력행위는 학교폭력으로 본다.

둘째, 앞서 언급한 올베우스나 미국 APA 등의 괴롭힘에 대한 정의에서 알 수 있듯이 학교폭력이 일어나는 공간에 대한 언급은 하고 있지 않다. 우리나라의 「학교폭력예방법」의 정의에서는 학교폭력의 공간을 학교 내·외로 규정하고 있으나 그 범위는 교육과 관련된 모든 현장 및 장소를 의미하는 것으로 해석할 수 있다. 다시 말하면 학교폭력이 발생하는 공간보다는 학교폭력의 대상이 학생이라는 점에 더 초점을 두어 해석하는 것이 일반적이다.

마지막으로 학교폭력은 학생이 폭력으로 노출되었을 때를 말하며 그 대상은 가해학생, 피해학생, 주변인 학생으로 나눌 수 있다. 학교폭력 관련 대상별 구체적 특성을 포함한 학교폭력의 원인 및 특성은 제2장에서 알아보고자 한다.

2. 학교폭력의 유형별 정의

학교폭력의 유형에는 신체폭력, 언어폭력, 강요, 금품갈취, 따돌림, 성폭력 그리고 사이버폭력 등이 있다. 유형별 개념, 최근 실태 및 양상 등에 대한 심도 있는 이해를 바탕으로 구체적인 유형별 예방 및 대처방안을 고안하고 적용할 필요가 있다. 최근에는 학교폭력의 양상이 여러 유형으로 복합적으로 일어나고 있다는 점도 주목할 필요가 있다.

1) 신체폭력

신체폭력은 가해학생이 피해학생에게 직접적인 신체적 공격행동을 가하거나, 물건을 빼앗고 위협하는 등의 간접적 공격행동을 가하는 것을 말한다. 신체적 폭력에 해당하는 유형으로는 감금, 상해, 폭행, 약취, 유인 등이 있다.

감금은 일정한 장소에 피해학생을 가두고 나오지 못하게 하는 행위이다. 신체활동의 자유를 침범하는 행위로 다양한 방법으로 행해진다. 어느 공간에 가두고 자물쇠를 채우는 경우, 포박이나 약물을 이용해 가두는 경우 등도 있으며, 차에서 내리지 못하게 하는 것 또한 감금에 해당한다.

상해는 피해학생의 신체를 손이나 발로 때리거나 고통을 가하는 행위를 통해 생리적 기능을 훼손시키거나 육체적·정신적 병리 상태를 만드는 경우이다. 예를 들어, 신체에 찰과상, 출혈 등 상처를 입히기, 성병 옮기기, 수면 장애, 식욕 장애 등 생리적 기능에 장애를 일으키는 경우이다.

폭행은 구타, 밀치기, 잡아당기기, 침 뱉기, 흉기를 휘두르기, 신체의 일부를 절단하기, 마취약이나 마약 사용하기 등이 있다.

약취는 강제로 일정 장소에 끌려 가서 가해학생들에 의해 힘의 지배를 당하는 경우이며, 유인은 상대방을 속이거나 유혹해서 일정 장소로 데리고 가는 행위이다.

신체폭력의 사례는 대개 다른 여러 학교폭력 유형과 복합적으로 나타난다. 일련의 사건(사례 1, 2 참조)에서와 같이 가해학생이 촉법소년이라는 명목하에 형사처벌을 받지 않고 보호처분으로 종결되는 경우는 많은 사람의 공분을 일으켰다. 넷플릭스 시리즈 〈소년심판〉(2022)은 촉법소년의 문제, 피해자의 외상으로부터의 진정한 회복, 가해자들의 진지한 반성의 의미 등 소년범의 문제를 어떻게 다루어야 할지에 대하여 성찰하게 하였다.

대한민국 법정 드라마 〈소년심판〉

"그…… 만으로 14살 안 되면 사람 죽여도 감옥 안 간다던데 그거 진짜예요? 시신을 훼손해 유기한 범인이 사건 발생 8시간 만에 자수해…… 이래서 내가 너희들을 혐오하는 거야. 갱생이 안 돼서. 쳐 봐! 범인은 촉법소년. 소년원 2년이 최대 처분이야. 학습한 겁니다, 그 아이들. '법도 별거 아니네' 배운 거라고요. 저는 소년범을 혐오합니다. 재판을 시작하겠습니다."

이 드라마는 인천 초등학교 유괴 살인 사건 등 7대 범죄 사건 중에 소년 범죄 사건을 바탕으로 한 작품이다. 촉법소년 토막 살인 사건, 가정폭력 사건, 보호 시설 사건, 입시 비리 사건, 미성년자 무면허 교통사고에 이어서 미성년자 집단 폭행 사건 등 소년 범죄 문제를 해결해 나가면서 '소년법을 어떻게 바라볼 것인가'를 생각하게 한다. 가해자와 가해자 부모, 피해자와 피해자 가족 등의 입장에서 다각적으로 소년법을 바라보는 시각도 제공한다.

※ 출처: 소년심판, 소년법을 움직인 드라마(2023. 10. 3.). https://www.rfa.org

신체폭력 사례

사례 1. 충남 태안의 여중생 상해 사건(JTBC 뉴스, 2023. 5. 3.)

2023년 4월 30일 태안의 모 중학교 3학년 A 양은 최근까지 서로 어울려 다니다가 다른 학교로 전학을 간 2학년 B 양(상해 피해자)을 어느 지하 주차장에서 무차별 폭행했다. A 양은 B 양의 머리채를 잡고 끌고 얼굴 뺨 13회, 등 2회, 발로 걷어차기 5회 등 무자비하게 폭행을 가했다. 처음에는 B 양이 안와골절과 비골절을 입었다고 전해졌으나 다행히 얼굴과 목에 타박상 정도로 병원에서 치료받고 퇴원을 하였다. 그 주차장엔 웃으며 그냥 지켜보는 학생들도 있었다.

사례 2. 전북 군산의 14살 여중생 폭행 사건(MBC 뉴스, 2023. 5. 8.)

선・후배 사이인 A 양은 B 양을 상대로 연락받지 않는다며 인적이 드문 주차장에서 머리채를 잡아끌고 발로 차며 얼굴을 가격하는 등 무자비한 폭행을 가했다. 현장에는 웃으며 장난을 치는 학생들도 있었다. 경찰에 따르면 현장에는 영상에 찍힌 가해자를 포함해 모두 7명이 있었는데, 이 가운데 5명이 만 14세 미만 촉법소년이었고 피해학생 B 양 역시 만 13세로 확인되었다.

사례 3. 경기도 성남의 한 6학년 초등학생 대상 사건(한겨레, 2024. 10. 27.)
성남시의원 자녀가 가해학생 4명 중 일원으로 포함되어 피해 동급생에게 모래가 섞인 과자를 먹이고, 몸을 짓누르는 등의 폭행과 흉기로 협박한 집단 신체폭력 사안으로, 학교폭력 대책 심의위원회에서 가해학생들에게 내린 조치 처분에 대하여 많은 의혹이 제기되었다. 이 사안에 대하여 학교폭력 심의만 4개월이 걸려 대응 논란이 제기되었다(연합뉴스 TV, 2024. 11. 21.).

2) 언어폭력

언어폭력은 위협하거나 모욕적인 말, 조롱의 말 등으로 피해학생의 명예를 훼손하거나 상처를 주는 행위를 일컬으며, 모욕, 명예훼손, 협박, 가스라이팅(gaslighting) 등이 있다. 피해학생의 성격, 능력, 배경 등을 이용한 직접적 언행뿐 아니라 간접적 언행도 포함된다.

모욕은 여러 사람 앞에서 생김새에 대한 놀림, 병신, 바보 등 상대방을 비하하는 내용을 포함하여, 피해학생의 성정체성을 포함한 정체성, 성별, 인종, 국적 그리고 종교 등에 관련하여 반복적으로 공격하거나 희롱하는 등의 말을 내뱉는 행위이다.

명예훼손은 피해학생에게 모욕적인 언행이나 욕설, 조롱하는 말 등을 통해 불특정 다수 앞에서 모욕감을 느끼게 하고 창피를 주며 명예를 깎아내리는 행위이다. 그 내용이 진실이라고 하더라도 범죄이고, 허위라면 형법상 가중 처벌의 대상이다.

협박은 신체 등에 해를 끼칠 듯한 언행과 문자 메시지 등으로 공포감을 유발하는 언어('죽을래', '죽고 싶냐', '죽일 거야' 등)를 사용하여 피해학생을 강제적으로 위협하는 행위이다.

가스라이팅은 '가스등(gaslight) 효과'라 불리며, 뛰어난 설득을 통해 타인의 마음에 스스로 의심을 불러일으키고 현실감과 판단력을 잃게 만듦으로써 그 사람에게 지배력을 행사하는 것이다. 패트릭 해밀턴(Patrick Hamilton)의 연극을 원작으로 개봉되었던 1994년 미국 영화 〈가스등(Gaslight)〉에서 유래한 용어이다(위키백과). 즉, 피해학생의 현실적인 감각을 언어적 설득으로 조작 또는 조정하며 그의 판단력과 자율성을 교묘히 무너뜨리는 행위이다.

언어폭력 사례

대표적인 언어폭력의 예로는 전 국가수사본부장 낙마자인 정순신 아들 정모 군의 사건이 있다. 이 사건은 원래 2017년에 발생하였으나 정순신이 국가수사본부장으로 임명되면서 재조명된 사건이다(한겨레, 2023. 4. 14.; 나무위키).

정순신의 아들 정모 군은 동급생이 특정 신문을 읽는다는 이유로 오랜 기간 반복적으로 '좌파 빨갱이', '제주도에서 온 돼지', '더럽고 냄새난다', '돼지도 급식실에서 밥먹냐, 꺼져라' 등의 폭언을 일삼았다. 아버지의 권력을 등에 업고 피해학생에게 극도의 우울증, 외상후스트레스장애(PTSD) 및 공황장애 등을 초래하였다. 심지어 정순신은 변호사로서 아들의 가해행위(언어폭력)에 대한 학교폭력위원회의 강제전학 조치(2017)에 불복하였고 소송으로 지연시키는 등(제4부 조치 불복 후 행정심판 사례 참조) 아들 감싸기에만 급급하여 피해학생에게는 치유할 수 없는 트라우마를 남기며 반복된 해를 가하였다.

3) 강요 및 금품갈취

강요는 본인의 의사에 반하여 어떤 행동을 억지로 하게 하는 행위로, 폭행 또는 협박 등으로 인해 피해학생의 권리행사를 방해하고 하지 않아도 되는 일을 하게 만드는 행위 일체를 말한다. 예를 들면, 억지로 싸워 보라고 시키기, 과제 대행, 게임 대행, 강제적 심부름에 해당하는 빵 셔틀, 와이파이 셔틀, 담배 셔틀, 킥보드 셔틀 등 다양하다.

금품갈취는 공갈, 협박 등을 통해 재물을 빼앗거나 상납을 요구하면서 재산상의 피해를 보도록 만드는 행위 일체이다. 예를 들어, 가해학생이 피해학생에게 돈을 빌리고 갚지 않는 행위, 또는 가해학생이 피해학생에게 강제로 돈을 빌려주고 이자를 계속 받는 행위, 가해학생 자신의 낡은 물건을 강매하거나 거꾸로 피해학생의 값비싼 물건을 빌린 후 돌려주지 않고 계속 사용하는 행위 등도 금품갈취에 해당한다.

강요 및 금품갈취 사례

사례 1. '킥보드 결제 셔틀'(SBS 뉴스, 2022. 7. 25.)

일명 '킥보드 셔틀'이라는 새로운 형태의 학교폭력으로, 여러 명의 중학생이 초등학생 여자아이의 인적 사항을 빼앗아 요금을 대신 결제하게 하였다. 이는 강요 및 금품갈취에 해당한다.

사례 2. '온라인 도박 강요 및 금품갈취'(KBS 뉴스, 2023. 3. 3.)

20대 청년 4명은 당시 중학교 1학년이었던 B군과 친구들에게 온라인 도박을 권유하며 도박자금을 빌려주었다. 그 후 이자를 명목으로 수십만 원의 돈을 갈취하고, 불법 도박을 홍보하게 하였으며, 절도, 강매 등을 강요하였다.

사례 3. '온오프라인을 통한 금품갈취 및 강요'(연합뉴스, 2024. 7. 3.)

진주 모 중학교에서의 집단 학교폭력 사건으로, 인근 중학교 학생 11명이 피해학생 41명에게 온·오프라인을 통해 무려 127만 원을 갈취하였다. 협박 과정에서 SNS를 통해서도 돈을 요구한 사실이 드러났으며 몇몇 피해학생에게는 성적 수치심을 유발하는 행위도 강요하였다.

4) (집단)따돌림

우리나라 「학교폭력예방법」에서는 따돌림을 "학교 내·외에서 2명 이상의 학생이 특정인이나 특정 집단의 학생들을 대상으로 지속적이거나 반복적으로 신체적 또는 심리적 공격을 가하여 상대방이 고통을 느끼도록 하는 일체 행위"라고 정의하고 있다(제2조). 이 유형은 올베우스의 괴롭힘에 관한 정의에 가장 잘 부합하며 반복성, 지속성, 의도성 및 힘의 불균형의 요건이 그대로 적용된다.

집단따돌림은 집단으로부터 친구를 배제하는 행위이다. 놀아주지 않기, 친하게 지내는 친구 따돌리기, 인사를 해도 노골적으로 무시하기, 묻는 말을 의도적으로 무시하기, 좌석 배치 시 옆자리에 앉는 것 기피하기(소외형), 상대방의 신체적 결함을 흉보거나 놀리는 행위로 별명 부르기(조롱형), 일종의 놀이 형태로 돈을 감추거나 체육복, 가방, 신발, 학용품 등을 훼손하기, 공부나 일을 못 하게 방해하기(장난형), 자신보다 약한 처지에 있는 상대방을 지배하에 두려고 억지로 하기 싫은 일 시키기(강제 지배형), 그리고 상대방을 물리적, 언어적으로 공격하거나 위협하며 때리거나 시비 걸기(욕 · 협박형) 등 여러 유형으로 이루어질 수 있다(민승도, 2002). 이렇듯 집단따돌림은 신체폭력, 언어폭력, 강요 및 금품갈취, 성적 희롱과 같은 학교폭력이 복합적인 방식으로 이루어질 수 있음을 알 수 있다.

영화 〈우아한 거짓말〉(2014) 속 집단따돌림 이해

이 영화는 학교에서의 집단따돌림을 소재로 다루고 있다. 이한 감독의 대표적인 영화로, 학교에서 흔히 일어나는 왕따 문제를 조명하면서 고통을 겪는 피해자뿐만 아니라 이를 막지 못했던 주변 지인들의 이야기에 초점을 맞춘다. 왕따 문제를 어떻게 접근해야 할지 성찰하게 하는 의미 있는 영화이다.

주인공 천지는 피해학생으로 학교에서 은근히 따돌림과 괴롭힘을 당하는 일명 '은따'였으며, 가해학생 화연은 자신을 돌보는 도구로써 천지를 자신의 지배하에 두고 친구들로부터 따돌린다. 반 친구들은 자신들에게 돈을 잘 쓰는 화연의 행동에 동조하며 직·간접적으로 천지를 향한 따돌림에 동참하였다.

※ 출처: 나무위키.

(집단)따돌림 사례

따돌림을 호소했던 고등학교 3학년 김 모 군(MBC 뉴스, 2023. 5. 25.)

천안의 한 고등학교 3학년에 재학 중인 김 군은 학교폭력 따돌림 피해를 호소하며 유서를 남기고 죽음을 선택했다. 김 군의 수첩에는 같은 반 학생들이 지역 비하를 하거나 자신을 동성애자로 불렀으며, 신발이나 학용품을 숨기거나 돌려주지 않았다고 적혀 있다. 결국 계속된 따돌림으로 김 군 주위에는 친구가 한 명도 남지 않았다고 전한다.

김 군은 또 '신고한들 뭐가 달라지겠냐', '이 나라는 가해자의 편'이라며 절망감을 토로했고, 교사에게 따돌림 사실을 말했지만 다시 자신을 부르지 않았다고 호소하였다. 유서에는 '내가 죽어서라도 너의 발목을 잡고 싶다', '유서 내용을 누군가 보면 조치해 달라'라는 말을 남긴 것으로 전해진다.

5) 성폭력

성폭력은 폭행이나 협박을 통해 피해학생을 대상으로 강제적 성행위나 성적 모멸감을 주는 말과 행동 등을 하는 것이다. 음란행위나 노출, 유사 성행위, 성기에 이물질을 삽입하는 행위, 성매매를 통한 착취, 강제추행, 강제 성행위 과정에서의 상해 등 성희롱, 성추행, 성적 학대, 성폭행뿐만 아니라 개인의 '성적자기결정권'[3]을 침해하는 행위 일체를 모두 포괄한다.

「학교폭력예방법」은 성폭력에 대하여 「청소년의 성보호에 관한 법률」 및 「성폭력범죄의 처벌 등에 관한 특례법」(약칭 「성폭력처벌법」)상 '비밀누설 금지규정'을 우선 적용하도록 규정하고 있다. 즉, 성폭력은 다른 법률에 규정이 있는 경우에는 「학교폭력예방법」을 적용하지 않음을 명시하고 있다(「학교폭력예방법」 제5조).

「성폭력처벌법」(2023. 10. 12. 시행) 제2조에서는 '성폭력 범죄'에 해당하는 죄를 명시하고 있다. 또한 「아동·청소년의 성보호에 관한 법률」에 의하면, 학교, 의료기관, 복지시설 등의 단체장과 종사자는 직무의 성격상 아동, 청소년 대상 성범죄 사실을 알게 된 때에 즉시 수사기관에 신고하여야 한다고 의무 사항으로 적시하고 있다. 「청소년의 성보호에 관한 법률」(2020)은 '조건만남'으로 성인을 만나는 성매매 청소년을 지금까지 비행청소년, 문제아 정도로 인식해 온 것과 다르게, '성매매 피해 아동·청소년'으로 규정하면서 성폭력 피해자로 보고 있다. 이에 피해 아동·청소년이 속한 지자체는 그들을 보호, 지원하고 상담프로그램에 연계하여 도와야 한다.

성폭력의 경우에는 가해학생과 피해학생이 서로 다른 상황을 보고하는 경우가 많고 같은 상황도 서로 다르게 해석하는 경우가 많아서 법적 분쟁조정과 학교에서의 적절한 처벌 및 훈계가 쉽지 않다(정여주 외, 2024).

성폭력에서는 형법상 보호법익인 '성적자기결정권'의 개념을 숙지해야 한다. 피해자

---

3) 형법상 보호법익인 '성적자기결정권'은 어떤 상황에서든 내가 원치 않는 일련의 성적 언행에 관련되지 않을 권리인 소극적 개념과 성적 행동을 포함하여 내 삶 속의 성적지향(sexuality)을 언제, 어디서, 누구와 어떻게 실천할 것인가에 대해 나 스스로 선택하고 추구할 권리인 적극적 개념으로 설명된다.

가 직접 고소해야 수사가 진행된다는 '친고죄'와 피해자가 처벌을 원치 않는 경우는 처벌받지 않는다는 '반의사불벌죄'는 폐지되었다. 성범죄는 각 혐의에 따라 그 공소시효가 다르다. 13세 미만의 아동, 청소년, 장애인을 대상으로 범한 성범죄자의 공소시효는 없어졌으며, 13세 이상의 아동, 청소년을 대상으로 하는 성범죄는 피해를 당한 대상이 성년에 달한 날부터 공소시효가 진행된다. 사안에 따라 학교폭력위원회에서 성폭력으로 보았다고 해서 형법상 범죄 성립을 전제로 하는 것은 아니라는 법원의 판례도 있다(장석문, 최우성, 2022, p. 226; 다음 사례 1 참조).

　성폭력 사안도 더 이상 희귀한 학교폭력 사안이 아니며, 사안이 복잡해지고 있고 폭력의 대상도 점점 저연령화되고 있다.

성폭력 사례

사례 1. '고등학생 간 성관계: 성적자기결정권 침해 여부'(장석문, 최우성, 2022에서 재인용).

2018년 8월 고등학생이던 A 양은 같은 학교 남학생 B 군의 요구에 룸카페에서 성관계를 가졌다. A 양은 지능지수가 낮아 기본적인 의사소통만 가능하고 사회관계 형성에 어려움이 있으며 적절한 행동이나 정서적 반응을 보이지 못하는 수준이다.

- 학교는 즉시 학교폭력위원회를 열어 B 군에 전학 등의 조치 의결
- A 양이 B 군을 성폭행 등의 혐의로 고소하였으나 검찰에서는 무혐의 처분을 내림(외관상으로는 A 양이 성관계에 동의한 만큼 형법상 강간죄의 구성요건인 '폭행이나 협박'이 있었다고 보기 어렵다는 이유)
- 형사상 무혐의 처분을 받은 B 군이 학교를 상대로 학폭위 전학처분 등을 취소하라고 소송
  -1심 결과: B 군의 승소(A 양의 인지능력이 다소 부족하긴 하나 성적 접촉 여부를 결정할 정도의 능력은 있다고 보아 성관계가 '의사에 반하는 것'이라고 단정하기 어렵다고 밝히며, 학교는 B에 대한 처분을 취소해야 한다고 판결)

-2심 결과: 학교 승소(A 양의 지능 수준이나 B 군에게 느꼈던 심리적 위축감 등을 고려할 때 A 양의 성적자기결정권이 침해되지 않았다고 단정해선 안 된다고 판결. 이는 "아동·청소년이 외관상 동의로 보이는 행동을 했더라도 '진정한 동의'가 아니었다면 온전한 성적자기결정권 행사로 보기 어렵다는 대법원 전원합의체 판결(2020. 8. 27. 선고-2015도9436)"을 근거로 듦)

사례 2. '초등학생 간 성추행 사건'(YTN 뉴스, 2022. 6. 15.).
초등학교 6학년 학생이 한 공용 화장실에서 3학년 피해학생들에게 구강성교, 유사 성행위 등을 강요하였다. 이 사안의 가해학생도 당시 촉법소년으로 형사처벌은 받지 않았다.

사례 3. '운동부 집단 성폭력 사건'(MBC 뉴스, 2024. 11. 8.).
충주 학생 수영부 상급 학생들이 초등학생 1명을 상대로 전지훈련, 대회 때마다 숙소에서 지속적인 집단 성폭력을 하였다. 이 사안은 동성 간 사례로, 피해자는 극심한 외상후스트레스장애(PTSD)를 겪었으며, 결국 국가 대표 수영선수가 되겠다는 꿈을 접고 치료를 받고 있다.

6) 사이버폭력

사이버폭력(cyberbullying)은 정보통신망을 이용한 음란, 폭력정보 등에 의해 신체·정신 또는 재산상의 피해를 수반하는 행위이다. 즉, 컴퓨터나 스마트폰 등 인터넷 사용이 가능한 사이버 공간에서 이루어지는 폭력행위로 특정 개인 혹은 다수에게 공포, 불안, 불쾌감 등의 부정적 감정을 유발하는 행위이다(정여주 외, 2024).

초기에는 사이버폭력을 단순히 괴롭힘의 특징이 사이버 공간에서 일어나는 것으로 보았으나, 점차 힘의 불균형, 반복성, 고의성 외에도 익명성, 비대면성, 무경계성, 집단성, 빠른 전파성 등의 특징들이 추가로 언급되었다. 사이버폭력의 발생빈도나 파급 효과를 고려할 때 사이버폭력의 조기 감지와 대응 강화체계의 정비 등은 다른 유형에 대한 것보다 매우 시급함을 알 수 있다.

사이버폭력 또한 명백한 고의성을 가질 수 있다. 일부러 나쁜 소문을 낸다든지 원치 않는 사진을 유포하는 등으로 피해학생에게 상처를 주는 행위는 의도가 있는 것으로 볼 수 있다. 사이버상에서의 반복성은 가해자가 폭력행동을 여러 번 한다는 의미 외에도 일회성의 폭력일지라도 가해 상황 자체가 끝나지 않고 정보의 빠른 전파성으로 인해 익명의 다수에 의해 반복될 수 있다는 것을 의미한다. 실제 세계와는 또 다른 형태이지만 사이버 세계에도 힘의 불균형이 존재한다. 익명성 자체가 힘의 불균형이라고 주장하는 학자도 있으며(Smith, 2019), 사이버상에서의 활동이 전무 또는 거의 하지 않는 사람들은 그 사실만으로도 약자의 위치에 있다고 볼 수 있다.

　사이버폭력의 유형은 언어폭력, 폭로, 아이디 숨기기 등으로 구분하기도 하며(Mishna et al., 2010), 사이버폭력 경험을 요인 분석한 연구에서는 공격적인 메시지 보내기와 창피를 주기 위한 사진 올리기로 구분하기도 하였다(Law et al., 2012). 그 밖에 사이버상에서 괴롭히기, 웃음거리로 만들기, 소문 퍼뜨리기로 유형을 나누기도 한다(Huang & Chou, 2010). 윌러드(Willard, 2007)는 사이버 공간에서 욕설로 싸움하기, 괴롭히기, 명예 훼손하기, 다른 사람의 아이디 도용하기, 폭로하기, 사기 치기, 배제시키기, 스토킹하기로 구분하였다. 또한 두경희 등(2012)은 언어폭력, 플레이밍(flaming), 폭로 및 공개, 소외, 성희롱, 성폭력, 아이디 도용 및 숨기기, 사기, 스토킹, 해킹 등으로 구분하였다.

　사이버폭력은 오프라인에서 이루어지는 대부분의 폭력 유형이 온라인에서 복합적으로 이루어진다는 것을 알 수 있으므로 오프라인에서의 폭력과 어떤 점이 다른지를 파악하고 접근할 필요가 있다. 예를 들어, 게임을 하는 과정에서 동급생의 옷을 벗기고 추행하는 모습을 SNS 라이브 방송으로 유포하는 행위는 사이버폭력인 동시에 성폭력, 강요 그리고 언어폭력 등이 복합적인 사안이다. 타인의 계정을 도용하여 다른 학생과의 교우관계에 악영향을 주고 게시물을 유포하는 행위 또한 사이버폭력에 개인 정보도용 및 언어폭력이 복합적인 양상으로 드러난 사안이라고 할 수 있다(청소년폭력예방재단, 2024).

　사이버폭력의 여러 유형 중 몇 가지를 정의해 보고 그 특성을 알아보면 다음과 같다. 우선, 사이버 '언어폭력'에는 사이버 플레이밍, 사이버 모욕, 사이버 명예훼손 등이 있다. 사이버 플레이밍은 대개 채팅방이나 토론 게시판과 같은 공개된 장소에서 많이 일어나며 서로 알지 못하는 두 사람 이상 간의 '짧고 불같은 싸움'으로 이뤄지는 행위이다. 사이버 모욕은 모욕적인 내용의 글을, 그리고 사이버 명예훼손은 상대방의 명예를 훼손하는 구체적인 글을 인터넷, SNS 등으로 퍼뜨리는 행위로 저격, 패드립 등이 그 예이다. 저격은 SNS상에서 피해 대상에게 게시글이나 댓글로 비난하는 행위이며, 패드립은 '패륜'과 '드립'의 합성어로 지인이나 친지 가족 등을 농담의 소재로 삼아 모욕하는 행위에 해당한다.

사이버 '소외'는 사이버 따돌림으로 토론 게시판이나 채팅 등의 온라인 소통 공간과 어떤 그룹에서 피해학생을 의도적으로 제외 혹은 배제시키며 괴롭히는 경우이다. 카카오톡 단체 대화방에 의도적으로 초대한 뒤 욕설을 퍼붓는 '떼카', 피해자가 대화방을 나가도 계속해서 초대하는 '카톡 감옥'이라고 불리는 괴롭힘이 있다. 이와는 반대로 대화방에 일부러 초대한 뒤 대화방에 있는 사람들이 일순간에 퇴장하여 온라인상에서 따돌림(왕따)을 시키는 '방폭'(교육플러스, 2021)도 사이버 소외에 해당한다.

개인의 의사에 반하여 핫스팟 연결을 강요하여 데이터를 갈취하고, 타인의 계정으로 게임을 대행[4]하게 하여 레벨을 올려 주거나 게임 아이템을 얻어 주는 부당한 행동을 요구하는 것은 사이버 '강요' 및 사이버 '갈취'에 해당한다.

아동과 청소년들이 가장 많이 경험하는 사이버 '성희롱 · 성폭력'으로는 음란한 동영상이나 사진을 이메일로 전송받거나, 음란 채팅방에 초대되는 것 등이 있다(정여주 외, 2024). 우리나라를 떠들썩하게 했던 디지털 성범죄 사건인 'N번방 사건(2019)'은 대표적인 사이버 성폭력에 해당한다. 이 사건의 가해자들은 피해자들을 대상으로 성착취물을 제작하고 이를 텔레그램 성착취 대화방에서 유통하였다. 아동 · 청소년 대상 성범죄를 예방하고 엄정한 처벌을 하기 위해 일명 「n번방 방지법」(2020)이 통과되었고 2021년 12월 이래 시행되었으나 n번방 모방범죄의 예방이나 미성년자 대상 성범죄 등 양형 강화에 실질적인 역할을 하지 못하고 있다(매일경제, 2023. 10. 16.).

오프라인상의 성범죄와 다르게 디지털 성범죄에는 피해자의 의사와는 무관하게 불법 촬영을 하거나 촬영 영상 파일을 소지, 유포, 변형(예: 위조, 변조, 딥페이크와 같은 이미지 합성)하는 과정이 모두 포함된다. 온라인상에서 영상물을 구해 본 사람들도 순식간에

---

4) 일정 대가를 받고 타인의 계정을 사용하여 게임을 대행하여 레벨을 올려 주거나 아이템을 얻어 주는 사람을 게임부주라고 한다(나무위키).

모두 범죄에 가담하게 된다. 가해자는 형태에 따라 제작형, 유포형, 소비형으로 구분되며, 이 중 소비형 가해자는 영화나 드라마처럼 의도적으로 불법 성착취 영상물을 구매하여 보는 유형이다. 또는 문제의식 없이 시청하였다 하더라도 은연중에 공범이 되어 버린다. 이렇듯 부지불식간에 늘어난 수는 사회적 물의를 일으키게 된다(이준복, 2022). 최근에는 텔레그램을 기반으로 한 딥페이크 성범죄가 연달아 일어나며 사회적 물의를 일으키고 있다. 참여 인원만 22만여 명에 이르는 텔레그램 채널에서 불법 합성물 제작 프로그램(봇)을 탑재하여 제작하고 유료화의 '수익구조'까지 갖추었지만 범죄라는 인식이 전무하였다. 이렇게 제작된 딥페이크 성착취물이 단체대화방으로 공유되면서 집단 성범죄의 엄청난 피해가 속출하였다(한겨레, 2024. 9. 2.). 10대 청소년들 사이에 유행하고 있는 '딥페이크'는 '지인능욕'이 진화된 형태이다. 사이버상 합성 기술 또는 인공지능 봇을 이용해 같은 반 친구나 지인들의 사진을 음란물과 합성하여 성적 수치심이나 모욕적인 영상물로 제작하고 유포하는 행위로 나타나고 있다.

사이버 성착취 영상 사건의 또 다른 특성은 '온라인 그루밍(online grooming)'이다. 그루밍이라는 말은 애완동물의 털을 고르고 기른다는 의미에서 사용되는 말인데, 최근에는 아동 성범죄자들이 자신보다 경험이 부족하거나 미숙한 피해자와 신뢰를 형성한 후 성범죄를 저지르는 과정을 성적 그루밍 또는 '피해자 길들이기'라 부르고 있다(최준혁, 2021). 맥알린든(McAlinden, 2006)은 그루밍을 "범죄자들이 성적 학대를 저지르기 이전 준비 단계에서 하는 모든 행위"로 정의하였고, 이 행위 자체로는 포착하기 어려워 범법 행위와 동반될 때에만 명백한 실체가 드러난다고 주장하였다. 한국청소년정책연구원(2022)의 '아동·청소년 대상 디지털 성범죄 현황 및 대응 방안 연구'에 따르면, 온라인 그루밍에 노출된 경험이 초등학생은 5% 내외, 고등학교에서는 최대 14%까지나 되었다.

사이버상 '아이디 도용 및 숨기기' 행위도 일어난다. 아이디를 훔치거나 자신의 아이디를 숨기고 다른 사람인 척하는 행위이다. 타인의 아이디를 도용하여 그 사람인 척하는 행위는 「개인정보 보호법」에도 저촉된다. 더 이상 접속하지 않는 예전에 사용하던 아이디를 도용해 메신저 등을 통해 돈을 요구하는 보이스피싱 사례가 이에 해당한다(정여주 외, 2024). 이는 정보통신기기를 이용하여 금품갈취를 하는 사이버 갈취로 볼 수 있다.

사이버 '스토킹'도 피해자에게 심리적으로 매우 큰 영향을 미칠 수 있으며 법적으로도 심각한 문제이다. 이메일로 지속적인 연락을 하거나, SNS 등 개인 계정에 집요하게 도배 글을 올리는 행위도 이에 해당한다.

사이버폭력 사례

사례 1. 사이버 성폭력의 예: 디지털 성범죄 사건인 'N번방 사건(2019)'(위키피디아)

이 사건은 대표적인 사이버 성폭력에 해당한다. 2018년 하반기부터 2020년 3월까지 텔레그램, 디스코드, 라인, 위커, 와이어, 카카오톡 등의 메신저 앱을 이용하여 피해자들을 유인한 뒤 협박해 성착취물을 찍게 하고 이를 유포한 디지털 성범죄, 성착취 사건이다. 피해자는 중학생 등 미성년자가 대거 포함되었다. 수사 종료 시점 실제 피해자는 60~70명이었으나 피해자 특정을 막기 위해 정확한 피해자 수는 밝히지 않았다. 2020년 3월 경찰 발표에 의하면 범죄 가담자 규모는 영상 소지·배포자를 포함해 최소 6만 명 이상이었다.

사례 2. 사이버 따돌림의 예: '2015년 5월 숨진 박모 양' 그 이후(한겨레, 2023. 3. 13.)

2012년 서울 강남구 역삼동의 한 사립중학교에 입학한 박 양은 1학년 1학기부터 집단따돌림을 당하기 시작했다. 같은 학교 학생 A 양은 페이스북에 박 양을 비난하는 글을 올리고, 다른 친구들과 어울리지 못하게 따돌렸다. 인근 다른 중학교에 다니는 초등학교 동창생도 비슷한 시기 카카오톡 단체방에 박 양을 초대해 당사자 및 가족과 관련된 모욕을 하기도 했다. 박 양은 학교의 권유로 가해학생 A 양을 피해 전학을 갔었다.

2015년 3월, 가족과 지내고 싶어 다시 강남구의 한 여고로 진학한 박 양은 또다시 고통을 받기 시작했다. 중학교에 이어 고등학교에서도 집단따돌림과 언어폭력이 이어졌다. "중학생 때엔 버텼지만 이번엔 아무 기운이 생기질 않는다"던 박 양은 그해 5월 의식을 잃은 채 발견됐다. 30일 넘게 중환자실에 있었지만 끝내 숨지고 말았다.

박 양의 아버지는 2016년부터 8년째 가해자·학교법인·서울시 등에 손해배상 청구 소송을 진행 중이다. 법원은 2012년 박 양이 사이버폭력을 당했다는 사실은 인정했으나 폭력이 박 양 사망 3년 전에 일어났기 때문에 "불법행위와 망인의 극단적 선택 간 상당한 인과관계가 있다고 보기 부족하고, 인정할 증거가 없다"고 판단한 바 있다. 중학교 때 박 양을 괴롭힌 가해자 A 양은 서울의 한 여대 영문학과에 재학 중이다.

사례 3. 복합적 유형의 사이버폭력 사안 예(청소년폭력예방재단, 2024).
게임을 하는 과정에서 동급생의 옷을 벗기고 추행하는 모습을 SNS 라이브 방송으로 유포하는 행위는 사이버폭력인 동시에 성폭력, 강요 그리고 언어폭력 등이 복합적인 사안이다. 타인의 계정을 도용하여 다른 학생과의 교우관계에 악영향을 주고 게시물을 유포하는 행위 또한 사이버폭력에 개인 정보도용 및 언어폭력이 복합적인 양상으로 드러난 사안이라고 할 수 있다.

3. 학교폭력의 실태

학교폭력의 문제는 더 이상 단위 학교나 학교폭력 관련자들만의 문제가 아니고 범사회적 문제가 되었다. 역대 정부가 안전한 학교 환경과 전 사회적 대응 강화체계 마련을 강조해 왔음에도 학교폭력은 점점 빈도가 증가하고 있고 그 강도 또한 심각해지고 있음을 체감한다. 학생들은 학교폭력 없는 안전한 학교라는 교육 공간이 필요하다. 그들의 전인적 성장을 돕기 위해서는 학교폭력의 전반적인 변화양상에 항시 주목할 필요가 있다.

우선, 관계적 집단폭력 유형이 증가하고 있다. 관계적 폭력(relational bullying)은 정서적 · 정신적 폭력을 포함한다. 관계적 폭력 혹은 관계적 괴롭힘(relational victimization)은 가해자가 해를 입히기 위한 수단으로써 피해자와의 관계를 의도적, 직 · 간접적으로 위협 · 조종하는 것을 의미한다(Crick et al., 2001). 관계 지향적이고 집단주의가 강한 한국 문화의 특성도 관계적 폭력의 증가와 무관하지 않다(Koo, Kwak, & Smith, 2008). 관계적 폭력이 가해자들의 집단 행동양식으로 나타나는 경우 피해자의 정신적 · 신체적 · 심리적 피해가 더욱 커질 수밖에 없다. 특히 아동 · 청소년기에 해당하는 학생은 관계적 집단폭력의 경험이 심각한 정서적 심리적 후유증을 가져올 수 있으며, 이는 성인기 혹은 그 이후까지 정신적 신체적으로 표출되지 못한 상처로 남게 될 가능성이 높다(홍현미, 정영은, 2018). 코로나19로 인해 비대면 수업이 이뤄지던 기간에는 온라인게임과 SNS 등의 사이버 공간에서 관계적 집단폭력이 이루어졌다. 이전에는 일반적으로 여학생들에게서 빈번했던 것과 달리 남학생 사이에서도 증가하는 경향을 볼 수 있었다(월간교육정책 포럼, 2021).

또 다른 추세는 사이버폭력 유형의 증가이며, 학교폭력 피해의 여러 유형이 혼재되어 나타나고 있다는 점이다. 청소년폭력예방재단(2024)이 실시한 전국 학교폭력 실태조사 에서도 사이버폭력이 가장 높은 비율(25.8%)을 보였으며, 피해학생 중 98%가 사이버폭 력을 경험했다고 응답하였고, 피해학생 1인당 평균 네 가지 유형의 폭력을 경험한 것으 로 나타났다. 유형별 정의에서 언급한 바와 같이, 사이버폭력이란 사이버 공간에서 언 어, 영상 등을 통해 타인에게 피해 혹은 불쾌감을 주는 행위를 의미한다. 사이버폭력의 비대면성, 익명성, 무경계성, 집단성, 빠른 전파성의 특징으로 인해 학교 현장에서 사이 버폭력의 심각성과 복잡성이 심화되고 있다.

더불어 사회적 취약계층의 학교폭력 위험에의 노출 가능성이 커지고 있다. 다문화학 생과 장애학생은 사회적 취약계층에 포함될 수 있으며, 그들이 경험하는 교육격차는 학 교폭력의 위험 요인이 될 수 있다(이정연 외, 2020). 다문화학생의 경우는 가 · 피해 중복 경험집단의 비율이 높으며(학교폭력예방연구소, 2018), 장애학생의 경우에도 일반적 기대 와 다르게 피해율과 동시에 가해율도 상당히 높다고 한다(학교폭력예방연구소, 2017). 그 외 성소수자에 대한 학교폭력도 증가세에 있다(청소년폭력예방재단, 2024). 사회적 취약 계층에게 나타나는 독특한 학교폭력의 특성을 이해하기 위해서는 개인적 환경적 원인을 파악하여 맞춤형 대응이 필요하다.

마지막으로 학교폭력의 가해학생과 피해학생의 연령이 점차 낮아지고 있으며, 폭력의 지속성이 확대되어 학교폭력 가해 경험이 있는 학생이 재차 가해하는 비율이 증가하고 있다. 또한 가해와 피해의 악순환을 반복하며 장기간에 걸쳐 행해지는 경향이 있다.

실제 학교 현장에서의 학교폭력 현황을 파악하는 것은 실효성 있는 예방 및 대응책 마 련을 위해 반드시 선행되어야 한다. 조사 내용이나 표집 방법 및 대상은 기관별 차이가 있으나, 청소년폭력예방재단을 포함한 여러 기관에서 매년 학교폭력 실태조사를 하고 있다. 2012년도부터 시작된 시 · 도교육청 주관 전국 단위의 학교폭력 실태조사는 학교 폭력 현황을 파악하고 실질적으로 이해하는 데 도움이 되고 있다. 17개 시 · 도교육청은 「학교폭력예방법」에 근거하여 매년 2회에 걸쳐 학교폭력 실태조사를 하고 교육부는 그 결과를 발표한다.[5] 조사 결과를 토대로 학교폭력 문제를 해결하기 위해 관계부처 합동으로 종합적인 대책을 수립하여 추진하고 있다.

여기서는 교육부가 발표한 1차 학교폭력 실태조사(전수조사) 결과를 토대로 최근 10년간(2015~2024년도)[6]의 학교폭력 발생 현황과 피·가해 및 목격 응답률 추이를 알아보고, 학교폭력 피해 유형별 경험의 변화양상이 어떠한지 살펴보고자 한다.

1) 학교폭력 발생 현황

학교폭력 발생 건수는 2015년(19,968건)부터 2016년(23,673건), 2017년(31,240건), 2018년(32,832건), 2019년(42,706)으로 전반적으로 증가 추세를 보이다가 2020년(25,903건)에는 큰 폭으로 감소하였다. 이는 코로나19 확산으로 인해 대면 수업이 전면 중단되면서 등교일 수가 감소한 것과 관련이 깊을 것으로 본다. 점차 대면 수업이 재개되면서 2021년(44,444건)부터는 학교폭력의 발생 건수도 다시 증가하였고, 예년을 넘어 2022년(57,981건), 2023년(61,445건)에는 6만 건을 상회하였다. 교육부의 2023년 '학교폭력 근절 종합대책'(교육부, 2023c)에도 불구하고 2023년 발생 건수는 2022년보다 증가하였으며 학교장 자체해결 건수는 37,866건으로 2019년 2학기 이후 시행된 '학교장 자체해결제'의 도입 이래 2019년도 대비 3배 이상 증가했음을 볼 수 있다(〈표 1-1〉 참조).

이러한 수치 계산은 연도별 '학교폭력 발생 건수'가 2018년까지는 '학교폭력대책자치위원회'(2020년 3월부터는 '학교폭력심의위원회'로 명칭 변경 후 교육지원청으로 이관)의 심의 건수만을 기준으로 삼다가 2019년부터는 '학교장 자체해결제'가 도입되면서 자체해결

---

5) 매년 조사 시기와 조사 대상의 범위는 다소 차이가 있으나, 대체로 1차 전수조사는 초4에서 고3 재학생 전체를 대상으로 대략 4월 초부터 4주간 온라인 및 모바일 조사로 이루어진다. 주로 전년도 2학기부터 응답 시점까지의 학교폭력 목격·피해·가해 경험 등에 대하여 조사한다. 2차 표본조사는 초4에서 고3 재학생의 4%를 대상으로 대체로 9월 중순부터 4주간 온라인 및 모바일 조사로 실시되며, 전년도 1학기부터 응답 시점까지의 학교폭력 목격·피해·가해 경험 등을 조사한다.

6) 2020년에는 코로나19 확산 상황을 고려하고 학교 현장의 업무 부담 경감을 위해 9월에 1회만 실시하였다(교육부, 2020). 2021~2023년 1, 2차 조사에 전북교육청은 미참여하고 자체 실시하였다(교육부, 2024b).

표 1-1   코로나19 이후 학교폭력 발생 현황   (단위: 건)

기간	학교급	발생 건수	학교장 자체해결건수	심의건수
2019학년도 (2019. 3. 1.~2020. 2. 29.)	초	10,767	3,840	6,927
	중	20,715	5,102	15,613
	고	10,923	2,559	8,364
	기타	301	75	226
	총계	42,706	11,576	31,130
2020학년도 (2020. 3. 1.~2021. 2. 28.)	초	6,385	4,933	1,452
	중	11,929	7,784	4,145
	고	7,334	4,637	2,697
	기타	255	192	63
	총계	25,903	17,546	8,357
2021학년도 (2021. 3. 1.~2022. 2. 28.)	초	13,040	9,283	3,757
	중	20,498	12,833	7,665
	고	10,601	6,451	4,150
	기타	305	224	81
	총계	44,444	28,791	15,653
2022학년도 (2022. 3. 1.~2023. 2. 28.)	초	18,920	12,814	6,106
	중	27,928	16,916	11,012
	고	10,879	6,502	4,377
	기타	254	184	70
	총계	57,981	36,416	21,565
2023학년도 (2023. 3. 1.~2024. 2. 28.)	초	19,805	12,963	6,842
	중	29,007	17,212	11,795
	고	12,273	7,445	4,828
	기타	360	246	114
	총계	61,445	37,866	23,579

※ 출처: 2023학년도 학교폭력 발생 현황분석(https://blog.naver.com/tynews/223560446494).

건수를 더해서 집계한 것이다(교육부, 2023a). 이는 학교장 자체해결 사안도 법상 처리 방식만 달라졌을 뿐 신고 접수된 학교폭력 사건이라고 보고 있음을 시사한다. 2019년 이전에는 '담임교사 종결'(교육부, 2012)로 학교폭력자치위원회에 이관하지 않고 처리되는 경미한 사안들이 부지기수였고, 이는 발생 건수에 포함되지 않았다. 따라서 연도별 추이를 파악함에 있어 발생 건수보다 학교폭력 심의 건수만으로 가늠해야 한다는 주장도 일리가 있다.

학교폭력 발생 현황을 제대로 파악하기 위해서는 학교폭력 피해 응답률과 심의 건수, 학교폭력 검거자 수(경찰청 자료) 등 학교폭력 실태를 가늠할 수 있는 지표의 다각적인 검토가 함께 반영되어야 한다.

2) 학교폭력 피해 · 가해 및 목격 현황

(1) 학교폭력 피해 현황

학교폭력 피해학생 응답률을 보면 2017년(0.9%)부터 2019년(1.6%)까지는 증가 추세를 보였다. 2020년(0.9%)에는 학교폭력 발생 건수와 같이 피해 응답률도 감소하다가, 2021년(1.1%)에는 다시 소폭 증가, 2022년(1.7%)부터는 대면 수업으로의 전환과 함께 전년 대비 0.6%p 증가를 보였다. 2023년(1.9%)에 이어 2024년(2.1%)에는 전년 대비 0.2%p씩 증가하고는 있으나 그 증가세는 둔화하고 있음을 알 수 있다([그림 1-1] 참조).

*는 각주 6번 참조.

[그림 1-1] 최근 10년간 학교폭력 피해 응답률 추이

학교급별 피해 응답률을 살펴보면, 매년 초등학생의 피해 응답률이 중학생, 고등학생의 비율보다 더 높게 나타남을 알 수 있다. 학교급이 일반적인 발달연령을 반영하듯이 학교급별에 따라 학교폭력에 대한 인식 정도와 범위는 다를 수 있다. 초등학생의 경우 학교생활을 시작하는 단계이면서 또래 간 언어적, 신체적 상호작용이 증가하는 시기로 중·고등학생보다 학교폭력에 대한 민감성이 더 높아서 그들의 학교폭력 인식도가 더 높게 나타날 수 있다(정여주 외, 2024).

학교급별 피해 응답률은 코로나19 시기 이후 2022년에 증가폭이 가장 컸는데, 초등학생(3.8%), 중학생(0.9%), 고등학생(0.3%) 순으로 전년 동차 대비 1.3%p, 0.5%p, 0.12%p씩 증가하였다. 이후 2024년까지 소폭이나마 증가세를 유지하고 있다([그림 1-2] 참조).

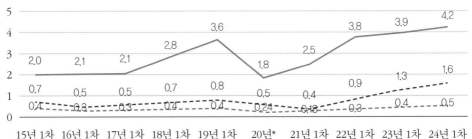

*는 각주 6번 참조.

[그림 1-2] 최근 10년간 학교급별 피해 응답률 추이

교육부(2024b)의 발표자료에 따르면, 피해학생의 피해 경험은 학교 안(70.9%)과 학교 밖(26.7%) 모두에서 이루어지고 있으며, 학교 안에서의 응답이 높으나 학교 밖에서의 응답도 낮은 수치는 아니었다. 학교 안의 장소로는 교실 안(29.3%), 복도 및 계단(17.1%), 운동장 및 강당 등(9.6%), 화장실(5.3%), 특별실 및 방과후교실 등(4.9%), 급식실 및 매점 등(4.2%) 기숙사(0.5%) 순이었다. 학교 밖의 공간으로는 공원, 놀이터, 골목 및 뒷산 등(6.6%), 사이버 공간(6.2%), 학원, 학원 근처(5.4%), 집, 집 근처(4.0%), 학교 밖 체험활동 장소(3.4%), PC, 노래방 및 오락실 등(1.1%)의 순으로 높았으며 기타 지역(2.4%)도 있었다.

피해를 당한 시간은 쉬는 시간(31.0%), 점심시간(20.4%), 학교 일과가 아닌 시간(13.4%), 수업 시간(10.1%), 하교 시간(9.9%), 학교 안 방과 후 시간(4.4%), 학교 밖 체험활동 시간(4.4%), 등교 시간(4.0%), 기타(2.3%) 순으로 비율이 높았다.

피해를 알린 사람은 보호자(36.4), 학교 선생님(30.6%), 친구, 선후배(13.4%), 학교상담실 선생님(5.7%), 117 학교폭력신고센터(2.2%), 학교전담경찰관 및 경찰(1.6%), 학교 밖 상담기관(1.3%), 학교폭력 신고함 및 익명 게시판(1.1%) 순이며 미신고(7.7%)도 있다.

학교폭력 피해학생의 미신고 이유를 보면(〈표 1-2〉 참조), 2024년에는 '일이 커질 것 같아서' 문항이 새로 추가되면서 가장 높은 이유로 조사되었다. 그 이전 연도와 비교를 해 보면, '별일이 아니라고 생각해서', '스스로 해결하려고', '이야기해도 소용이 없을 것 같아서' 등의 이유가 가장 높은 비중을 차지하고 있음을 알 수 있다. 피해학생들이 신고하지 않는 각각의 이유에 초점을 두어 학생들의 학교폭력 대응을 위한 인식 제고가 필요함을 알 수 있다.

표 1-2 연도별 학교폭력 피해 미신고 이유(복수응답, 건수 기준)

연도 \ 미신고 이유 (%)	일이 커질 것 같아서	별일이 아니라고 생각해서	이야기해도 소용이 없을 것 같아서	스스로 해결하려고	더 괴롭힘을 당할까 봐 (가해자가 무서워서)	나의 보호자/ 선생님이 걱정하실까 봐
2024년 1차	23.9	21.5	13.7	13.1	11.0	7.6
2023년 1차	/	28.7	21.4	20.0	9.9	16.8
2022년 1차	/	30.4	17.3	21.1	14.0	14.4
2021년 1차	/	29.4	17.4	21.9	14.4	14.3
2020년*	/	28.5	18.6	23.8	14.8	11.4
2019년 1차	/	24.7	/	25.5	16.5	12.1
2018년 1차	/	23.9	/	16.9	17.8	/
2017년 1차	/	28.0	/	17.5	18.3	/

*는 각주 6번 참조.

(2) 학교폭력 가해 현황

학교폭력 가해학생 응답률을 보면 2018년(0.3%)부터 2019년(0.6%)까지는 증가 추세를 보였다. 코로나19 시기인 2020년(0.3%)에는 학교폭력 발생 건수와 같이 가해 응답률도 감소하다가 2021년(0.4%)에는 다시 0.1%p 증가하였다. 2022년(0.6%)부터는 대면 수업으로의 전환과 함께 전년 대비 0.2%p 증가하였고, 2023년(1%)에는 전년 대비 0.4%p 증가하였으며, 2024년(1%)에는 전년 대비 동일 비율을 유지하고 있다([그림 1-3] 참조).

학교급별 가해 응답률은 코로나19 시기 이후 2023년의 증가폭이 가장 컸다. 초등학교(2.2%), 중학교(0.6%), 고등학교(0.08%) 순으로 전년 동차 대비 0.9%p, 0.3%p, 0.03%p씩 증가하며 가해 응답률이 가장 높았다. 2024년에는 초등학생의 가해 응답률은 전년 동

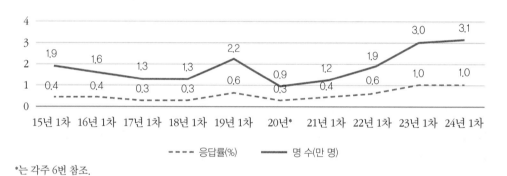

*는 각주 6번 참조.

[그림 1-3] 최근 10년간 학교폭력 가해 응답률 추이

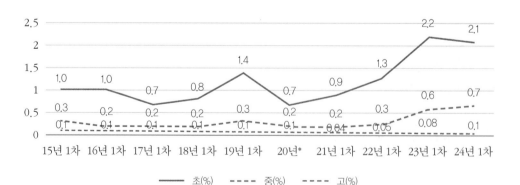

*는 각주 6번 참조.

[그림 1-4] 최근 10년간 학교급별 가해 응답률 추이

차 대비 0.1%p 감소하였고, 중학생(0.1%p), 고등학생(0.02%p)은 증가세를 보인다([그림 1-4] 참조).

학교폭력의 가해 이유는 다음과 같다(〈표 1-3〉 참조). 기타 이유(2024년 자료)로는 '강해 보이려고'(3.3%), '친구나 선·후배가 시켜서'(2.4%), 그리고 '나의 보호자나 선생님께 관심을 받고 싶어서'(1.2%) 등이 있었다.

학교폭력 가해 중단 이유를 묻는 문항은 2024년 이전 연도의 1차 전수조사에는 포함되지 않았다. 가해 중단 이유(교육부, 2024b)로는 '학교폭력이 나쁜 것임을 알게 되어서'(31.5%), '상대방과 화해하고 친해져서'(14.6%), '선생님과 면담하고 나서'(14.1%), '학교폭력 예방 교육을 받고 나서'(12.8%), '상대방이 싫다고 해서'(10.6%), '나의 보호자가 걱정하거나 혼내서'(9.9%), '학교폭력으로 신고되어서'(4.8%), 그리고 '친구나 선·후배들이 말려서'(1.7%) 등이 있다.

학교폭력의 가해 이유와 가해 중단 이유를 확인하는 것도 매우 중요한 과정이다. 가해학생이 왜 그런 행동을 했는지, 어떻게 중단하게 되었는지를 통해 더 이상 가해행동을 하지 않도록 이끌 수 있으며 재발을 방지하기 위한 실효성 있는 대책도 마련할 수 있다.

표 1-3   **연도별 학교폭력 가해 이유(복수응답, 건수 기준)**

연도 \ 가해 이유 (%)	장난이나 특별한 이유 없이	상대방이 먼저 나를 괴롭혀서	상대방과의 오해와 갈등으로	상대방의 행동이 맘에 안 들어서	화풀이 또는 스트레스 때문에	다른 친구나 선·후배가 하니까
2024년 1차	31.5	26.5	13.4	11.3	6.9	3.5
2023년 1차	34.8	25.6	12.1	8.8	8.0	3.3
2022년 1차	34.5	22.1	12.2	8.9	9.4	3.8
2021년 1차	35.7	20.5	10.5	8.4	10.3	4.1
2020년*	28.1	17.5	13.9	12.7	8.3	10.1
2019년 1차	17.7	29.7	16.1	13.0	7.8	8.6
2018년 1차	31.1	26.2	–	13.9	7.8	8.1
2017년 1차	31.8	26.8	–	13.3	8.2	8.3

*는 각주 6번 참조.

(3) 학교폭력 목격 현황

학교폭력 목격 응답률의 추이를 보면, 코로나19 시기 이후 대면 전환과 동시에 목격 응답률도 증가하였다. 2022년이 전년 동차 대비 1.5%p로 증가폭이 가장 높은 해이며, 그 이후에도 전년 대비 0.8%p, 0.4%p씩 증가를 보인다([그림 1-5] 참조). 학교급별 추이를 보면, 초등학생은 2022년 응답률(2.5%p)이, 중학생과 고등학생은 2023년 응답률 (1.5%p, 0.4%p)이 전년 대비 가장 큰 폭의 증가를 보였고 이후 연도까지 꾸준히 증가하고 있다([그림 1-6] 참조).

*는 각주 6번 참조.

[그림 1-5] 최근 10년간 학교폭력 목격 응답률 추이

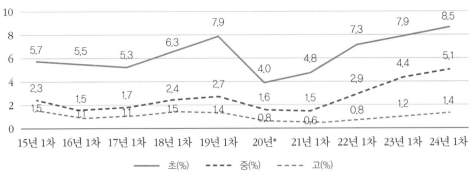

*는 각주 6번 참조.

[그림 1-6] 최근 10년간 학교급별 목격 응답률 추이

학교폭력 목격 후 행동의 연도별 추이를 보면(〈표 1-4〉 참조), 2017년을 제외하면 '피해학생을 위로하고 도와주었다'와 '아무것도 하지 못 했다'는 응답이 가장 높은 비율을 보였다. '가해자를 말렸다'는 응답은 2020년 코로나19 시기가 가장 낮았고, 그 이후로 다소 증가하다가 2022년 이후엔 다시 감소 추세가 유지되고 있다. 즉, 여전히 모른척하고 아무것도 하지 못하는 방관학생들의 비율도 높다는 점을 주목해야 한다.

구체적으로 2024년(68.4%) 1차 조사에서 '알리거나 도와 준' 학생의 비율(①+③+④)은 2023년(68.3%) 동차 비교 시 0.1%p 증가하였고, 학교폭력 목격 시 방관의 비율(②)은 0.2%p 감소하였음을 알 수 있다. 연도별 추이를 보았을 때 '알리거나 도와 준' 학생의 비율(①+③+④)이 분명 2020년(63.5%)보다는 증가하는 추세이나, 2021년(69.1%), 2022년(69.8%)의 비율보다는 감소하고 있음을 볼 때, 적극적 신고 독려 및 예방 교육의 효과성이 보인다고 할 수는 없다. 또한 '나도 같이 피해학생을 괴롭혔다'라고 답한 아이들도 줄지 않고 여전히 상당수라는 점에도 주목할 필요가 있다. 이른바 이 학생들은 '동조자'이다. 학교폭력에 연루되어 이들이 이렇게 동조해야만 하는 이유에도 관심을 가져야 한다. 매슬로우(Maslow)의 욕구위계이론에 따르면, 그들의 행동은 결핍 욕구에 해당하는 안전

표 1-4 연도별 학교폭력 목격 후 행동 비율

목격 후 행동 (%) / 연도	① 피해학생을 위로하고 도와주었다.	② 아무것도 하지 못했다 [모른 척 했다].	③ 가해자를 말렸다.	④ 주변 어른들에게 알리거나 신고했다.	⑤ 나도 같이 피해학생을 괴롭혔다.	①+③+④
2024년 1차	33.8	30.5	17.4	17.2	1.1	68.4
2023년 1차	33.9	30.7	17.5	16.9	1.1	68.3
2022년 1차	32.2	29.3	20.7	16.9	0.9	69.8
2021년 1차	33.4	29.9	19.5	16.2	1.0	69.1
2020년*	36.4	34.6	15.9	11.2	1.9	63.5
2019년 1차	34.5	30.1	20.0	14.1	1.2	68.6
2018년 1차	34.4	30.5	19.0	14.8	1.2	68.2
2017년 1차	35.8	20.3	25.5	17.6	0.8	78.9

*는 각주 6번 참조.

의 욕구, 소속감의 욕구, 자존감(인정)의 욕구로 인해 어쩔 수 없이 선택한 심리적 자구책이었을지도 모른다. 방어자는 늘리고 방관자, 동조자는 줄이기 위한 적극적이고 실효성 있는 주변인 학생 교육이 필요하다.

3) 학교폭력 유형의 변화

학교폭력의 유형은 변화하고 있다. 학교폭력 실태조사는 학교폭력 예방 및 대응 방안을 마련하기 위한 기초작업이다. 조사 결과에 따른 학교급별 학교폭력 유형의 변화를 보면([그림1-7] 참조), 2020년 이후에도 여전히 언어폭력이 가장 높은 비율을 차지하고 있으며, 집단따돌림은 2020년 이후 감소세를 보이다 다시 소폭 증가하고 있다. 신체폭력은 2020년에는 코로나19 시기에 맞물려 가장 낮은 수치를 보였으나 2021년부터 다시 예년 수준을 넘어서며 증가하다가 2023년(17.3%)에 최고치를 보였다. 2024년에는 다시 소폭 감소하였으나 여전히 학교폭력의 주된 유형임을 알 수 있다.

2024년과 2023년을 비교하면, 피해 유형 중 가장 높은 응답을 보인 언어폭력(39.4%)은 2.3%p 증가를 보인다. 신체폭력(15.5%)의 비중은 1.8%p 감소, 사이버폭력(7.4%)은 0.5%p 상승하였으며, 집단따돌림(15.5%), 성폭력(5.2%), 금품갈취(5.4%)도 각각 0.4%p, 0.9%p, 0.3%p씩 증가하였다. 최근 피해양상의 여러 유형이 혼재되어 나타남을 볼 때 개인별 또는 폭력 사안별 복수 응답이 가능하고 중복될 수 있음을 고려해야 할 것이다.

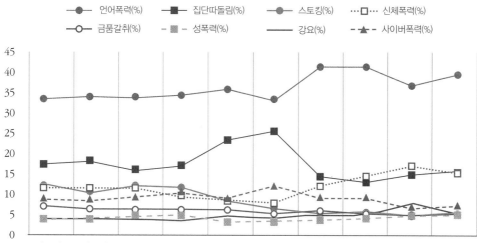

연도 유형	2015년 1차	2016년 1차	2017년 1차	2018년 1차	2019년 1차	2020 년*	2021년 1차	2022년 1차	2023년 1차	2024년 1차
언어폭력	33.3	34	34.1	34.7	35.6	33.5	41.7	41.8	37.1	39.4
집단따돌림	17.3	18.3	16.6	17.2	23.2	26	14.5	13.3	15.1	15.5
스토킹		12.7	10.9	12.3	11.8	8.7	6.7	6.2	5.7	5.5
신체폭력	11.9	12.1	11.7	10	8.6	7.9	12.4	14.6	17.3	15.5
사이버폭력	9.2	9.1	9.8	10.8	8.9	12.3	9.8	9.6	6.9	7.4
금품갈취	7.2	6.8	6.4	6.4	6.3	5.4	5.8	5.4	5.1	5.4
성폭력		4.2	4.5	5.1	5.2	3.9	3.7	4.1	4.3	5.2
강요		4.2	4.3	4	3.9	4.9	4.4	5.4	5.3	7.8

*는 각주 6번 참조.

[그림 1-7] 최근 10년간 학교폭력 피해 유형별 피해 응답률 추이(%)

장의 요약

1. '학교폭력'은 "학교 내·외에서 학생을 대상으로 발생한 상해, 폭행, 감금, 협박, 약취, 유인, 명예훼손·모욕, 공갈, 강요, 강제적인 심부름 및 성폭력, 따돌림, 사이버 따돌림, 정보통신망을 이용한 음란·폭력정보 등에 의하여 신체·정신 또는 재산상의 피해를 수반하는 행위"라고 정의한다(「학교폭력예방법」 제2조 제1항).

   • 학교폭력 행동은 일정 기간 '지속적'이고 '반복적', '의도적'으로 일어날 수 있으며 사례에 따라서는 학생들 사이에 '힘의 불균형'도 발생의 원인이 될 수 있다. 이 중에서 하나의 요건이라도 성립하면 학교폭력으로 본다.

   • 학교폭력의 공간에 대한 정의에서, 그 범위는 교육과 관련된 모든 현장 및 장소를 의미하는 것으로 해석할 수 있으며, 학교폭력이 발생하는 공간보다는 학교폭력의 대상이 학생이라는 점에 더 초점을 두어 해석하는 것이 일반적이다.

2. 학교폭력의 유형을 신체폭력(감금, 상해, 폭행, 약취, 유인 등), 언어폭력(모욕, 명예훼손, 협박, 가스라이팅 등), 강요[과제 대행, 게임 대행, 강제적 심부름(셔틀) 등] 및 금품갈취, 따돌림, 성폭력 그리고 사이버폭력 등으로 구분하여 유형별 정의와 특성을 알아보고 최근 사례를 제시하였다.

   • 여러 유형 중 사이버폭력(사이버 언어폭력, 사이버 소외, 사이버 강요 및 갈취, 사이버 성폭력, 사이버 스토킹 등)은 오프라인에서 이루어지는 대부분의 폭력 유형이 포함됨을 알수 있으며 오프라인에서의 폭력과 어떤 점이 다른지를 파악하고 접근할 필요가 있다.

3. 학교폭력의 실태 파악을 위해 교육부가 발표한 1차 학교폭력 실태조사(전수조사) 결과를 토대로 최근 10년간(2015~2024년도)의 학교폭력 발생 현황과 피·가해 및 목격 응답률 추이를 알아보고, 학교폭력 피해 유형별 피해 경험의 변화양상을 알아보았다.

   • 학교폭력 발생 건수는 2015년(19,968건)부터 2016년(23,673건), 2017년(31,240건), 2018년(32,832건), 2019년(42,706)까지 전반적으로 증가 추세를 보이다가 2020년(25,903건)에는 큰 폭으로 감소하였다. 그러나 점차 대면 수업이 재개되면서 2021년(44,444건)부터는 다시 증가하기 시작하였고, 다시 예년을 넘어 2022년에는 57,981건, 2023년에는 61,445건으로 6만 건을 상회하였다.

- 최근 10년간의 학교급별 피해 응답률을 살펴보면, 매년 초등학생의 피해 응답률이 중학생, 고등학생의 비율보다 더 높게 나타남을 알 수 있다.
- 학교급별 가해 응답률은 코로나19 시기 이후 2023년이 가장 높았다. 초등학교(2.2%), 중학교(0.6%), 고등학교(0.08%) 순으로 전년 동차 대비 0.9%p, 0.3%p, 0.03%p씩 증가하였다.
- 학교폭력 목격 응답률의 학교급별 추이를 보면, 초등학생은 2022년 응답률(2.5%p)이, 중학생과 고등학생은 2023년 응답률(1.5%p, 0.4%p)이 전년 대비 가장 큰 폭의 증가를 보였고 이후 연도까지 꾸준히 증가하고 있다.
- 학교급별 학교폭력 유형의 변화를 보면, 2020년 이후에도 여전히 '언어폭력'이 가장 높은 비율을 차지하고 있으며 '집단따돌림'과 '신체폭력'도 여전히 주된 학교폭력 유형이다. 사이버폭력 및 성폭력 등 다른 유형의 변화양상에도 관심을 가져야 한다.

수업활동

1. '학교폭력'이라는 용어가 적절한지에 대한 의문이 제기되고 있다. 용어의 적합성을 따져 보고 적절하지 않다면 대안을 제시해 보자. 또한 제시한 용어의 시·공간적 대상별 범주는 어디까지 포함되어야 할지 조별로 논의해 보자.

2. 이 장에서 제시된 학교폭력 유형(신체폭력, 언어폭력, 강요 및 금품갈취, 성폭력, 사이버폭력) 중 하나의 유형을 선택하여, 제시된 사례 또는 기억에 남는 최근 사례를 토대로 교사로서의 개입이 어떻게 이루어져야 할지 조별로 논의해 보자.

학교폭력의 원인 및 특성

1. 학교폭력의 원인

학교폭력의 원인은 매우 복합적이어서 규명하기가 쉽지 않다. 그러나 학교폭력의 원인을 탐색하는 과정은 학교폭력 관련 학생들의 특성과 행동을 이해하도록 도와주며 궁극적으로 학교폭력을 예방하고 효율적인 대응 방안을 모색하기 위해 필요하다. 학교폭력은 청소년기의 발달 심리적 요인인 개인적 요인과 가정, 학교, 사회를 포함한 환경적 요인 등의 상호작용 결과로 발생한다(김범수, 2009). 여기서는 학교폭력의 원인을 크게 개인적 요인과 환경적 요인으로 구분하여 알아보고자 한다.

1) 개인적 요인

개인적 요인에서는 학교폭력 관련 학생들을 가해학생, 피해학생, 주변인 학생으로 나누어 그들이 보이는 개인적 특성을 알아본다. 학교폭력은 학생 개개인이 지니는 외현적 요인과 내재화된 요인이 복합적으로 작용하여 발생한다. 외현적 요인은 분노, 공격성의 표출로 연결되며 내재화된 요인은 개인의 우울, 불안, 무기력 정도를 반영한다.

(1) 가해학생의 특성

가해학생의 개인적 요인으로는 높은 공격 성향, 높은 스트레스 수준, 강한 지배 욕구, 높은 도덕적 이탈도 등의 외현화된 요소와 우울, 열등감과 피해의식, 부정적 자아개념 등의 내재화된 요소가 있다. 그 외 타인에 대한 공감능력과 수용능력의 부족 등도 학교폭력을 일으키는 중요한 요인 중 하나이다. 이러한 요인들이 복합적으로 작용하여 폭력적 행동으로 나타난다(유형근 외, 2019). 발달의 특성상, 가해학생들은 자기중심적이며 또래 집단에서의 우월감이 강하다. 반면, 도덕적 판단력은 약해서 타인에게 가하는 공격성과 폭력이 얼마나 나쁜지를 모른다(정종진, 2012). 즉, 높은 도덕적 이탈로 인해 잘못을 인정하기보다 정당화하고 자기의 잘못은 축소한다. 또한 학업 문제, 진로 문제, 또래관계 및 교사와의 관계 등에서 다양한 스트레스를 경험한 후 해소하지 못하는 경우가 많아 우울 정서, 열등감, 피해의식, 자신을 무능하거나 필요 없는 존재로 인식하거나 부정적 자아개념이 내재화되어 공격적이고 폭력적인 행동으로 이어진다. 가해학생의 낮은 공감능력은 피해학생이 받게 될 정신적 신체적 고통에 아랑곳하지 않고 자신의 목적과 감정에만 집중하게 한다. 자신과 타인을 있는 그대로 인정하고 수용하는 능력의 부족 또한 학교폭력의 위험 요인으로 작용하게 된다.

가해학생들이 왜 가해행동을 하고 심지어 즐기게 되는지, 그들에게 진정한 반성이란 무엇이며 진정한 반성은 어떻게 이끌어야 하는지 등에 대하여 깊이 이해하는 것은 학교폭력 예방에 있어 중요한 과제이다. 즉, 가해학생들도 가해행동을 하게 된 나름의 이유가 있을 것이다. 이유를 알고 이해해야 그들의 행동도 변화시킬 수 있다. 그래야 교육적 선도가 가능해진다. 그들도 공동체 밖으로 밀어낼 수 없는 우리 사회의 일원이기 때문이다.

홍윤철(2022)은 『호모 커먼스』에서 오늘날 교육이 성공적으로 이루어지지 않는 것이 지식과 기술을 제대로 전달하지 못해서가 아니라 공동체의 구성원들이 가져야 할 가치관과 역할에 대해 충분한 교육과 훈련을 하지 못한 결과라고 주장한다. 학생들은 교육을 통해 익힌 지식과 기술을 활용하여 타인과의 관계에서 공감과 이해를 높이며, 자신뿐만 아니라 공동체 모두의 이익과 발전을 이루기 위해 협력할 줄 알아야 한다. 즉, 가해학생도 공동체 구성원으로서의 가치관을 지니고 공동체 속에서 능동적으로 그 역할을 다하도록 준비시키는 교육의 과정이 제대로 이루어져야 한다.

(2) 피해학생의 특성

학교폭력 피해학생의 개인적 요인을 명확히 정의하기는 더욱 어렵다. 왜냐하면 학교 구성원들의 불특정 다수가 다양한 이유로 피해의 대상이 되고 있기 때문이다. 그동안 선행연구들이 정의하는 학교폭력 피해학생의 특성으로는 대체로 신체적으로 왜소하고 허약하며, 대인관계에서 복종적이고, 수동적인 성향이 있다. 또한 자기표현 능력이나 대인관계 기술의 부족, 낮은 자아존중감과 부정적 자아개념, 우울, 불안, 무기력 등의 내재화된 문제 등이 있다.

동시에 피해학생은 자신이 통제할 수 없는 폭력 상황을 많이 경험하면서 높은 수준의 분노와 불안을 가지게 된다. 이는 그들에게 공격적 욕구를 불러일으키게 되어 공격적 반응으로 외현화되기도 한다. 즉, 학교폭력을 겪게 되면서 숨겨져 있던 공격성이 드러나는 것이다. 이런 특성으로 인해 피해학생이 자신의 피해 상황에서 벗어나기 위해 가해행동을 하는 경우도 많이 보고되고 있다. 이런 경우에는 피해학생이 가해학생으로 바뀌면서 또 다른 사안으로 처리하게 된다. 올베우스(1978)는 이러한 성향의 피해학생을 '공격적 피해자(provocative victim)'로 일컫고 있다. 이런 학생들은 일반적인 피해학생들과 그 특성이 다소 다르다. 일반적인 피해학생들과 공격적 피해학생들의 특성을 비교하여 정리하면 〈표 2-1〉과 같다(정여주 외, 2024).

따라서 피해학생이 다시 가해학생이 되도록 방치하지 말고 그들이 보이는 취약함을 어떻게 도울 수 있는지 모색해야 한다. 그러기 위해서는 피해학생들의 처지와 심정에 대한 온전한 이해가 우선되어야 하며, 그들이야말로 보살핌과 지지를 가장 필요로 하는 대상임을 깨달아야 한다. 남들과 다르고 소심함이 학교폭력(괴롭힘)을 당하는 이유가 될 수 없다. 피해학생이 피해를 당한 것이 피해학생 본인의 잘못이 아님을 인식하게 해야 하며, 그 상황을 잘 이겨내고 덜 상처받을 수 있도록 가르쳐 주고 대처할 수 있는 힘을 키워 줘야 한다. 그들이 회복적 탄력성을 가지고 어려움을 이겨내며 성장하여 변화할 수 있도록 돕는 것은 교육의 몫이다.

표 2-1   일반적인 피해학생과 공격적인 피해학생의 특성 비교

일반적인 피해학생의 특성	공격적인 피해학생의 특성
• 자아존중감과 자아개념이 낮음 • 자신을 귀찮고 하찮은 존재로 생각함 • 인기가 없다고 생각함 • 학교를 기피하고 집에만 있고 싶어 함 • 대인관계능력 및 사회성이 떨어짐 • 자기 파괴적 행동을 하기도 함 • 환경을 통제할 힘이 없다고 생각함(무기력) • 자신에 대한 타인의 부정적 평가에 대해 과도하게 불안해함 • 또래에게 수용되지 않는 경우가 많음 • 부모가 과잉보호하는 경우도 있음 • 우울, 불안, ADHD 성향이 보고되기도 함	• 학교폭력 피해에 대해 불안과 공격 반응이 함께 나타남 • 일반적인 피해학생보다 외향성이 높은 편임 • 일반적인 피해학생보다 신체적으로 강하고 자기주장을 하는 편임 • 쉽게 화를 내고 다른 사람을 화나게 하기도 함 • 가해학생과 비슷한 수준의 우울을 보임 • 피해학생과 비슷한 수준의 불안을 보임 • 복수의 대상에게는 파괴적 행동을 보임 • 다른 약한 학생에게는 공격적 행동을 보임 • 부모가 비민주적, 비일관적 양육 태도를 보이는 경우가 많음 • 교사들이 지지, 보호해 주지 않는 경우가 많음 • 또래나 교사와 관계가 좋지 않음 • 말썽꾸러기로 낙인찍힌 경우가 많음

(3) 주변인 학생의 특성

학교폭력 관련 학생을 가해학생, 피해학생, 방관학생으로 구분하기도 하였으나, 이제는 가해 및 피해학생을 제외한 나머지 학생을 통칭하여 주변인(bystanders) 학생으로 분류하고 있다. 이 주변인 학생은 다양하게 분류되고 있다. 살미발리 등(Salmivalli et al., 1996)은 주변인 학생을 동조자(assistant), 강화자(reinforcer), 방관자(outsider) 그리고 방어자(defender)로 분류하여 그 특성을 구분하고 있다. 첫 번째 유형인 동조자(assistant)는 학교폭력 가해학생에게 동조하며 가해행위에 함께하는 참여하는 학생들이다. 두 번째 유형인 강화자(reinforcer)는 직접 참여는 하지 않으나 옆에서 욕설 등을 하며 가해행동을 부추기면서 간접적으로 강화하는 학생들을 일컫는다. 세 번째 유형은 방관자(outsider)이다. 방관자는 폭력 상황을 무시, 회피하거나 침묵하는 등의 행동을 보이며 폭력 상황에서 자기 보호를 최우선으로 하는 학생들이다. 네 번째 유형인 방어자(defender)는 학교폭

력이 발생하였을 때 적극적으로 피해학생을 가해학생으로부터 방어하고 보호하려고 애쓰는 학생들이다.

학교폭력 예방 및 대응을 위한 학교폭력 해결의 핵심은 주변인(bystander) 학생들에게 있다. 즉, 그들이 가해학생과 피해학생에 대해 보이는 반응이 어떤지에 따라 그들이 속한 학급 및 학교 공동체의 분위기와 학교폭력의 발생빈도는 차이가 있을 것이다. 그들에게 방어자(defender)의 역할이 얼마나 중요한지를 인식시키고, 그 역할을 실천할 수 있는 역량을 제고하도록 주력해야 한다. 주변인 학생들은 누구든지 피해자가 될 수 있음을 인지해야만 한다. 나도 언제든 피해자가 될 수 있다고 인식할 때 내가 마주한 피해학생을 돕기 위해 적극적일 수 있을 것이다. 하와이 카우와이섬에서의 종단연구(나무위키)에 따르면, 극도로 열악한 환경 속에서도 성공적인 삶을 살아낸 사람들에겐(단 한 명일지라도) 자신을 이해해 주고 지지해 주는 사람이 있었다. 자신을 방어해 주는 사람이 있다는 사실만으로도 피해학생이 상처에서 회복할 수 있는 큰 힘을 얻을 수 있다는 것을 주변인 학생들에게 인지시킬 필요가 있다.

무엇보다 학교폭력을 목격하고도 적절한 대처를 하지 못하고 적극적으로 방어자 역할을 하지 못하는 주변인 학생들에 대한 심도 있는 이해가 우선되어야 한다. 그들이 학교폭력을 어떻게 인식하고 있는지, 방관하는 이유는 무엇인지에도 주목할 필요가 있다. 또한 학교의 분위기 및 교사가 주변인 학생들이 방어자 역할을 제대로 수행하도록 충분한 믿음을 주고 있는지도 성찰해 보아야 한다. 즉, 학교와 교사가 신속하고 적절하게 학교폭력에 대응 및 대처하고 있다는 믿음을 보여 준다면 주변인 학생들의 방어자 역할은 강화될 수 있다.

2) 환경적 요인

(1) 가정 요인

가정 환경적 요인은 주로 부모의 역할모델, 양육 방식 및 의사소통 방식에 초점을 맞추어 설명할 수 있다. 가해학생의 가정은 대체로 원활한 대화의 결여, 경제적 어려움으로 인한 적절한 지지의 부족, 강압적이고 비일관적인 부모의 양육 태도, 가장의 주벽 및 폭행 등의 특성을 보이기도 한다(강진령, 2022). 부모는 자녀에게 영향력이 있는 역할모델이다. 학교폭력 가해학생의 공격적 행동은 폭력적인 부모, 폭력적인 가정 분위기와 밀접한 관련이 있다(Sudermann et al., 1996). 즉, 가정 내에서 폭력을 목격하거나 당한 경험이 있는 학생은 폭력적 행동을 할 가능성이 매우 높다(Farrington, 1991). 또한 부모 혹은 가족 구성원의 반사회적 가치와 규범은 학생이 폭력적 행동을 일으키고 정당화하는 요인이 된다(Brewer et al., 1995).

부모의 양육 방식 또한 학교폭력의 위험 요인으로 작용할 수 있다. 부모가 권위주의적(authoritarian)이고 강압적으로 냉담한 양육 방식을 취할 때, 그 자녀는 학교에서 폭력을 행사할 위험성과 피해를 경험할 위험성이 동시에 높아진다(Shields & Cicchetti, 2001). 또한 불안정 애착 형성을 보이기도 한다(Perry et al., 2001). 과잉 보호적인 양육을 하는 부모는 자녀가 자기주장 기술과 독립심을 발달시킬 수 있는 환경을 제대로 제공하지 못하므로 학교폭력 피해의 요인이 되게 할 수도 있다(Smith & Myron-Wilson, 1998). 부모가 자녀의 감독을 소홀히 하고 제대로 된 보살핌을 제공하지 않는 방임적 양육 방식도 학교폭력의 중요한 위험 요인이 될 수 있다(Brendgen et al., 2001). 즉, 부모는 권위 있는 (authoritative) 양육으로 자녀의 독립심과 자율성을 발달시키기 위해 충분한 지원과 지지를 제공해야 한다. 잘못된 행동에 대해서는 지나친 비난이나 질책을 하지 않고 원만히 해결하는 지혜가 필요하다.

부모-자녀 간 의사소통 방식 또한 학교폭력의 위험 요인으로 작용할 수 있다. 의사소통은 상호작용을 통해 생각, 감정, 태도 등의 메시지를 전달함으로써 공통의 이해를 도모하는 과정이기 때문에 원활하고 개방적인 의사소통은 학교폭력의 연루 가능성을 낮출 수 있다(Bowers, Smith, & Binney, 1992).

부모와의 긍정적인 관계는 청소년의 회복탄력성을 발전시키고 청소년의 온라인 게임 중독 성향을 억제한다. 회복탄력성을 긍정성, 통제성, 사회성의 세 요인으로 분석한 결과, 특히 긍정성과 통제성이 강화될 수 있음이 나타났다(신우열, 최민아, 김주환, 2009). 따라서 부모와의 긍정적인 관계를 통해 자신에 대한 긍정적 생각과 행동통제성을 높일 수 있도록 지원해야 할 것이다.

하지만 부모의 역할모델, 양육 방식 및 자녀와의 의사소통 방식 등 가정 환경적 요인이 지극히 원만하였음에도 불구하고 콜럼바인 학교 총격사건의 딜런처럼 극도로 폭력적인 행동을 드러낸 자녀도 있다. 클리볼드(Klebold, 2016)는 아들 딜런에 의한 피해자를 기리고 아들이 어쩌다 그런 행동을 하게 되었는지를 이해하고자 학교폭력의 원인을 다각도로 찾아보려 하였다. 이는 부모들에게 시사하는 바가 크다. 문제행동을 보이는 자녀 뒤엔 반드시 문제 부모, 문제 가정이 있을 것이라는 통념이 우리 사회가 만든 편견일 수 있음을 견지해야 하며, 폭력적 행동의 원인은 쉽게 단언할 수 없다는 것을 반증한다.

(2) 학교 요인

학교 환경적 요인으로는 학교 규모, 학급 학생 수 등의 물리적 요인과 학교생활 만족도, 학업성취도, 학교 및 학급 분위기, 교사와의 관계 등 심리적 요인이 있다. 심리적 요인 중 학교생활 만족도가 낮을 경우, 가해학생은 학교에 대한 불평ㆍ불만을 토로하며 공격적인 행동을 할 수 있고 교내 활동에도 적극적이지 않으며 불성실할 수 있다. 피해학생들 역시 학교폭력 피해로 인해 학교생활 만족도가 높지 않은 경우가 많고 학교생활에서 매사 자신감이 부족하다(Kochenderfer & Ladd, 1996). 학교 및 학급 분위기가 과도한 경쟁 속에서 성적향상만을 추구한다면 학생들은 학업뿐만 아니라 또래관계에서도 잘 적응하지 못하고 학교폭력에 연루될 수 있다(강진령, 유형근, 2000). 또한 코넬과 황(Cornell & Huang, 2016)은 권위 있는(authoritative) 학교 분위기가 중요하다고 강조하였다. 이는 학교가 체계적이면서 의지할 수 있는, 안전하고 제 역할을 다한다는 것을 의미한다. 학급 또는 교사가 괴롭힘에 대하여 어떠한 태도로 임하는지, 관심을 기울이는지, 실제로 효과적인 조치를 하고 있는지 등도 중요하다. 올베우스(1994)는 학생의 반사회적 행동에 대한 학교의 지도ㆍ감독 소홀 및 학생의 문제행동과 규칙 위반에 대한 체벌 그리고 교사의 학생에 대한 애정과 관심의 결여 등이 학교폭력을 일으키는 대표적 학교 위험 요인이라고 보았다.

(3) 사회적 요인

학교폭력의 발생은 학생을 둘러싼 지역사회의 경제적 수준, 주변 유해환경의 유무, 높은 범죄율 등과 관련이 깊다. 실직이나 낮은 경제 수준으로 폭력 또는 범죄에 노출될 가능성이 높은 지역사회에 거주하는 학생들은 폭력에 연루될 가능성이 크다(McLloyd, 1998). 하지만 이러한 위험성에도 불구하고 가족의 사회적 지지수준이 높은 경우에는 폭력에 연루될 가능성이 낮아지기도 한다(Duncan, 1999). 유해환경에 자주 접촉하는 것은 규범의식의 약화와 함께 반규범적인 가치나 태도를 학습할 기회를 증가시켜 비행 및 반사회적 공격행동을 일으킬 가능성을 높인다(송재홍 외, 2013).

또한 대중매체의 영향력도 크다. 실제로 대중매체를 통해 폭력을 경험한 학생일수록 학교폭력 가해 경험이 많은 것으로 나타났다(Murray, 1999). 대중매체의 폭력성은 학생들의 폭력에 대한 호기심과 모방심리를 자극하여 폭력을 손쉬운 문제해결 방법으로 인식하게 만든다(유형근 외, 2019). 이렇듯 학생을 둘러싼 사회적 요인 또한 학교폭력의 보호요인 때론 위험 요인으로 작용할 수 있음을 보여 준다.

그러나 마주한 환경이 유사할지라도 개인의 특성에 따라 자신의 삶을 긍정적으로 또는 부정적으로 꾸려나갈 수 있다. 이는 학생들이 처한 어려운 환경을 극복해 낼 수 있는 강인한 회복적 탄력성을 지니도록 도와야 함을 시사한다. 김주환(2019)은 회복적 탄력성이 높으면 구체적으로 정신적인 저항력, 스트레스에 대한 면역력, 역경 변환 능력, 역경의 극복과 적응력, 성장 능력이 높다는 것을 연구를 통해 제시하였다. 서울대학교 이상묵 교수, 류춘민 사업가, 안데르센(Andersen) 등 자신의 어려운 상황을 긍정적으로 인식하고 현실을 이겨낸 인물들을 소개하며 회복적 탄력성의 중요성을 강조하였다.

앞서, 학교폭력의 원인을 개인적 요인에서는 가해, 피해 그리고 주변인 학생으로 나누어 그 특징을 알아보고 대상별로 그들을 어떻게 이해해야 하는지 언급하였다. 또한 환경적 요인은 가정, 학교, 사회적 요인으로 구분하여 보호 및 위험 요인을 탐색하였다. 그러나 대상에 따라 학교폭력의 원인에 대한 인식은 다를 수 있으며 복합적인 요인이 작용할수 있다. 즉, 학생, 학부모 그리고 교사가 인식하는 학교폭력의 원인은 복합적이며 차이가 있다. 학생은 그 원인으로 성격 문제, 또래(친구)의 압력, 가정불화, 부모의 신체적 · 심리적 학대, 의사소통 및 자기주장 기술 부족 순으로 꼽았으며, 학부모는 부모의 적절한 관심과 보살핌의 부족, 가정불화, 의사소통 및 자기주장 기술 부족, 해로운 환경 및 매체(예: 폭력물, 게임 등), 성격 문제의 순으로 생각하였다. 그리고 교사는 부모의 적절한 관심과 보살핌의 부족, 가정불화, 해로운 환경 및 매체, 성적 중심의 경쟁적인 학교 및 사회

분위기 순으로 인식하고 있었다(이소라, 2016). 즉, 학부모는 자녀의 학교폭력 연루 문제를 부모 자신 및 가정의 문제(37.3%)가 가장 큰 원인이라고 보고 있었고, 교사도 마찬가지로 학생의 부모 및 가정의 문제(31.6%)가 제일 큰 원인이라고 인식하고 있다. 반면, 학생은 가정 환경보다 자신의 성격이나 또래관계와 같은 개인적 요인이 더 큰 것으로 생각하였다.

학교폭력의 원인은 유형별 사례별로 규명할 필요가 있다. 개인이 잠재적인 공격성(폭력성)을 개인적 특성으로 지닌다고 하여도 그들이 처할 수 있는 환경적인 요인을 잘 마련해 준다면 공격성이 겉으로 표출되지 않을 수 있다. 다시 말하면 학교폭력 관련자들이 특정 폭력 상황에 놓이게 된 원인을 잘 파악하기 위해서는 그들의 개인적 특성 외에도 그들이 마주하게 된 사회 · 문화적 환경, 교실의 상황, 학급 구성원들과의 관계성에 주목하고 그들에게 어떤 환경적 자극이 있었는지를 되돌아볼 필요가 있다.

2. 학교폭력의 특성

앞에서 논의된 학교폭력의 위험 요인들은 개인적 요인과 환경적 요인들이 개별적이 아닌 상호 복합적으로 작용하면서 다양한 양상의 학교폭력을 일으키고 있다. 학교폭력을 설명하는 대표적 특성을 '공격성'의 표출과 그로 인한 '괴롭힘'으로 보고 공격성과 괴롭힘 행동이 어디에서 무엇 때문에 기인하고, 어떻게 나타나는지 종합적으로 이해해 보고자 한다.

1) '공격성(폭력성)'의 이해

『사피엔스』(2015)의 저자, 유발 하라리(Yuval Harari)에 의하면, 우리 인류인 호모 사피엔스는 본래 잔인한 종족이며, 상상력을 통한 인지 혁명과 잔인함으로 이전 종족들을 청소(인종청소)하는 과정에서 살아남은 존재라고 하였다. 이처럼 공격성(aggression)이 인간의 본능이라면 이 본능을 어떻게 잠재우고 발현되지 않도록 이끌어 줄 수 있을 것인가? 인본주의 심리학이 인간의 선한 본성을 강조하듯이 인간에게 선함 또한 존재한다면 그 선함은 어떻게 드러나도록 할 수 있을 것인가? 이러한 질문에 답하기 위해 교육 공동체 속 구성원들은 각자의 역할에 대한 반성과 실천적 행동을 추구해야 한다.

학교폭력을 일으키는 학생들은 대체로 높은 공격성과 충동성을 보인다고 한다. 공격성은 자신의 정당한 권리를 확인하고 유지하는 자기 주장성(assertiveness)과는 구별되며, 또래 간 갈등을 일으키는 주요 원인이 되어 충동성과 함께 학교폭력, 반사회적 행동 등의 문제행동을 일으킬 수 있다. 여기서는 학교폭력(괴롭힘)을 촉발하는 공격성(폭력성)을 정의해 보고, 공격성은 어디에서 어떻게 일어나는지 다양한 이론을 토대로 알아보고자 한다.

공격성은 타인에게 해를 가하는 파괴적인 행동 성향이다. 공격적 행위가 어떠한 자극에 대한 반응이 아니라 내적으로 무엇인가를 얻기 위해 일어날 때 '선행적(proactive) 공격성'이라 한다. 선행적 공격성은 자신이 원하는 물건이나 특혜를 가질 수 없을 때 그것을 방해하는 사람을 공격하는 행동으로, 도구적 · 주도적 공격성이라고도 불린다. 반면, 공격적인 위협을 느끼거나 만났을 경우 그에 대응하기 위한 공격성은 '반응적(reactive) 공격성'이라고 불린다. 다른 사람을 해치려는 의도를 가지고 때리거나 모욕을 주는 적대적 · 정서적 공격행동이 이에 해당된다(McAuliffe et al., 2006). 그 외에 '관계적(relational) 공격성'은 특정한 개인에게 악의적인 소문을 퍼뜨리면서 다른 사람들이 그를 싫어하도록 만드는 행동으로, 사회적 공격성에 해당한다. 청소년기에는 일반적으로 사회적 비난을 두려워하여 간접적이고 잘 드러나지 않는 관계적 공격성이 증가한다.

(1) 정신분석학 이론

프로이트(Freud, 1856~1939)는 성적 본능 에너지이자 생활에너지인 '리비도(libido)'가 신체의 어느 부위에 집중되느냐에 따라 심리성적으로 구성된 성격이 발달한다고 보았다. 각 단계에서 욕구불만이 생기거나 지나치게 몰두하게 되면, 리비도가 다음 단계로 이동하지 않고 머물러있는 고착(fixation) 현상을 일으킨다. 단계별 발달이 순조롭게 진행되지 않거나, 발달 과정에서 해결되지 못한 성격의 문제가 있다면 무의식에 머물러 있다가 성인기에 신경증의 원인이 되기도 한다(임성택, 이금주, 홍송이, 2023). 프로이트는 제1차 세계대전의 경험을 통해 인간의 포악함과 공격성에 관심을 가지게 되었다. 사랑하는 사람들의 죽음을 직면하며 『쾌락의 원칙을 넘어서(Beyond the Pleasure Principle)』(1920)라는 저서를 집필하였고, 여기서 죽음의 본능인 '타나토스(thanatos)'에 대해 언급하였다. 즉, 그는 삶을 보존하고 더 잘 살아가려는 에너지인 '에로스(eros)'와 삶을 파괴하고 태어나기 전의 상태로 돌아가려는 죽음 에너지인 '타나토스'가 늘 긴장 속에서 상호작용하며 인간의 행동을 결정한다고 주장한다. 이 죽음의 추동 에너지를 세상이나 불특정 다수를 향해 투사하면 전쟁, 집단 학살이나 묻지마 살인 등을 일으킬 수 있고, 자기 자신에게 투사하면 자살을 선택하게 된다. 즉, 인간은 이 죽음의 추동으로 인해 전쟁, 학대와 같은 과거의 심한 외상(trauma) 사건을 의식화하게 되고 반복된 자살 시도, 알코올 및 약물 중독 등 자신을 파멸로 이끌거나 스스로 고통과 긴장을 추구하는 행동을 하게 된다.

　이처럼 추동이론에서는 공격성도 자연스러운 본능의 하나로 간주한다. 죽음의 본능은 자신보다는 대부분 타인이나 세상으로 전치되어 발현되는데, 이 본능을 지속적으로 충족시켜야 정신장애를 막을 수 있다(박민철, 1999). 즉, 정신분석이론의 방어기제 중 하나인 승화(catharsis)는 공격적 본능을 순화시켜 발산하도록 돕는다. 그 예로 공격성을 발산하기 위해 스포츠 게임을 하거나 성적 추동을 순화하기 위해 살사댄스를 추는 것 등을 들 수 있다. 독일의 학교폭력 예방책 중 학생들에게 자신의 분노 조절을 위해 운동요법을 권장하는 것도 좋은 예가 될 수 있다.

(2) 사회인지 이론

　반두라 등(Bandura et al., 1963)의 '보보인형 실험'은 공격성이 관찰에 의해서도 학습될 수 있음을 보여 주었다. 이는 행동주의 학습이론이 설명하는 '직접적 강화와 처벌'에 의한 학습(조건화)에서 한 발짝 더 나아가 대리 강화와 대리 처벌을 포함한 '대리적 학습'에 의해서도 학습이 이루어짐을 설명하고 있다. 실험자는 3~6세의 남아와 여아 62명을 세 집단으로 나누고 '보보인형을 넘어뜨리고 소리를 지르며 주먹질을 하던 주인공이 서로 다른 결말을 맞는 장면'이 녹화된 영상을 보여 주었다. 첫 번째 집단은 공격성에 대해 '보상받는 조건'의 집단이다. 두 번째 집단은 공격을 가한 아이에게 '깡패'라고 비난하며 '처벌받는 조건'의 집단이며, 마지막 세 번째 집단은 '보상도 처벌도 받지 않는 조건'의 통제집단이다. 그 결과, 공격성에 대한 보상조건의 아이들이 가장 공격적이었고, 다음으로 통제조건, 처벌조건 순으로 공격적 행동을 보였으며, 남아가 여아보다 더 공격적인 성향을 보였다고 한다. 주목할 것은 아무것도 하지 않는 통제조건 집단의 아이들이 처벌조건 집단의 아이들보다 더 공격적이었다는 점이다. 이는 어떤 학생이 폭력을 행사하고도 아무런 처벌을 받지 않는 것을 공격적인 성향의 학생이 관찰하였다면 공격에 대한 잘못된 신념은 더욱 강화되고 이들의 공격성은 더욱 확고해질 수 있음을 시사한다.

폭력적인 TV 프로그램의 시청(Christensen et al., 2007), 특히 좋은 목적을 위해 폭력을 정당화하는 프로그램의 시청(Hogben, 1998)은 공격성을 더욱 강화하였다. 이는 이런 프로그램을 청소년들에게 무작정 노출하는 것이 바람직하지 않음을 시사한다. 좋은 목적을 위해 사용되는 폭력은 대의명분이 있으므로 폭력 자체의 규범적 평가 없이 정당하며 훈육을 위해서는 폭력이 불가피한 것이라는 '목적의 합리성'만 강조하게 할 수 있다.

공격적인 게임과 공격적인 TV 시청의 공격성 학습 관련 연구(Anderson & Bushman, 2007; Anderson & Dill, 2000; Rice & Dolgin, 2009)에 의하면, 공격적인 게임은 공격적인 행동을 증가시키며 폭력에 대해 둔감하게 하였다. 또한 폭력적인 내용을 시청하는 것보다 게임을 하면서 공격점수를 올리고, 아이템과 같은 강화물을 획득하는 능동적인 참여가 공격성을 더욱 악화시켰다. 이러한 연구들은 교사와 부모가 학생들에게 제공할 콘텐츠를 잘 선별해야 하는 안목이 있어야 하며 동시에 학생들에게도 콘텐츠를 비판적으로 바라보는 분별력을 길러 주어야 함을 시사한다. 또한 학생들의 바람직한 행동과 학습을 위해 선택 적용하는 활동 강화물(좋아하는 영상 보기, 인터넷 게임하기 등)이 오히려 공격성과 폭력성 강화의 역효과를 낳을 수 있어 유의해야 함을 시사하고 있다.

발생 당시 사회를 광분케 하였던 '인천 엽기적인 초등학생 살인 사건'(2017. 3. 29. 발생)은 트위터에서 캐릭터 커뮤니티 활동에 빠져 있던 10대 후반의 김 양(당시 고교 자퇴생)과 박 양(당시 만 18세)이 저지른 만행이다. 김 양의 사이코패스적 요인을 위해 감정 의뢰를 하는 과정에서 김 양은 자신이 심신미약이 아님을 주장하기도 하였다. 헤어(Hare, 2011)에 의하면, 사이코패스의 특징을 보이는 사람은 공감능력이 부족하고 도발적인 행동을 보인다. 또한 양심이 없어 죄책감을 느끼지 못하며 거리낌 없이 거짓말을 하고 다른 사람을 교묘히 조종한다. 이 만행은 반사회적 성격장애의 영향 가능성도 완전히 배제할 수 없지만 동시에 사이버상에서의 모방학습이 현실로 드러난 결과로도 볼 수 있다.

(3) 발달적 모형

발달적 관점에서도 아이들이 어떻게 학교폭력에 연루될 수 있는지를 설명한다. 첫째, 사회적 상호작용 발달 이론에서는 사회적 상호작용 속에서 겪게 되는 '배척'이 결국 아이의 발달 과정에서 폭력성을 키우게 한다고 주장한다. 요컨대, 학교에서 따돌림을 당하며 적응하지 못하면 오히려 배회하는 비행청소년들과 어울리면서 비행을 통해 유대감을 형성하고 인정받게 되므로 그 아이의 비행은 커지는 것이다. 둘째, 가족체계이론에서는 가족을 유지하기 위해 아이가 가정이나 학교에서 폭력성을 드러내고 문제행동을 한다는 것이다. 병리적인 가족이 자녀의 문제행동으로 인해 그나마 대화를 이어 가고 교류하고 있다면 자녀는 암묵적으로 문제행동을 강요받는다. 즉, 아이의 존재는 가족의 체계를 유지하는 희생양이다. 마지막으로, 폭력경로 발달이론에 의하면, 아이가 발달 초기부터 폭력을 발생시켰는지, 아니면 청소년 후기에 폭력성을 드러냈는지에 따라 폭력의 재발을 예측할 수 있다. 청소년 초기부터 가출, 폭력, 비행을 일삼은 아이들의 비행은 지속되지만, 청소년 후기에 문제행동을 일으킨 아이들의 재범률은 낮아진다. 이는 초기에 문제를 일으킨 아이들에게 더 심도 있는 개입이 필요함을 시사한다. 초기에 문제행동을 많이 일으킨 아이들이 성장하면서 긍정적인 행동들을 보이며 잘 적응하는 경우가 있다면 그 변화를 일으킨 요인을 찾아 폭력의 재발 방지에 도입하자는 관점이다(이보경, 2020).

또한 발달심리학적 관점에서 성격의 발달을 설명하는 에릭슨(Erikson, 1902~1994)의 이론에 따르면, 아이들의 공격 성향은 발달 단계별로 직면하게 되는 심리 사회적 위기의 문제를 어떻게 해결하느냐에 따라 그 양상이 조금씩 달라진다. 즉, 유아기에 형성된 수치심은 분노 각성과 관계가 깊으며, 아동기에 얻게 된 열등감은 과도한 공격성으로 연결되어 청소년기의 학교폭력과 같은 부적응 문제를 일으키는 요인으로 발전된다. 이렇듯 유아기, 아동기, 청소년기로 공격 성향이 이어진다는 공격성의 연속성은 발달 시기별 위기가 공격성으로 발달하기 전에 적절한 초기 개입이 필요함을 시사하고 있다.

(4) 신경생물학적 이론

신경생물학적 이론은 신경생물학적 요인이 공격성에 영향을 미친다는 이론이다. 이론에 의하면 임신 중이나 출산 시 뇌의 손상으로 인해 신경학적 이상을 보이는 아동에게서 폭력적인 성향이 나타날 수 있다. 두뇌의 전두엽, 편도체, 시상하부 그리고 신경전달물질은 공격성과 매우 관련이 높은 것으로 알려져 있다.

전두엽은 행동을 계획하고 다양한 대안을 생각하며 문제를 해결하는 능력, 행동의 결과를 예측하고 판단하며 결정하는 능력, 감정을 조절하고 행동을 억제하는 능력 등에 관여하는 두뇌 부위이다. 성인은 대개 전두엽에 의존하여 합리적이고 이성적으로 판단을 내리지만, 청소년들의 전두엽은 발달 과정 상태에 있다. 우리 뇌는 과잉 생성되고 연결된 신경세포를 가지치기(pruning)하여 주로 사용되고 강화받는 연결망만 남게 한다. 이 과정에서 전두엽의 기능은 아직 안정적이지 않은 상태로 제 기능을 발휘하지 못하지만, 편도핵이 먼저 활성화되면서 충동적이고 무분별한 행동이 촉발될 수 있다. 편도핵은 공포, 원초적 분노, 슬픔, 혐오 등 강한 정서의 생성을 담당하는 대뇌 부위로, 자극을 받으면 반응적(reactive) 공격성이 유발되며 주로 아동 및 초기 청소년들이 문제해결을 위해 의존하는 부위이다. 전두엽의 기능이 제대로 이루어지지 않아 정보처리 오류가 일어난 상황에서 자신의 정서를 제대로 인식하고 관리하는 능력이 떨어지면 과도한 공격성이 유발된다. '피니어스 게이지(Phineas Gage) 증후군[1]'은 사고로 인한 대뇌 전두엽의 손상이 인간의 성격과 행동 양상을 공격적이고 충동적으로 변화시킬 수 있음을 보여 주는 사례이다.

또한 시상하부는 자율신경을 총괄하는데, 시상하부의 후외측을 자극하면 선행적(proactive) 공격성이 증가하며, 복내측을 자극하게 되면 외부 위협에 예민하게 반응하는 반응적(reactive) 공격성을 증가시키게 된다고 한다(이상신 외, 2007).

신경전달물질 중 세로토닌은 충동과 폭력적 행동의 억제에 중요한 물질로 알려져 있다. 충동 조절의 어려움과 폭력 등의 문제가 있는 사람들을 대상으로 혈중 세로토닌 수치

---

1) 피니어스 게이지(1823~1860)는 미국 어느 철도공사장에서 쇠막대기가 왼쪽 뺨에서 오른쪽 머리 윗부분을 관통하는 사고로 두개골의 상당 부분과 왼쪽 대뇌 전두엽이 손상되었다. 의사 할로우(Harlow)의 치료로 죽을 고비를 넘기고 생존하였으나 할로우는 사고 후의 게이지가 전혀 다른 사람으로 변해 있음을 발견하고 「쇠막대기가 머리를 관통 후 회복(Recovery from the passage of an iron bar through the head)」이라는 글을 발표하였다. 게이지의 사건은 19세기 신경과학에 큰 논쟁을 일으켰다(위키피디아).

를 측정한 결과, 그 수치가 매우 낮았다는 보고도 있다(한유경 외, 2018). 반면, 남성 호르몬인 테스토스테론이 공격성과 비례한다는 사실은 이 호르몬이 증가하는 청소년기에 폭력성이 증가할 수도 있음을 예측할 수 있다. 그러나 신경전달물질이나 호르몬의 수치를 측정하는 것만으로 그 사람의 공격성을 예측하는 것은 한계가 있을 것이다(최현석, 2011).

(5) 사회정보처리 이론

사회정보처리 이론에 의하면 공격성을 포함한 아동의 사회적 행동은 사회적 단서의 입력, 해석, 목표의 형성, 반응 탐색 및 결정과 같은 일련의 인지과정의 기능에 영향을 받는다(Crick & Dodge, 1994). 즉, 어떤 일이 일어난 상황에서 개인은 타인의 의도성, 우발성 등을 따지고 자신의 후속 반응이 가져올 결과도 예측해 보는 등 복잡한 사회적 정보처리의 과정을 거치며 결정한 반응을 행동하게 된다. 공격적인 아동은 이러한 사회정보처리 인지과정의 각 단계에서 결함을 보이며 공격적인 행동으로 이어지게 된다. 랜들(Randall, 1997)도 아동들의 괴롭힘 행동이 인지적 심리적 결함에 원인이 있다고 보았으므로 사회정보처리가 적절하지 않아 타인의 기분이나 생각을 잘 알지 못하고 타인의 의도를 정확히 판단하지 못하여 괴롭힘을 하게 된다고 하였다.

사회정보처리의 해석은 사회적 상황에서 또래의 의도를 어떻게 귀인하는지와 관련된다. 귀인은 생각하는 방식의 문제이다. 상황에 대한 해석이 잘못되면 상황을 오해하고 폭력이 습관화될 수 있다. 연구에 의하면 공격적인 아동들은 애매하고 도구적인(반응적인) 자극 상황에 대해 적대적인 귀인 편향을 나타내어 실제로는 의도적이지 않은 또래의 자극을 악의적인 의도로 귀인하는 경향이 있었다(Crick & Dodge, 1996). 이러한 적대적인 귀인 편향은 아동들이 또래에게 공격적으로 반응할 가능성을 높여 준다(Crick & Dodge, 1994). 하지만 모든 공격 성향의 아동이 적대적 귀인 편향을 보이지는 않았는데, 이는 또래의 의도에 관한 아동의 추론에도 개인차가 있음을 말한다. 사회정보처리의 반응 결정 단계에서도 공격적인 아동들은 공격적인 행동이 긍정적인 결과를 이끈다고 생각한다. 다른 대안을 찾아보려 하지 않고 공격적인 행동을 긍정적인 방법으로 평가하는 경향을 보였다(Crick & Dodge, 1996).

또래의 의도에 관한 아동의 추론에도 개인차가 있음은 아동을 세 그룹으로 나누어 진행한 적대적인 귀인 편향 실험(Dodge, 1980; 한유경 외, 2018에서 재인용)에서도 확인할 수 있다. 첫 번째 그룹은 자신이 만든 작품을 다른 어떤 아이가 일부러 망가뜨렸다고 전해 들었고, 두 번째 그룹은 다른 아이가 자기의 작품을 잘 두려고 하다가 실수로 부수게 되었다고 전해 들었다. 세 번째 그룹은 의도에 대한 정보 없이 단지 다른 아이가 자기의 작품을 망가뜨렸다는 이야기만을 들었다. 그 후 아이들의 반응을 정리하면, 적대적 의도가 있었다고 전해 들은 경우, 공격성이 높고 낮음에 상관없이 모두 공격적인 반응을 보였다. 반면, 의도치 않은 우발적 사고라고 전해 들은 아이들은 공격 성향과 관계없이 모두 비공격적인 반응을 보였다. 그러나 의도가 불분명한 조건의 경우, 공격성이 높은 아이는 타인의 행동에 대해 적대적 의도가 있는 것으로 보는 경우가 많았으며, 반대로 공격성이 낮은 아이는 적대적 의도로 생각하지 않는 경우가 많았다.

아동이 지닌 공격성의 유형에 따라서도 사회정보처리 과정에 영향을 미칠 수 있는 요인이 다를 수 있다(Crick, Grotpeter, & Bigbee, 2002; 김지현, 박경자, 2009). 관계적 공격성을 보이는 아동은 관계적 자극을 주는 에피소드에 더 민감하게 반응하며 도구적인 자극보다 관계적 자극을 더 적대적인 의도가 있는 것으로 판단하였고, 반응을 결정할 때도 관계적 공격 반응을 더 긍정적으로 평가하는 경향을 보였다(Crick, Grotpeter, & Bigbee, 2002). 관계적 자극에 대하여 여아가 남아보다 모호한 상황을 더 의도적으로 해석하였으며, 외현적 특성과 관계적 특성을 복합적으로 가지고 있는 외현적·관계적 공격적 아동과 관계적 공격적 아동이 외현적 공격적 아동보다 모호한 상황에 대해서 더 의도적으로 해석하며 부정적인 정서적 반응을 보였다(김지현, 박경자, 2009).

사회정보처리 이론에 근거하여 행해진 연구(최영임, 임정섭, 김교헌, 2018)에 의하면, 개인의 갈등조절능력은 애착과 공격성 사이의 관계를 매개하였으며, 적대적 해석편향은 갈등조절능력이 공격성으로 가는 경로를 조절하는 것으로 나타났다. 즉, 어머니에 대한 안정 애착이 높을수록 더 높은 갈등조절능력을 보였고, 어머니에 대한 애착 수준이 동일하다고 가정할 때, 갈등조절능력이 높을수록 더 적은 공격성을 보이는 것으로 나타났다. 또한 갈등조절능력은 적대적 해석편향과 상호작용하여 공격성에 영향을 미쳤는데, 갈등조절능력이 낮을 때에는 적대적 해석편향 수준에 따라 공격성에서 차이가 크게 나타났으나 갈등조절능력이 높을 때에는 적대적 해석편향 수준에 따른 공격성에서의 차이가 작아졌다. 즉, 갈등조절능력이 증가할수록 적대적 해석편향이 공격성에 미치는 효과는 감소하는 것으로 나타났다. 이러한 결과는 왜곡된 사회인지의 수정과 함께 갈등조절능력과 같은 사회적 기술 학습이 공격성을 감소시킬 수 있음을 시사한다.

2) '괴롭힘'의 이해

학교폭력(괴롭힘, bullying, victimization)은 어떻게 발생하는지 이해하기 위해 다양한 이론이 함축하는 시사점을 알아보고자 한다. 올베우스 등(Olweus et al., 1999)은 괴롭힘을 가해학생과 피해학생 사이에 힘의 불균형에 의해 반복적으로 해를 끼치려는 의도로 자행되는 가해행동이라고 정의한다.

(1) 브론펜브레너의 생태학적 접근

이 모형(Bronfenbrenner, 1979)은 학교폭력의 문제를 학생이 마주할 수 있는 가정, 학교, 사회·문화적 맥락을 포함한 네 체계 간 상호작용으로 접근하고 있다. 학생을 둘러싼 가장 가까운 체계인 미시체계(microsystem)는 가족이나 또래 및 교사 등 학생이 직접적으로 대면하는 사람들로 이루어져 있으며, 중간체계(mesosystem)에서는 학생의 가정환경과 학교에서의 학업 및 대인관계가 상호작용을 하게 된다. 외체계(exosystem)는 학생에게 간접적 영향을 미친다. 예를 들어, 부모의 직장환경, 부모의 학교 참여 정도와 방법 등은 아동의 발달에 영향을 미칠 수 있다. 부모의 근무시간, 실업률, 또는 실업에 따른 사회적 낙인은 부모의 스트레스에 영향을 미치고 결국엔 학생에게도 영향을 미칠 수 있다. 마지막으로 거시체계(macrosystem)는 학생이 속한 사회 내 사회조직 및 기관들이 학생에게 미칠 수 있는 사회·문화적 영향에 속한다. 이 모형에서 각 체계의 영향은 상호 복합적임을 가정한다. 학생 개인의 요인, 부모 및 가족 요인, 또래 집단 요인, 교사 및 학교 요인과 사회적 요인의 영향은 함께 고려되어야 하며 학교폭력 관련 학생들에 따라 이러한 요인들은 각기 다를 것이다(Hong & Espelage, 2012).

학교폭력에 영향을 주는 여러 환경체계 중 특히 거시체계와 관련하여(Smith, 2021) 살펴보고자 한다. 우선 사회 구성원의 일반적 태도와 사고방식을 반영하는 '문화적 가치'에 주목할 필요가 있다. 예를 들어, 학생이 속한 사회가 '개인주의'인지 '전체주의'인지 어느 가치가 더 지배적인지에 따라 괴롭힘의 정도와 유형은 달라질 수 있다고 가정한다. 개인 주의는 유대관계가 느슨한 사회로 자기 자신과 가까운 지인 보호에 집중되는 반면, 전체 주의는 집단에의 강력한 응집 및 소속이 더 중요하며 그 대가로 개인은 보호받을 수 있 다. 다음으로는 학생들이 당면하는 '교육체계'도 학생들에게 영향을 미친다. 교육체계는 학교교육이 어떻게 구성되어 이루어지게 하는지를 뜻하는 것으로 상급학교 진학 연령, 학급 구성, 학교 및 학급 규모, 수업 구성, 쉬는 시간 및 감독, 유급제도 등과 관련된다. 셋째, 휴대전화, 스마트폰, 인터넷 보급률 등의 '기술적 기반'도 영향을 줄 수 있다. 이러 한 기술은 특히 사이버 괴롭힘의 발생률과 양상에 명백히 영향을 미치고 있다. 넷째, 사 회 차원에서 학교폭력을 줄이기 위해 실행되고 있는 조치나 이와 관련된 '규제 체계'의 영향이다. 예를 들어, 미국의 학교 내 괴롭힘 방지법안과 핀란드의 괴롭힘 방지 프로그 램인 키바(KIVA) 프로그램 등의 도입이 효과적이었다는 보고는 학교폭력의 예방 및 대 응을 위한 규제 및 조치가 필요함을 시사한다. 우리나라는 관계 부처 합동으로 '학교폭력 예방 및 대책 기본계획'을 5년마다 수립하고 있으며, 기존 계획안을 보완 수정하면서 추 진하고자 노력해 오고 있다. 지금은 4차 학교폭력 예방 및 대책 기본계획(2020~2024년) 에 기반하고 있다. 마지막으로, '사회-경제적 계층'의 영향도 있을 수 있다. 국내 총생산 을 기준으로 잘사는 나라일수록 가해학생 또는 피해학생의 비율이 낮다는 보고는 사회 경제적 수준과의 관련성을 보여 준다. 일반적으로 소득격차가 큰 사회일수록 특정 계층 에 대한 폭력과 괴롭힘을 더 쉽게 용인하므로 이들에게 억울함과 실망감을 줄 수 있다.

요컨대, 이 모형은 학생 개인을 둘러싼 가정, 학교, 지역사회 그리고 문화까지 학생의 환경을 다면적으로 보고 있다. 학생의 폭력적인 행동에 영향을 주는 환경을 단일한 것으 로 설명하기보다 여러 겹으로 이해하면서 이들 간의 관련성을 분석하고 어떻게 개입할 것인지 그 방법을 찾을 필요가 있다.

(2) 마음 이론과 공감능력

마음 이론(mind theory)은 타인의 마음에 대한 이론으로, 타인이 자신과 다르게 느낄 수 있고 다르게 생각할 수 있으며 다르게 알고 있거나 다른 의견을 낼 수 있다는 사실을 이해하는 일종의 사회적 기술이다. 마음 이론은 피해학생보다는 가해학생에게 적용하는 것이 더 적절하다는 의견도 있다. 가해행동의 주동자들은 대체로 '차가운 인지(cold cognition)'를 하여 상황 파악은 잘하지만 피해학생에 대한 공감능력은 부족하다. 대부분의 가해학생은 마음 이론 과제에서 높은 점수가 나왔다고 한다. 마음 이론에서 가정하는 능력을 잘 활용하는 가해학생일수록 어떻게 하면 피해학생에게 최대한의 상처를 주어 본인이 원하는 반응으로 이끌지, 또래 집단을 최대한 자신의 편으로 만들기 위해 상황을 어떻게 다룰지, 또한 어른들에게 발각되지 않으려면 어떻게 해야 할지를 잘 알고 적용할 수 있다(Smith, 2021). 자신의 지배 성향을 전략적으로 표출하는 가해학생은 사회성과 공감능력이 부족하여 문제행동을 일으키는 것이 아니라고 한다. 오히려 지적이고 유능하여 자신의 이미지를 좋게 하고 또래에 대한 자기의 지배력을 확보하기 위해 어떻게 학교폭력을 이용해야 하는지를 잘 알고 있다(Hawley, 2007).

올베우스(1995)는 괴롭힘의 가해학생들이 폭력을 자신의 욕구 충족을 위해 사용하며, 폭력을 행사하면서 다른 사람들을 고통스럽게 하고 괴롭히는 행동을 즐긴다고 하였다. 또한 공감능력이 부족하여 상대방에 대한 배려를 거의 하지 않는 경향이 있다고 하였다. 공감능력이 결함되면 피해학생에 대한 연민을 하지 못하며 동시에 자신의 가해행동에 대한 죄책감을 느끼지 못할 수 있다. 다른 한편, 폭력을 내재화한 교실 질서(힘의 계급)가 이미 존재한다면 그에 순응하기 위해 스스로 공감의 사유를 제거함으로써 동료들에 대한 공감능력을 발휘하지 못하게 된다(이혜정, 송병국, 2015). 학급관리에 있어 따뜻한 공감이나 배려 없이 통제만 하려 하는 교사는 경직된 학급 분위기를 만들어 학생들이 서로를 공감할 수 있는 기회가 줄어들게 된다. 결국 학생들의 갈등이 해소되지 않은 채로 폭력의 악순환을 초래할 수 있다.

(3) 행동 유전학 관점

일부 행동 유전학적 일란성 쌍둥이 연구에 따르면(Smith, 2021), 괴롭힘에 연루될 위험이 높은 감정조절의 어려움, 급한 성격, 높은 충동성과 흥분성 등과 같은 요인은 유전으로 강화될 수 있다. 예를 들어, 다른 사람들을 신뢰하지 못하고 권모술수를 써서 이들을 조종할 수 있다고 생각하는 마키아벨리주의(Machiavellianism)나 관련된 일부 정신질환은 유전될 수 있다. 또한 냉담−무정서 특질도 유전될 수 있는데, 이 특질은 자신의 가해 행동에 대해서는 낮은 죄책감으로, 타인의 아픔에 대해서는 공감능력의 부족으로 연결될 수 있다. 자신의 이득을 위해 다른 사람들을 아무렇지 않게 이용하며 괴롭힘을 일으키게 할 수도 있다.

(4) 또래관계 내 지위 획득 및 지배 욕구

청소년들은 힘을 기준으로 상호 평가하면서 어느 정도 지속성이 보장된 계급을 구축하는데, 이때 하층에 속하는 동료들은 집단에서 배제당하지 않기 위해 충분한 설명이나 명확한 이유 없이 셔틀(강제적 심부름) 따위를 감내해야 한다(이혜정, 송병국, 2015). 가해학생들이 또래 괴롭힘을 통해 얻고자 하는 것은 그 또래 집단 내에서의 '높은 지위(status)와 지배적 역할(position)'이다(Salmivalli, 2010). 청소년기는 또래 지위가 강조되는 시기로(Eder, 1985), 또래 간의 우정, 규칙의 준수보다 지위 강화를 우선시한다는 연구도 있다(LaFontana & Cillessen, 2010). 대부분의 청소년 시기는 서서히 부모로부터 심리적 독립을 하기 원하며 또래 집단을 이루기 위해 온 관심을 기울인다. 또래관계에서 위안을 찾으며 심지어 또래 속에서 자신의 존재감마저도 결정한다. 그래서 학교에서의 또래관계, 그 안에서의 지위와 역할, 획득한 역할의 수행은 자신이 인정받는 아주 중요한 힘의 근원이 되기도 한다.

청소년기의 또래 괴롭힘은 또래로부터의 지위를 획득하는 동시에 또래들의 인기를 얻는 데도 강력하게 작용할 수 있다(Mofit, 1993). 즉, 또래를 괴롭히는 가해행동이 또래 집단 내 지배적인 위치를 확립 및 유지하고, 이성친구에게는 영향력 있고 매력 있어 보이는 등의 보상을 얻게 하는 것이다. 이러한 결과는 다른 또래들이 괴롭힘이 가진 영향을 학습하도록 하는 계기를 만들어 향후 학교폭력(괴롭힘)의 발생과 유지 가능성을 높이는 결과를 초래할 수 있다(한유경 외, 2018).

(5) 유사성 이론과 '동조현상'

유사성 이론에 의하면 사람들은 자신과 가장 비슷한 사람에 대해 가장 호의적으로 지각한다고 한다(Kandel, 1978). 또래들 또한 이러한 유사성에 근거하여 집단을 형성하게 된다. 집단이 형성되면 그 집단 내 서열이 정해지고 지위가 높은 몇몇 학생이 집단원들로 하여금 자신들의 공격성이나 착취적인 규범에 따르도록 한다(정종진, 2012). 이 과정에서 집단 내 응집력을 높이기 위해 이질적인 구성원들은 받아들이지 않게 되고 결국 구성원들은 집단 내의 공격적인 규범에 동조하게 된다. 동조행동은 모호한 상황에서 어떤 정보를 얻기 위해서뿐만 아니라 집단의 수용과 안정을 얻기 위해 일어나기도 한다. 자신의 행동을 집단에 일치시키려는 움직임은 긍정적인 행동뿐 아니라 다양한 반사회적 행동을 모방하게 하기도 한다(한유경 외, 2018).

또래관계가 중요한 청소년 시기에 본인이 속한 집단에서 내쳐짐은 '사회적 죽음'과 같다. 무리에서 떨어지는 것에 대한 '사회적 공포감'을 피하고자 서로 간의 결속을 위한 희생양을 찾아 집단으로 괴롭히기도 하고, 집단이 요구하는 것에 따지지 않고 동조를 하기도 한다. 나쁜 일에 동조하더라도 이 집단에 남기 위해 참고 견디는 것이 더 낫다고 생각한다. 이러한 아이들의 행동은 이성적이고 합리적인 판단을 떠나 생존을 위한 몸부림일 수 있다(이보경, 2020).

애쉬(Asch)의 '동조 실험'을 보면, 실험자는 틀린 답인 것을 알고 있으면서도 실험에 참여하는 집단원들의 압력에 못 이겨 틀린 답을 정답이라고 말하게 되는 '동조현상'을 보인다. 후속 실험에서 자신의 답을 지지하는 사람이 한 명이라도 있을 경우 오답률이 1/4로 뚝 떨어졌고, 심지어는 정답을 말하는 확률이 급격히 높아졌다고 한다. 이렇듯 집단압력이 개인에게 미치는 영향은 매우 크다.

학교 교실에서도 마찬가지이다. 동조자가 한 명도 없는 상황에서 정의를 지향하는 아이는 가해학생에게 비웃음과 협박을 당하기도 한다. 가해학생들은 주변 학생들이 침묵을 지키면 자신을 지지하는 것으로 느낀다. 잘못된 자의식이 더해지면 더 큰 가해행동을 '쇼(show)'처럼 보여 주려 한다. 다수의 침묵이 가해학생에게는 '동조'로 받아들여지고 실제 가해행동을 강화하는 원인이 된다(이보경, 2020).

(6) 중화 이론

중화 이론(neutralization theory; Sykes & Martza, 1957)에 따르면, 비행청소년도 합법적이고 바람직한 규범을 숙지하고 있으며 비행이 나쁘다는 것을 충분히 알고 있으나 자신을 정당화하는 구실을 찾으면서 비행을 계속 저지르게 된다고 한다. 비행청소년이 어떻게 정당화하는지 살펴보면, 첫째는 자기 책임의 부정이다. 비행의 원인을 자기 탓이 아닌 다른 데서 찾는다. 둘째는 피해자 부정이다. 비행은 피해자가 당할 만한 잘못이 있고 그것이 피해자의 문제라고 본다. 곧 책임은 피해자에게 물어야 한다고 본다. 셋째, 비난자를 부정한다. 비행을 비난하는 사람은 사실 더 큰 비난받을 행동을 하면서 남을 비난하고 있다고 주장한다. 넷째는 소속 집단에의 의리와 충성심에 의한 행동이라고 자기의 행동을 정당화한다(Akers & Seller, 2011). 그 외 정당화의 구실은 제4장 표류이론, 중화의 기술에서 자세히 설명하고 있다(〈표 4-4〉 참조).

　주어진 사회적 역할에만 몰입하고 인간에 대한 기본적인 공감과 성찰은 결핍된 사람이 어떤 짓을 할 수 있는지 가장 잘 보여 주는 사례는 나치하의 아이히만(Eichmann)이다. 아이히만은 유럽 각지의 유대인 500만 명을 가스실로 보낸 최고 책임자였고 그가 속한 군조직에 충성한 사람이었다. 한나 아렌트(Hannah Arendt)는 아이히만이 성실하고 조직에 충성하는 사람이었다고 말한다. 그의 성실함과 충성심 자체는 죄가 아니라 하더라도 자신이 무슨 행동을 하고 있고 하였는지를 자각하지 못한 것은 '무사유'의 죄이다. 아이히만은 자신의 비인간적인 행동이 얼마나 잘못되었는지 자각하지 못하였고 피해 속에 고통받는 사람들에 대해 전혀 공감하지 못했다. 조직에의 충성심만으로 그의 행동을 정당화할 수는 없다.

　학교폭력 가해 청소년들도 자신의 그릇된 행동에 대해 생각하려 하지 않으며 폭력을 행했던 경험을 기억하고 반성하기를 거부함으로써 폭력이 악순환되고 있다. 또한 폭력 이데올로기가 내재화된 교실 문화에 복종하는 과정에서 자신의 언어를 상실하고 또래 집단의 언어로 무능력하게 말한다. 내면적 대화는 막히고 '반성적·비판적 자아'는 실종된 상태로 학교폭력 발생의 책임을 회피하고 있다(이혜정, 송병국, 2015).

　지금까지 학교폭력을 설명하는 대표적 특성을 공격성의 표출과 그로 인한 괴롭힘으로 보고, 공격성을 설명하는 다섯 가지 이론과 괴롭힘 행동에 대한 여섯 가지 이론을 간략히 알아보았다. 이어지는 제2부에서는 학생발달 및 청소년 문제의 관점에서 관련 이론을 살펴보고, 학교폭력 예방에 주는 시사점을 탐색하고자 한다.

장의 요약

1. 학교폭력의 원인(위험 요인들)은 개인적 요인과 환경적 요인들이 개별적이 아닌 상호 복합적으로 작용하면서 다양한 양상의 학교폭력을 일으키고 있다.

   • 개인적 요인에서는 학교폭력 관련 학생을 가해학생, 피해학생, 주변인 학생으로 나누어 특성을 알아보고 그들을 어떻게 바라봐야 하는지 서술하였다.

   • 가해학생들이 왜 가해행동을 하고 심지어 즐기게 되는지 그들에게 '진정한 반성'이란 무엇이며, 진정한 반성은 어떻게 이끌어야 하는지를 이해하는 것은 중요한 과제이다.

   • 피해학생들의 처지와 심정에 대한 '온전한 이해'가 우선되어야 하며, 그들이야말로 보살핌과 지지를 가장 필요로 하는 대상임을 깨달아야 한다.

   • 학교폭력을 목격하고도 적절한 대처를 하지 못하고 적극적으로 방어자 역할을 하지 못하는 주변인 학생들에 대한 심도 있는 이해가 필요하다. 그들이 학교폭력을 어떻게 인식하고 있는지, 방관하는 이유는 무엇인지에도 주목할 필요가 있다. 또한 학교의 분위기 및 교사가 주변인 학생들이 방어자 역할을 제대로 수행하도록 충분한 믿음을 주고 있는지도 성찰해 보아야 한다.

   • 환경적 요인으로는 가정, 학교, 사회적 요인으로 나누어 보호 및 위험 요인을 탐색하였다. 학교폭력의 원인은 유형별 사례별로 규명할 필요가 있다.

   • 가정 환경적 요인 관련, '문제행동을 보이는 자녀 뒤에는 반드시 문제 부모, 문제 가정이 있을 것'이라는 통념이 우리 사회가 만든 편견일 수 있음을 견지해야 하며, 폭력적 행동의 원인은 쉽게 단언할 수 없다는 것을 유념할 필요가 있다.

   • 개인이 잠재적인 공격성(폭력성)을 개인적 특성으로 지닌다고 하여도 그들이 처할 수 있는 환경적인 요인을 잘 마련해 준다면 그들이 지닌 공격성이 겉으로 표출되지 않을 수 있다. 즉, 학교폭력 관련자들이 특정 폭력 상황에 놓이게 된 원인을 잘 파악하기 위해서는 개인적 특성 외에도 그들이 마주하게 된 사회 · 문화적 환경, 교실의 상황, 학급 구성원들과의 관계성에 주목하고 어떤 환경적 자극이 있었는지를 되돌아볼 필요가 있다.

2. 학교폭력을 설명하는 대표적 특성을 '공격성'의 표출과 그로 인한 '괴롭힘'으로 보고 공격 성
향과 괴롭힘 행동이 어디에서 기인하고 어떻게 나타나는지 이해하고자 하였다.
- '공격성'을 이해하기 위해서는 정신분석학 이론, 사회인지 이론, 발달적 모형, 신경생물학
적 이론 그리고 사회정보처리 이론을 개괄하였다.
- '괴롭힘'을 이해하기 위해서는 브론펜브레너의 생태학적 접근, 마음 이론과 공감능력의 결
함, 행동 유전학적 관점, 또래관계 내 지위 획득 및 지배 욕구, 유사성 이론과 '동조현상' 그
리고 중화 이론과 관련지어 탐색해 보았다.

수업활동

1. 학교폭력 관련 학생은 가해학생, 피해학생, 주변인 학생으로 나누어 볼 수 있다. 구체적 사례를
기반으로 그들이 드러내는 특성을 알아보고 대상별 교사의 개입이 어떻게 이루어져야 할지 조
별로 논의해 보자.

2. '문제행동을 보이는 학생(자녀) 뒤엔 반드시 문제 부모, 문제 가정이 있을 것이다'라는 통념에 대
하여 교사(상담교사 포함)의 자세와 대응이 어떠해야 하는지 주변의 사례를 들어 논의해 보자.

School Violence Prevention by Understanding Students...

학생발달의 이해

현대 사회의 변화에 따라 인생의 주기가 길어지면서 청소년의 시작 연령이 빨라지고 있다. 청소년은 관계 법령에 따라 아동, 청소년, 미성년자 등 각기 다른 호칭으로 불리기도 하지만, 일반적으로 초등학교 입학 이후부터 고등학교를 졸업하는 사이의 학생은 청소년(「청소년기본법」에 의하면 9~24세)으로 볼 수 있다. 우리나라 청소년들은 대부분의 시간을 학교에서 보내면서 학생의 신분으로 발달 과업을 수행한다. 그러므로 학교폭력 현상을 이해하고 예방 방안을 모색함에 있어 청소년들의 신체적 · 인지적 · 심리사회적 변화를 탐구하고 그로 인한 갈등을 이해하는 것이 중요하다. 이 장에서는 청소년기 발달적 특징을 설명하는 여러 이론을 살펴봄으로써(청소년과 청소년 문제에 대한 이론은 제4장에서 다룰 것이다) 발달적 관점에서 학생을 이해하고 학교폭력 해결 방안을 탐색하고자 한다.

1. 신체발달과 학교폭력

1) 청소년의 신체발달

청소년을 부르는 명칭은 child, adolescent, juvenile, teenager, puberty, youth, young person 등으로 다양하다. 이 중 사춘기(puberty)는 청소년의 신체발달로 인한 생리적 전

이 과정에서의 변화를 반영한 것으로, 중세 때부터 인간의 인생 주기 중 생리적 출산이 가능한 시기를 가리키는 말로 존재해 왔다(최윤진, 2008). 성장기 청소년들의 광범위한 신체 변화와 호르몬의 영향은 생리적 기능에서의 발달과 함께 불안정성과 충동성을 경험하게 하므로, 청소년의 독특한 행동 양식을 사춘기적 특성으로 설명하기도 한다.

사춘기의 시작은 청소년의 성장을 가속화하여 생물학적으로 성숙한 성인이 되는 급속한 신체발달, 즉 청소년 성장 급등(adolescent growth spurt)을 경험하게 한다(Nolen-Hoeksema et al., 2014). 폐와 심장의 발달로 인해 호흡량과 혈류량이 증가하고, 이러한 성장을 유지하기 위해 영양섭취가 늘어나므로 소화기관도 발달한다. 키와 몸무게도 증가하고 근육과 골격, 얼굴과 몸의 비율 등 전반에 걸쳐 변화가 일어나며, 사춘기 동안 증가한 체내 성호르몬과 함께 이차성징이 나타난다.

청소년기에는 테스토스테론, 에스트로겐, 프로게스테론 등의 성호르몬이 신체적 변화를 촉발하므로 내분비선에도 변화가 발생한다. 성호르몬은 아동기 내내 남녀 모두에게 존재하고 있었지만 사춘기가 시작되고 나면 화학물질의 농도가 극적으로 변하게 된다. 이 때문에 쏟아져 들어오는 화학물질에 신체 반응을 어떻게 조절해야 할지 모를 수도 있다. 남자 청소년은 10대 중반에 테스토스테론이 이전보다 20배 높아지며 청소년기가 끝날 무렵이면 시작 때보다 30배 이상으로 증가한다(Jensen & Nutt, 2014). 테스토스테론은 공격성과 공포, 분노를 받아들이는 편도체 내의 수용체와 잘 결합하므로 충동성의 억제나 통제에 어려움을 겪을 수 있다. 여자 청소년은 성인들보다 스트레스 상황에서 코르티솔 분비가 높은 편인데, 일반적으로 코르티솔은 외로움, 걱정, 불안, 분노 등의 부정적 감정과 관련되는 것으로 알려져 있다. 남자 청소년은 여자 청소년에 비해 사람을 차분하게 하는 세로토닌, 타인과의 유대감을 형성하게 하는 옥시토신은 더 적게 분비되며 뇌에 언어-감정 중추가 더 적어 타인의 경험과 조언을 듣는 것을 더 어려워할 수 있다(Gurian, 2009).

스트레스 상황에서 청소년기 성호르몬의 증가는 공격적인 성향이나 폭력적인 행동의 원인이 되기도 한다(Arnett, 2018). 청소년은 성인 수준의 스트레스 내성을 가지고 있지 않아 스트레스 때문에 두통이나 복통을 호소하기도 하고 면역력이 떨어져 질병에 취약해질 수도 있다. 스트레스와 함께 정서적 불안을 겪을 경우 손톱 물어뜯기 등의 행동이 나타나기도 한다. 청소년에게는 9시간 15분 정도의 수면 시간이 필요하지만 잠을 유도하는 멜라토닌이 성인보다 2시간 정도 늦게 분비되고 신체에 머무르는 시간은 2시간 정도 더 길다고 한다(Jensen & Nutt, 2014). 청소년 시기 수면 부족은 스트레스를 높이고, 여드름 증가, 무기력, 우울증, 분노조절과 문제해결능력 저하, 학습능력 감소 등의 원인이 된다.

　청소년의 뇌 또한 신경학적 변화를 겪으며 급속하게 발달한다. 신경과학자인 젠슨과 너트(Jensen & Nutt, 2014)는 10대의 뇌를 '완성을 기다리는 퍼즐'에 비유하였다. 뇌 발달을 이끄는 신경계의 기본 단위는 뉴런으로, 청소년기에는 시냅스에 의해 두 뉴런 사이의 화학적 신호를 주고받는 정보전달력이 향상된다. 뉴런들 간의 신호는 생후 초기부터 진행되는 수초화(myelination)에 의해 신경섬유가 지방층으로 덮이면서 정보전달의 속도와 정확성이 높아진다. 아동기에 비해 뇌가 2배로 성장하는 청소년기까지 수초의 증가는 계속되며, 뇌의 연결 구축과 뇌 영역들 사이의 소통은 더욱 효율적으로 이루어지게 된다(Nolen-Hoeksema et al., 2014). 청소년기 뇌 발달은 사고력과 학습 능력을 향상시키므로 청소년들은 성인들보다 쉽게 기억하고, 기억한 것을 오랫동안 간직할 수 있다. 새로운 연결의 구축이 정보처리능력을 향상시키고 자신의 잠재력을 발견하는 기회를 제공하기도 하지만 동시에 자극에 대한 민감도를 높여 스트레스, 약물이나 게임 같은 중독 물질, 환경적 변화에 취약하게 만들기도 한다(Jensen & Nutt, 2014).

　뇌는 일반적으로 뒤쪽부터 앞쪽으로, 아래쪽에서 위쪽으로 성숙이 진행되기 때문에 대뇌피질은 다른 부분보다 비교적 천천히 발달하며 상대적으로 환경의 영향을 많이 받는다(Nolen-Hoeksema et al., 2014; Woolfolk, 2013). 대뇌피질의 각 부분도 각기 다른 속도로 성장하는데, 청소년기에는 다른 엽에 비해 전두엽이 가장 덜 성숙한 상태이며 연결도 제일 덜 되어 있다. 이로 인해 겉으로는 성인의 신체 조건을 갖춘 청소년이라 할지라도 위험한 일을 평가하거나 행동을 통제하도록 명령을 내리는 기능은 아직 발달하지 못한 상태이다(Eggen & Kauchak, 2011). 따라서 새로운 일을 찾아 위험을 감수하고 보상을 추구하는 '변연계'와 판단 및 의사결정, 충동 조정을 담당하는 '전두엽 피질'은 발달 속도에서 차이가 날 수 있다. 변연계는 정서 행동과도 관련이 있는데, 변연계의 하부 구조인 편도체가 공포와 스트레스를 인식할 때 이성적으로 판단하고 행동하라고 전두엽에서 보낸 신호가 발달 속도 차이에 의해 원활하게 전달되지 못할 수 있다(Nolen-Hoeksema et al., 2014). 실제로 두려운 표정을 짓고 있는 얼굴 사진을 보여 주고 정서 정보를 처리하도록 한 실험에서, 성인에 비해 청소년들은 전두엽보다 편도체의 활동이 더 활발한 것으로 나타났으며 더 감정적으로 반응하였다(Jensen & Nutt, 2014). 이는 감정적이거나 공포감을 느끼는 상황에서 청소년들은 무엇을 어떻게 대처해야 할지 잘 모를 수 있다는 것을 시사한다.

청소년기 감정 영역과 인지 통제 영역의 발달 속도 차이는 사회적인 관심과 보상을 주는 자극에 매우 민감하게 하므로 행동을 통제하는 것은 미숙한 상태에서 '브레이크 없이 연료만 가득 찬' 모험지향적 행동을 많이 하게 한다(Steinberg, 2011). 청소년들은 행동에 뒤따르는 위험을 지각하기보다 위험에도 불구하고 그 행동을 했을 때 뒤따를 보상을 기대하고 그에 따라 행동을 결정하는 경향이 있다. 청소년들의 충동적인 행동의 중심에는 만족감이 자리 잡고 있으므로 위험한 행동을 하고서도 부정적 결과를 제대로 경험하지 않게 되면, 더 큰 만족을 위해 무모한 행동을 반복할 가능성이 커진다. 아직 시행착오 경험이 부족하고 실수나 사고로부터 교훈을 학습하는 능력이 떨어지므로 더 큰 위험을 감수하기 위해 도전하고 싶어 한다. 하지만 변연계와 전두엽 간의 신경전달이 좀 더 원활해지는 청소년 후기에 이르면 위험 상황에 대해 장기적인 관점에서 좀 더 이성적으로 판단할 수 있게 된다.

뇌 발달의 속도 차이는 수초로 절연된 연결의 차이를 의미하며, 청소년의 뇌는 한창 배선 작업 중인 상태로 볼 수 있다. 작업이 완료된 영역과 작업 중인 영역 사이에 주고받는 신호가 원활하지 못할 수 있어서 자기중심적이거나 이상주의적인 사고에 빠질 수 있다. 대인관계에서 타인의 감정을 파악하는 데 미숙하거나 감정 표현이 서툴러 친구와 마찰을 일으키기도 한다. 교사는 청소년들이 느끼는 비정상적인 두려움과 감정적 반응을 최소화하고 긍정적인 신념 체계를 갖출 수 있도록 도움을 주어야 할 것이다. 또래관계 형성에 필요한 정서조절 전략을 가르쳐 감정을 표현하는 행동에 스스로 책임을 져야 함을 알려 주어야 한다. 독서를 통해 역사적 인물이나 문학 속 주인공과 유대감을 형성하게 하는 것은 모델링을 통해 자신의 감정과 행동을 조절하고 바람직한 행동을 이끌어 내는 데 효과적일 수 있다(Woolfolk, 2013).

청소년의 뇌는 또한 주의력과 자제력이 부족하여 다중과제에 능숙하지 못하다. 한꺼

번에 여러 가지 과업을 수행해야 할 때 쉽게 당황하고, 과제 완수에 필요한 일을 효율적으로 처리하지 못한 나머지 스트레스가 쌓이게 된다. 메타인지가 부족하므로 자신이 무엇을 할 수 있고 앞으로 무엇을 해야 하는지 판단하는 능력도 떨어진다. 이러한 상황에서 교사는 학생들이 계획 없이 무턱대고 여러 가지 일을 동시에 처리하도록 내버려두기보다, 하던 것을 멈추고 자신이 해야 할 일이 무엇이고 언제 해야 하는지 잠시 생각하도록 격려해 주어야 한다. 이는 다중과제를 수행해야 하는 뇌 영역으로 혈류를 증가시켜 뉴런 간의 신호 전달을 서서히 강화하는 데 도움이 된다(Jensen & Nutt, 2014).

2) 발달과 신체상

청소년기의 성장 급등은 제1성장 급등인 영유아기만큼 빠르고 변화의 폭도 크다. 청소년들은 사춘기 이전에 비해 키와 몸무게의 증가, 성적 성숙과 성호르몬의 분비 등으로 인해 변화된 자신의 신체에 대해 더 많은 관심을 가지게 된다. 신체발달 과정에서 자신의 신체나 외모에 대해 가지게 되는 생각과 느낌, 즉 신체상(body image)은 청소년의 자아개념과 정체성 형성에 영향을 주게 된다. 특히 청소년 초기 신체적 변화는 자신의 모습을 수용하고 이해하는 데 결정적인 역할을 한다(한국청소년정책연구원, 2016; Arnett, 2018).

자신의 변화하는 신체에 대해 긍정적 이미지를 갖게 될 경우 긍정적 자아개념이 형성되는 데 일조할 수 있지만, 부정적 이미지를 갖게 되거나 타인과의 비교를 통해 자신이 부족하다는 생각에 빠지게 되면 심리적 부적응의 문제나 우울감이 발생할 수 있다. 부정적 신체상은 자기비하나 대인관계에서의 소극적 태도를 유발할 수 있고, 심각할 경우 대인기피증이 나타날 수도 있다. 미디어나 대중문화에 의해 주도된 외모 지상주의, 미의 기준에 대한 사회적 기준을 무비판적으로 받아들이게 되면 다이어트에 집착하거나 청소년 성형 중독의 문제에까지 이를 수 있다. 신체에 대한 이미지가 왜곡될 경우 체중 증가에 대한 두려움으로 신경성 식욕부진증과 폭식증과 같은 섭식 장애의 문제가 발생할 수 있다. 이는 청소년의 신체 및 정신적 건강을 위협하는 요소로 작용하게 된다(Arnett, 2018).

우리나라 청소년을 대상으로 신체상에 대한 연구를 수행한 결과, 자신의 신체상을 낮게 평가할수록 자아존중감이 떨어지고 우울감은 높아지는 것으로 나타났다(정윤주, 2010). 또한 아버지와 어머니, 또래가 외모에 관심을 많이 가지고 있다고 판단할수록, 그리고 외모를 중시하는 대중매체의 메시지를 강하게 인식할수록 청소년의 신체상은 낮았다. 이러한 경향성은 사람을 평가하는 데 외모가 중요하다고 생각하는 '신체상 투자(body image investment)'를 높게 지각할수록 더 강하게 나타났다. 신체상 투자가 높다는 것은 신체적 요인을 중요하게 생각한다는 것을 의미하므로 그만큼 신체상과 관련된 부적응적 문제가 발생할 가능성 또한 높아진다고 볼 수 있다. 비만의 정도가 청소년의 신체상에 미치는 영향에 있어서는 객관적인 비만의 정도보다 자신의 비만 정도에 대한 주관적 인식이 부정적 신체상에 영향을 주었다. 이는 남녀 청소년 모두에게서 발견되었다. 부모의 영향에 있어 어머니의 외모에 대한 관심은 남녀 청소년 모두의 신체상에 영향을 주었으며, 특히 아버지가 외모에 대해 관심을 갖는 태도나 행동은 여자 청소년보다 남자 청소년의 신체상에 더 큰 영향을 주었다. 또한 남녀 청소년 모두 대중매체가 주는 이상적 외모에 대한 기준을 더 많이 인식할수록 개인에게 외모가 중요하다고 믿는 것으로 나타났다.

청소년기 신체발달에 있어 조숙과 만숙의 차이는 연구들마다 서로 일치하지 않는다. 어쨌거나 또래에 비해 발달의 속도가 빠르거나(조숙) 느린(만숙) 청소년은 불안감을 느낄 수 있다(김선주, 김영희, 2012). 청소년의 조숙과 만숙을 대하는 가족과 또래의 반응, 대우 등이 청소년의 신체상과 심리적 적응에 영향을 주기도 한다. 대체로 또래들보다 키가 크고 튼튼하며 힘이 센 학생이 작고 허약한 청소년보다 힘의 우위에 있을 가능성이 있으며, 신체 조건이 좋고 활동적인 학생은 그렇지 않은 학생들보다 부러움을 받고 인기도 많아 또래관계에서 주도적인 역할을 한다(유형근 외, 2019). 신체상과 정서폭행, 신체폭력, 금품갈취와 같은 폭력비행과의 관련성을 분석한 연구(김선주, 김영희, 2012)에서 폭력비행은 긍정적 신체상과는 정적 관련성이, 부정적 신체상과는 부적 관련성이 있는 것으로 나타났다. 이는 곧 긍정적 신체상이 자기우월감으로 표현될 때 공격성이나 문제행동을 일으킬 수 있음을 보여 준다. 지나치게 긍정적인 신체상도 왜곡된 신체상의 하나로, 겉으로는 자신감 있게 행동하지만 실제로는 자아존중감이 낮고 열등감을 지니고 있을 수 있다는 점을 고려해야 할 것이다. 학교폭력 상황에서 열등감이 있는 가해학생이 과도한 공격행동을 하는 것은 피해학생에게 힘과 영향력을 과시함으로써 자신의 약점을 감추고 스스로 우월감을 느끼고 싶기 때문이다. 이는 내적인 불안정감과 긴장을 해소하기 위해 현실을 직면하기보다 문제를 회피하려는 방어적 행동으로 볼 수 있다(유형근 외, 2019).

　최근 청소년의 신체상과 관련된 기사 중 「"뼈만 남고 싶다"…… '개말라인간'을 꿈꾸는 10대들」과 「10대 청소년 성형 중독 심각…… 여름방학 맞아 수술 예약 줄 이어」가 있다. 기사를 살펴보며 청소년이 자신의 신체에 대해 가지고 있는 이미지가 학교폭력 현상과 어떠한 관련성이 있는지 탐구해 볼 필요가 있을 것이다.

2. 인지발달과 학교폭력

1) 인지발달

　인지란 지식을 습득하는 과정에서 문제를 해결하는 정신적 활동이며, 인간은 인지를 통해 환경을 이해하고 효과적으로 적응한다. 개인의 인지능력은 늘 일정한 것이 아니라 일생 동안 변화한다. 청소년기는 급격한 신체발달과 함께 지적·인지적 영역에서의 발달도 분명히 이루어지는 시기이며, 특히 전두엽의 성장으로 인해 인지능력이 크게 향상된다. 청소년기 인지발달의 특징은 피아제(Piaget, 1964, 1972)의 인지발달 이론을 중심으로 살펴볼 것이다.

(1) 피아제의 인지발달 이론

　인지발달은 세상을 이해하고 싶은 자연발생적인 욕구를 충족하기 위해 능동적으로 지식을 구성해 가는 과정이다. 인지발달에서 설명하는 지식이란 경험으로부터 구성되는 것이므로, 아동은 성인들만큼 알지 못하는 것이 아니라, 성인들과는 다른 방식으로 주변 세계와 상호작용하는 과정에서 세상을 알아 가는 존재이다(Piaget, 1964). 피아제는 아동의 인지과정은 성인의 인지과정과 근본적으로 다르며, 인간의 정신적 기량은 시간의 흐름에 따라 자연스럽게 발달해 간다고 보았다. 인지의 발달은 성숙과 학습 모두에 의해 일어나고, 환경과의 상호작용을 통해 확장되면서 질적인 변화를 이루게 된다. 각 단계에서 아동이 보여 주는 성취는 이전 단계에 토대를 두고 있긴 하지만, 분명 이전 단계에서의 성취와는 질적으로 다른 특성이다(Sternberg & Williams, 2002; Woolfolk, 2013).

인지발달이 일어나는 중요한 기제는 '동화(assimilation)'와 '조절(accommodation)'이며, 궁극적으로는 평형화(equilibration)를 추구한다(Piaget, 1964). 환경의 요구에 인지구조가 균형을 이루고 있는 상태가 평형화이며, 이때 유기체는 기존의 이해를 통해 새로운 경험을 설명할 수 있다. 반면 기존의 지식과 불일치하여 더 이상 새로운 경험을 설명할 수 없게 될 때 평형화는 깨지고 불평형화(disequilibration) 상태가 된다. 환경 적응에는 동화와 조절의 과정이 필요하다. 동화란 아동이 새로운 정보를 기존 도식에 맞추려는 시도이며, 새로운 정보가 발생하면 통합시켜 인지적 평형상태를 유지하게 한다. 기존 도식으로는 이해할 수 없는 인지적 불균형이 일어날 때 도식을 조정하여 정보를 받아들이는 것이 조절이다. 불평형화로 인한 인지적 불균형은 오히려 발달의 촉진제 역할을 하며, 결국 평형화 상태를 회복하여 환경에 적응하고자 노력하는 과정에서 인간의 인지는 발달하게 된다(Eggen & Kauchak, 2011).

피아제는 〈표 3-1〉과 같은 네 단계를 거쳐 인지가 발달하는 것으로 보았다. 동화-조절-동화-조절의 과정은 가장 기초적인 학습과 발달의 원리라 할 수 있다(Sternberg & Williams, 2002).

1단계 감각운동기에서 나타나는 대표적인 특징은 대상영속성(object permanence)과 표상적 사고(representational thought)이다. 대상영속성은 대상이 눈앞에 보이지 않아도 존재한다는 것을 아는 능력을 의미하며, 표상적 사고는 외적 자극에 대해 형상화된 이미지나 개념을 습득하는 사고방식을 말한다. 사물에 대한 표상을 지니게 되면 좋아하는 장난감이 눈에 보이지 않아도 마음속으로 그려 보고 생각할 수 있다. 표상적 사고는 감각운동기 말에 나타나서 다음 단계인 전조작기에 적극적으로 개발된다.

2단계인 전조작기에는 언어를 사용하여 소통하기 시작한다. 하지만 사고가 자아중심적(ego-centric) 특성을 지니고 있어, 다른 사람들이 상황을 어떻게 이해하는지 고려하지

표 3-1 피아제의 인지발달 단계

단계 구분	특징	단계별 대표 행동
1단계: 감각운동기 (sensorimotor stage)	• 자신과 대상을 구분, 목표지향 행동 • 감각적 경험을 통해 세상을 배움 • 신체감각, 지각 및 신체활동에 의존 • 대상영속성과 표상적 사고 습득	• 눈앞에서 사물이 사라져도 잊어버리지 않고 찾음(침대 밑으로 굴러간 공 찾기)
2단계: 전조작기 (pre-operational stage)	• 언어와 같은 상징적 기호를 사용 • 심상과 단어로 대상을 표상 • 자기중심성으로 인해 논리적 사고 결여 • 물활론적 사고	• 숨바꼭질할 때 자신의 눈을 가리고 숨었다고 생각함 • 눈사람이 서 있어서 다리가 아플 것 같다고 함
3단계: 구체적 조작기 (concrete operational stage)	• 보존개념 습득, 사물들 간의 관계 이해 • 분류, 위계, 가역성 이해 • 실제 사물을 통해서만 논리적 조작 수행 가능	• 공을 크기 순서대로 배열할 수 있음 • 대한민국-강원도-춘천시-효자동의 포함관계를 이해
4단계: 형식적 조작기 (formal operational stage)	• 개념 조작 가능, 언어적 진술만으로 추론 가능 • 추상적이고 가상적인 상황에 대해 논리적으로 사고 가능 • 상대적, 다차원적 사고 가능	• '만일 ……했다면?'을 추론할 수 있음 • 식재료를 어떻게 조합하여 어떤 요리가 만들어질지 설명할 수 있음

않고 자신의 입장에서 이야기한다. 성장하면서 점차 자아중심성은 줄어들고 타인의 입장을 고려할 수 있게 되면 다른 사람의 말에 주의집중하게 된다.

3단계인 구체적 조작기 아동은 눈에 보이는 구체적인 사물에 대해 논리적 사고를 할 수 있다. 분류화와 서열화가 가능하여 사물을 공통적인 특징에 따라 묶을 수 있으며, 길이, 무게, 부피의 순서대로 배열할 수 있게 된다(Eggen & Kauchak, 2011). 정신적 표상에 따라 행동하고 표상을 조작할 수 있으며 물리적 조작을 역으로 생각할 수 있으므로, 가역성(reversible)을 이해하고 보존(conservation) 개념을 습득한다.

4단계인 형식적 조작기에 이르게 되면 구체적이지 않은 추상적 개념에 대해 이해할 수 있게 된다. 이 시기 청소년들은 아동과 달리 자신이 현재 가지고 있는 특징이나 처해 있는 상황, 미래의 자신이나 타인에게 벌어질 일에 대해 상상함으로써 복잡한 인지과정을 경험하게 된다. 예를 들어, 친구에게 가하는 언어(신체) 폭력이 어떤 영향을 줄 것인지 생각할 수 있으며, 나의 관점과 타인의 관점은 다를 수 있음을 알고 타인의 입장에서 문제상황을 생각해 볼 수 있다. 민주주의, 종교, 아름다움, 용서와 같은 추상적 개념의 중요성을 이해하기 시작하며 가상적인 상황에 대해 논리적 추론을 할 수 있게 된다. 따라서 인지발달 4단계에 이른 청소년은 가능성에 대한 사고, 추상적 개념 이해, 메타인지적 및 복합적 사고, 상대주의적 사고가 가능해진다(Steinberg, 2011).

〈표 3-2〉에 진술된 것처럼 형식적 조작기의 청소년은 타인과의 관계에서 예의를 갖추고 공동체 내의 질서를 소중하게 여기는 것이 중요하다는 것을 이해할 수 있다. 따라서 폭력적인 언행이 자신과 타인에게 어떠한 결과를 초래하는지, 학급의 평화가 깨지는

표 3-2 인지발달에 따른 아동기와 청소년기 사고의 특징

아동기		청소년기
• 시행착오를 통해 문제해결 • 구체적인 사실에 국한된 제한적 사고	가능성에 대한 사고	• 다양한 가능성에 대해 체계적으로 생각하고 실현 가능성 탐색 • 논리적 추론으로 계획의 수행 결과 예측 • 하나씩 테스트하는 과정에서 실수를 덜 하게 됨
• 구체적인 사물이나 관찰 가능한 현상을 이해	추상적 개념 이해	• 사고의 범위가 추상적 개념으로 확대되므로 사랑, 자유, 용서, 종교, 정직과 같은 개념 이해 • 사회적 관계 이해 능력의 발달로 대인관계에서 성숙한 사고를 함
• 한 번에 한 가지 차원에 대해서만 사고할 수 있음	복합적 사고	• 다양한 측면을 상황에 따라 동시에 고려할 수 있음 • 나의 생각이 타인의 생각과 다를 수 있음을 이해 • 사고하고 있는 자기 자신에 대해 지속적으로 의식하면서 자아정체감 형성
• 부모님의 말씀이 무조건 옳다고 생각 • 절대적인 진리나 가치를 따르려 함	상대주의적 사고	• 타인의 의견에 회의적이고 상대적인 입장을 갖게 되므로, 부모와의 대화에서 갈등을 일으키기도 함 • 비판적 사고에 의해 보다 복잡하고 추상적인 지식을 이해하게 됨

상황이 발생하지 않으려면 무엇을 해야 하는지 논리적이고 복합적으로 사고할 수 있다. 인지발달 이론에 의하면, 청소년은 수동적으로 관찰하기보다 자율적이고 능동적으로 문제해결에 참여할 때 더 잘 학습할 수 있다. 교사는 학생들 간의 갈등 상황이 담긴 과제를 제시하여 인지적 불균형을 경험하게 하고, 토론으로 해결 방법을 찾아보도록 한다. 서로의 의견을 조율하며 논의하는 과정은 동화와 조절, 평형화 경험을 통해 긍정적인 또래관계 유지에 필요한 지식을 확장시켜 준다. 토론에서 도출된 결과는 학급에 게시하여 학생들이 자발적으로 교실의 질서 유지에 참여하도록 격려한다.

(2) 청소년기 자아중심적 사고

청소년들은 아동과 다르게 타인의 관점이 존재한다는 것을 알고 이를 고려할 수 있으며 메타인지도 가능하다. 하지만 메타인지발달의 초기에는 자기 자신에 대한 관심이 높고 아직 자기초점적이므로 자신과 타인의 관점을 구분하는 데 어려움을 겪기도 한다(Woolfolk, 2013). 이렇듯 다면적인 사고가 제대로 자리 잡지 못하여 나타나는 독특한 인지 왜곡적 사고 경향성을 청소년기 자아중심성(adolescent egocentrism)이라 한다(Elkind, 1967, 1985). 이는 전조작기에 나타나는 자아중심적 사고와는 구별되는 과도기적 특성이며, 청소년기에 처음이면서 가장 강하게 나타나지만 성인기에도 어느 정도 남아 있다(Arnett, 2018). 청소년들의 독특한 자아중심적 사고는 상상적 청중과 개인적 우화로 특징지어진다(Elkind, 1967, 1985).

상상적 청중(imagery audience) 현상은 자신의 외모나 행동이 타인에게 항상 관심과 주목을 받을 거라 믿고 있어서 상상 속 무대 위 주인공처럼 청중을 지나치게 의식하고 예민하게 신경 쓰는 것을 말한다. 외모 중 만족스럽지 못한 부분이 있거나 전반적으로 부정적인 신체상을 가지고 있는 청소년은 외출을 하지 않으려 하거나 심각할 경우 사람들을 피해 다닐 수도 있다. 사소한 행동일지라도 타인이 계속 쳐다보고 있을 거라 여기고, 작은 실수에도 큰 의미를 부여하여 모든 사람들이 그것을 기억할 것이라 생각한다. 다른 사람의 눈에 띄고 싶기도 하면서 동시에 자기비판적인 태도를 보이기도 하며, 과장되게 큰 소리로 웃고 이야기하다가 갑자기 심리적으로 위축되어 긴장하거나 말을 하지 않기도 한다. 강한 자의식, 과시 행동, 수치심에 집착하며 이러한 특성들이 복합적으로 나타나기도 한다.

상상적 청중을 의식하며 자기 자신의 독특성에 집중하다 보면, 누구보다 자신의 이야기가 소중하고 자신의 운명은 특별하다고 믿는 개인적 우화(personal fable)를 갖게 된다. 예를 들어, 자신의 우정, 자신의 첫사랑이 세상의 어떤 이야기보다 독특하고 특별하며 다른 사람들의 그것과 근본적으로 다르다고 믿는다. 타인에게 자신의 경험을 이야기해도 절대 완벽하게 이해할 수 없으므로 어느 누구와도 나의 경험을 나눌 수 없다는 고뇌에 빠지기도 한다(Elkind, 1967, 1985). 개인적 우화는 이상주의(idealism)와 파괴불가능성(indestructability)에 대한 믿음에 의해 형성되므로, 위험과 위기의 확률적 가능성을 믿지 않는 비합리적 신념을 만들어 청소년의 위험행동이나 무모한 도전의 원천이 되기도 한다. 높은 곳에서 뛰어내려도 자신은 다치지 않거나 걱정스러운 일이 나만은 비켜갈 것이라 생각하며, 일탈 행동을 하더라도 자신은 들키지 않을 것이라는 막연한 기대를 갖게 한다.

상상적 청중과 개인적 우화는 청소년들의 비현실적이고 비합리적인 사고를 이해하는 데 시사점을 제공한다. 청소년기 자아중심적 사고는 사회인지 능력의 부족과 관련이 있으며 타인의 생각과 감정을 이해하고 추론하는 능력이 아직 부족한 데서 기인한다. 그러므로 형식적 조작의 인지가 발달하여 사회적 이해가 좀 더 정확해지고 타인과의 상호작용의 폭이 넓어지면 자신만이 특별하고 예외라는 생각은 점차 줄어든다. 교사는 학교폭력의 예방을 위해 청소년들이 자기중심적 사고에서 벗어나 타인의 생각과 감정을 이해하고, 자신이 선택한 행동의 결과에 대해 좀 더 현실적이고 논리적인 추론을 할 수 있도록 도와야 할 것이다.

2) 도덕적 추론 발달

(1) 콜버그의 도덕적 추론 발달 이론

로렌스 콜버그(Lawrence Kohlberg)는 미국의 심리학자로, 피아제의 인지발달 이론을 토대로 도덕적 추론 발달 이론을 제시하였다. 그는 도덕적 갈등 상황에서의 판단을 연구하기 위해 '하인츠 딜레마'로 대표되는 가설적 상황을 제시한 후 연구참여자들에게 어떤 행동을 선택할 것이며 그 이유는 무엇인지 설명하게 하였다. 이는 특별한 해결책을 평가하는 것이 아니라 참여자들의 응답에서 나타난 추론의 형식을 분류하여 도덕적 추론의 발달 과정을 연구하기 위함이었다. 콜버그는 사람들이 물질적 보상을 바라는 도덕성 단계에서 점차 추상적이고 도덕적인 원칙에 따라 판단하는 단계로 발달한다고 보았고, 이를 3수준 6단계로 구조화하였다(Kohlberg, 1963, 1975, 1984).

도덕적 추론 단계는 인지 및 정서 발달과도 관련이 있다. 타인의 관점에서 행동의 이

표 3-3 콜버그의 도덕적 추론 발달 단계

수준	옳고 그름의 기준	단계적 특징
전인습적 수준: 자기중심적 사고에 근거한 판단	[1단계] 복종과 처벌 (타율적 도덕성)	• 옳고 그름을 처벌의 여부에 따라 판단 • "~ 안 하면 혼난다!"
	[2단계] 개인적 보상과 교환 (도구적 도덕성)	• 옳고 그름을 보상의 여부로 판단 • "칭찬을 받으려면 이것을 해야 해!"
인습적 수준: 사회적 규칙의 내면화	[3단계] 대인관계의 조화 착한 소년-소녀 (규범적 도덕성)	• 남을 도와주거나 기쁘게 하는 행동을 도덕적 행위로 분류 • "엄마 말을 잘 듣는 아들(딸)로 보일 거야.", "선생님에게 착한 학생으로 보이고 싶어!"
	[4단계] 법적 의무 이행과 사회 질서 (사회체계적 도덕성)	• 법이 사회를 보호하고 지탱한다는 믿음 하에 권위를 존중하고 법에 복종 • "학급 규칙이니까 지켜야지! 약속이니까 지켜야 해!"
후인습적 수준: 도덕적 절대성에 근거한 판단, 사회 규칙과 일치하지 않을 수도 있음	[5단계] 사회계약과 개인적 권리 (자율적 도덕성)	• 권위를 존중하면서도 파괴적이고 제약적인 법보다 개인의 권리가 우선할 수 있다고 생각 • "때로는 규칙을 어기더라도 나와 친구, 우리의 권리가 지켜져야 해요!"
	[6단계] 보편적인 정의 윤리 (인권 및 사회 복지)	• 자신의 양심이 궁극적인 심판자가 됨 • 인간의 평등한 권리를 중시하며 모든 사람을 존중하는 것이 중요한 기준이 됨 • "우리는 서로를 존중하고, 양심에 따라 행동해야 해요."

유와 의도를 판단하고 '정의'와 같은 추상적인 개념을 이해할 수 있게 되면 더 높은 단계로 발달할 수 있다. 먼저 도덕적 판단의 기준을 사회와 법이라는 인습(convention)에 두느냐에 따라 전인습적, 인습적, 후인습적 수준으로 구분되며, 각 수준은 다시 각 2단계로 나뉜다. 전인습적 수준에서는 개인의 필요성이 도덕적 판단의 기준이 되며, 인습적 수준에서는 사회와 법이 근거가 된다. 후인습적 수준에서는 인습을 넘어 더욱 보편적인 정의의 원칙에 따르고자 한다(Kohlberg, 1984; Woolfolk, 2013). 콜버그는 아동기보다 청소년기가 더 진보된 도덕적 추론 능력이 발달하는 시기라고 보았다(Muuss, 1996).

1단계의 아동은 물리적인 손실을 피하기 위해 권위에 순종하는 것이 목적이므로 처벌을 받지 않으려고 도덕적인 행동을 한다. 2단계에서는 자신과 타인의 욕구를 함께 충족시키는 것이 목적이며 자신에게 보상이 주어지는지를 고려한다. 호혜적인 의미에서 타인의 수요를 중요하게 생각하므로 보상이 주어지는 행동은 옳은 것이라고 생각한다. 3단계에서는 타인을 기쁘게 하고 인정받는 것이 목적이므로, 대인관계를 형성하는 집단과 동일시하여 기대에 부응하기 위해 노력한다. 4단계에서는 정해진 규칙과 사회 질서를 유지하는 것이 목적이므로 자신의 의무를 다하고 법을 지키는 것이 도덕적 행동의 동기가 된다. 5단계에서는 단순히 법과 규칙이 정한 원칙에 따르는 것보다 인간의 삶이 더 소중하다는 것을 깨닫게 되므로, 법의 영역 밖에서 맺은 자율적인 합의와 계약에 따르는 것이 더 중요하다고 생각한다. 6단계는 현실에서는 드문 이상적인 단계이며(Kohlberg, 1984), 스스로 선택한 윤리 원칙과 양심에 의해 판단하고 행동하고자 한다.

청소년기에는 타인에게 인정받고 좋은 관계를 유지하려는 욕구가 증가하므로 3단계의 도덕적 추론을 하거나, 행동의 결과보다 의도를 고려할 수 있으므로 법과 질서의 준수를 중요하게 여기는 4단계에 이를 수도 있다. 동시에 청소년기 특유의 자기중심적 사고에 의해 자신의 이익을 우선으로 하는 미성숙한 판단과 행동을 보일 수도 있다(이미리, 김춘경, 여종일, 2019). 비행이나 범죄 청소년의 경우 처벌에 대한 두려움이나 보상과 교환의 조건에 따르는 전인습적 수준의 도덕성에 머물러 있을 수 있다. 타인과의 상호작용이 증가하면서 서로 간의 존중, 공감, 사랑과 같은 가치를 지키는 것이 중요함을 점차 인식하게 되면 좀 더 성숙한 도덕적 추론이 가능해진다. 자신의 도덕적 추론 수준보다 앞선 또래와의 상호작용과 역할수행 경험은 도덕적 도식의 재구성과 통합에 도움을 주고 다음 단계로의 발달을 견인한다(Muuss, 1996).

학급 내에는 도덕적 추론의 1단계부터 6단계에 이르기까지 다양한 수준의 학생들이 존재하며, 자신이 가치 있게 여기는 도덕적 갈등의 주제에 따라 도덕적 추론의 수준이 달라질 수도 있다. 학교폭력을 예방하고 평화로운 학급을 만들기 위해 교사는 학기 초에 학생들과 함께 교실에서 지켜야 하는 규칙을 제정하고, 공정하고 일관된 적용을 통해 적극적으로 따를 수 있도록 독려해야 한다(Woolfolk, 2013). 학생들에게 도덕적 딜레마 상황을 제시하고 반 전체가 토론에 참여하여 더 높은 수준의 도덕적 사고를 경험하게 함으로써 도덕적 추론의 단계를 향상시킬 수 있도록 지도해야 할 것이다.

(2) 길리건의 배려지향 도덕적 추론 발달 이론

캐롤 길리건(Carol Gilligan)은 콜버그와 초기 연구를 함께 수행하기도 하였지만, 이후 콜버그의 이론이 주로 남학생을 대상으로 연구되었으며 남성의 해결 방안에 따라 도덕성발달 단계가 정립되었다고 비판하였다. 이를테면, 콜버그의 도덕성발달 체계에서 대인관계를 고려하는 3단계의 도덕적 추론이 법과 질서의 준수를 추구하는 4단계보다 낮게 설정되어 있으므로, 타인에게 민감하고 배려심이 많은 여성에게 불리할 수밖에 없다는 것이다. 여성은 남성과는 다른 관점에서 도덕적 판단을 내릴 수 있고, 대인관계에서의 연계성에 근거하여 도덕적 판단을 하는 것은 약점이 아니라 가치 있는 강점이므로 이를 설명하는 이론이 수정되어야 한다고 생각하였다(Muuss, 1996).

길리건에 의하면, 남성과 여성은 도덕성을 바라보는 관점에서 서로 다른 목소리를 가지고 있다. 남성이 규칙에 순종하고 원칙을 지지하며 개인주의적인 정의감(justice)을 지향한다면, 여성은 도덕적 판단에서 인간관계를 중시하고 타인에 대한 관심과 책임감, 보살핌(care)을 지향한다(Gilligan, 1977; Gilligan & Attanucci, 1988). 길리건은 성적 딜레마 상황에 처한 남녀 청소년의 도덕적 추론, 낙태결정을 해야 하는 젊은 여성들의 도덕적 추론을 연구하면서 여성이 지닌 돌봄의 윤리(ethics of care)에 주목하였다. 대인관계에 기초한 배려지향적 도덕성 추론은 〈표 3-4〉와 같이 3개의 수준과 2개의 과도기를 거쳐 발달한다(Gilligan, 1982).

표 3-4 길리건의 도덕적 추론 발달 단계

단계	대표적 특성
[1수준] 자기중심적 단계 -자기 지향	• 자신의 이익과 생존에 자기중심적으로 몰두하는 단계 • 아동기의 미성숙한 도덕적 사고 수준
[1.5수준] 이기심에서 책임감으로	• 자신의 욕구와 자신이 져야 하는 책임을 구별하기 시작 • 여전히 자신의 행복이 삶의 목적
[2수준] 책임감과 자기희생의 단계 -선(善) 지향	• 이기심에서 벗어나 타인에 대한 배려, 책임감, 자기희생을 지향 • 자기 자신에 대한 배려는 제외되어 자기희생을 도덕적 이상으로 간주
[2.5수준] 선(善)에서 진(眞)으로	• 자신의 개인적 욕구와 타인에 대한 배려 또는 책임감 간에 균형이 필요함을 깨닫기 시작
[3수준] 자신과 타인을 배려하는 단계 -진(眞) 지향	• 자기 자신을 의사결정과정의 적극적 참여자로 인식 • 자기주장과 타인에 대한 배려가 공존하게 됨

　1수준은 도덕성의 가장 초보적인 단계로서(정옥분, 2015) 자신의 필요성에만 관심을 가지고 자기중심적으로 사고하며 자신의 이익을 위해 결정하고 행동한다. 이 단계에서는 자신의 욕구에 기초하여 오로지 자기 자신만을 배려한다. 첫 번째 전환 단계인 1.5수준에서는 타인과의 연계성을 깨닫기 시작하면서 자신의 소망에 따른 이기심과 도덕적으로 져야 하는 책임감 간의 갈등을 의식하게 된다. 2수준에서는 선(goodness)이 가장 중요한 관심이자 타인에 대한 배려와 동일시되므로 자신을 희생해서라도 돌봄이 필요한 사람들을 도와야 한다고 생각한다. 콜버그의 3단계처럼 사회적인 기대에 맞춰 도덕적인 판단을 하며, 타인의 행동에 대한 책임을 자신에게 전가하기도 하고 비판을 피하기 위해 자기주장을 하지 않는다. 하지만 자신에 대한 배려가 없어 타인과 불평등한 관계가 형성되었음을 인식하게 되면 혼란스러워한다. 두 번째 전환 단계인 2.5수준에서는 배려를 위한 자기희생의 의미를 따져보며 자신과 타인과의 관계를 재정립하고자 한다. 진정으로 책임감 있는 보살핌이 되기 위해서는 그 범주에 자신을 포함시켜야 함을 깨닫게 되므로 도덕적 판단의 기준을 '선함(goodness)에서 진실(truth)로' 옮기고(Gilligan, 1977, p. 498),

타인을 배려하는 과정에서 상처받지 않기 위해 스스로에게 솔직해지고자 한다. 3수준에서는 자신과 타인 모두에게 상처를 주지 않는 비폭력성을 근거로 도덕적 판단을 하게 된다. 인간관계의 상호 의존성에 따라 자신과 타인 모두를 책임지는 것이 진정한 배려라고 여기며, 타인을 고려하면서도 자신의 권리 주장과 의사결정에 적극적으로 참여하는 것이 중요하다고 생각한다(Gilligan, 1982).

배려지향적 도덕적 추론에 대한 국내 연구에서 정옥분과 곽경화(2002)는 청소년과 성인의 단계를 비교 분석하였다. 서울과 수도권 청소년을 대상으로 측정한 결과, 1.5단계가 53.3%로 가장 많았고 다음으로 2단계가 35.9%로 많았으며, 2.5단계는 2.2%로 가장 적었다. 반면, 성인의 경우 30대의 50.5%가 2단계였으며, 50대는 70.0%가 해당되는 것으로 나타나 그 비율이 청소년보다 월등히 많았다. 연구자들은 이러한 결과에 대해 청소년이 성인보다 교육이나 경험이 부족하여 배려지향적 도덕성이 완전하게 발달하지 않은 것으로 보았다.

대체로 남성은 경쟁지향적인 방식으로, 여성은 협동지향적인 방식으로 과제를 해결하는 경향이 있긴 하지만, 필요에 따라 여성뿐 아니라 남성도 타인을 배려하는 도덕적 판단을 하기도 한다(Sternberg & Williams, 2002). 남녀의 도덕적 성향에 대한 메타분석에서 성별의 차이는 미세하였으며, 남녀 모두 딜레마의 맥락이 대인관계 문제일 때는 배려를 사용하고 사회적 상황 추론일 때는 정의감을 사용하는 것으로 나타났다(Jaffee & Hyde, 2000). 우리나라 청소년을 대상으로 한 연구에서도 성별과 성역할 정체감에 따른 배려지향적 도덕성에 차이가 없었다(정옥분, 곽경화, 2002).

그럼에도 불구하고 배려지향적 도덕성에 대한 길리건의 연구는 청소년기에 경험하게 되는 여학생들의 위기감을 설명하는 데 중요한 통찰을 준다(Muuss, 1996). 타인을 보살피도록 사회화되어 관계 중심의 삶을 가치 있게 여기는 여학생들에게 있어 청소년기는 자율성 추구와 친밀한 관계 유지의 두 가지 발달과업을 동시에 수행해야 하는 시기이다. 감정을 표현하고 자기주장을 하였을 때 또래관계가 상실될지도 모른다는 두려움을 가지고 있지만 동시에 자신을 자유롭게 표현할 수 있는 진정한 인간관계를 원한다. 이렇듯 복잡한 심리로 인해 소녀들은 부정적인 감정을 느끼더라도 드러내지 않고 침묵하는 경우가 많으며, 자신의 진정한 목소리는 숨기고 가짜 목소리를 내게 된다(Gilligan, 1977;

Gilligan & Attanucci, 1988).

학교폭력의 문제에서 여학생들 간의 공격과 괴롭힘은 남학생들과 다른 양상을 보일 수 있다. 교실 내의 따돌림에는 고독과 관계 상실에 대한 두려움을 이용하여 공격이 이루어지는 경우가 많다. 예를 들어, 따돌림의 가해자는 집단 내에서 특정인을 무시하기, 사회적 관계에서 의도적으로 배제하기, 공개적으로 부정적인 표정 짓기, 다른 친구와의 관계 방해하기, 우정을 무기로 부탁을 들어주지 않으면 친구 관계를 끝내겠다고 특정인을 협박하기, 자존감이나 집단 내 사회적 지위를 훼손하려는 목적으로 소문내기 등을 자행한다(Simmons, 2018). 친구들과의 갈등은 피하고 착하게 보여야 한다(길리건의 2수준)는 강박이 지나치게 되면 거식증, 우울, 자해의 원인이 되기도 한다(Muuss, 1996).

평화로운 학급을 만들기 위해 교사는 학생들에게 보살핌과 관련된 도덕적 주제에 대해 생각하고 토론할 수 있는 기회를 제공할 필요가 있다. 수학, 영어, 사회, 과학, 미술 과목 등에서 학습 주제와 배려를 연계하여 탐구하고 논의함으로써 공동체 내에서 서로에 대한 신뢰, 책임감과 헌신을 배울 수 있도록 가르쳐야 할 것이다(Noddings, 1995). 따돌림을 비롯한 관계적 폭력이 공격의 형태가 될 수 있음을 공개적으로 토론하고, 학생들 간의 불편한 감정이나 갈등이 있을 때 자신의 생각과 주장을 적절하게 전달하여 건강한 관계를 형성하도록 도와야 한다.

3) 사회적 조망 수용 발달

청소년기 뇌와 인지의 발달은 타인의 생각을 이해하고 마음을 헤아리는 능력을 향상시키므로 주변 사람들과 의사소통이 원활해지고 친밀한 관계를 유지하는 데 도움이 된다. 타인에 대한 이해가 넓고 깊어진다는 것은 곧 사회인지 능력의 발달을 의미하며, 다른 사람의 입장이 되어 사물이나 사건을 이해할 수 있는 역할 수용(role taking) 혹은 사회적 조망 수용(social perspective taking)의 발달과 관련이 있다. 사회적 조망 수용(혹은 관점 채택) 능력이 발달하면 다른 사람의 생각, 행동, 정서를 이해하는 능력이 향상되며, 역으로 자신의 의견이나 입장도 타인에게 좀 더 명확하게 이해시킬 수 있다. 상대방의 요구에 민감하게 반응하여 효율적으로 소통할 수 있는 능력은 청소년의 우정 형성에 매우 중요한 역할을 한다(정옥분, 2015).

청소년기에는 사회적 조망 수용이 매우 향상된다(Selman, 1980). 로버트 셀만(Robert Selman)은 조망 수용을 연구한 대표적인 학자로, 피아제의 인지발달 이론과 콜버그의 도덕적 추론 발달 이론으로부터 통찰을 얻어 유아기에서 청소년기까지의 조망 수용 발달 과정을 제시하였다. 셀만은 콜버그와 길리건의 연구에서처럼 사회적 딜레마에 대한 반응을 분석하여 타인의 관점에서 사물과 사건을 해석하고 사회적 추론이 발달해가는 변화를 탐색하였다(Gurucharri, Phelps, & Selman, 1984; Selman, 1980). 셀만이 제시한 여러 이야기 중 대표적으로 〈홀리의 딜레마〉가 있다. 등장인물에는 홀리와 아버지, 홀리의 친구인 션과 고양이 등이 있으며, 주인공인 홀리가 자신에게 닥친 인지적 갈등을 해결하기 위해 타인의 생각을 어떻게 이해하는지에 따라 조망 수용의 단계가 구분된다.

0단계 자기중심적 미분화 단계에서는 자기중심성이 강하므로 타인과의 관계에서 상대가 나와 동일한 생각을 한다고 확신한다. 자신의 생각이 타인과 다르고 틀릴 수도 있

표 3-5 ┃ 셀만의 사회적 조망 수용 발달 단계

단계	특징
[0단계] 자기중심적 미분화 단계	• 사회적 상황에서 자신의 해석과 타인의 관점을 명백히 구분할 수 없음 • "엄마 생일 선물로 맛있는 사탕(내가 가장 좋아하는)을 선물해야지. 엄마는 분명히 좋아하실 거야."
[1단계] 주관적 조망 수용 단계	• 상대가 나와 다른 생각을 할 수 있음을 인식하기 시작 • "나는 행복하지만 엄마는 아닐 수도 있어요. 하지만 웃고 계신 걸 보니 나만큼 행복한 것 같아요."
[2단계] 자기반성적 조망 수용 단계	• 상대방의 입장에서 나의 생각과 감정을 고려 • "너의 생각은 나와 다를 수 있어. 너도 옳고 나도 옳은 거야."
[3단계] 상호적 조망 수용 단계	• 나, 상대방, 제3자의 입장에서 나와 상대의 관계를 이해 • "너와 내가 생각이 서로 다르다는 것이 내가 보기에는(혹은 다른 사람이 보기에는) 장점인 것 같아."
[4단계] 깊은 사회적 상호 조망 수용 단계	• 사람들이 나와 상대방을 보는 입장이 복잡하다는 것을 인식 • "보기에 따라 내가 옳아 보일 수도, 네가 옳아 보일 수도 있어. 그리고 상황에 따라 옳고 그름은 또 달라질 수도 있지."

다는 것을 이해하지 못한다. 1단계 주관적 조망 수용 단계의 아동은 자기중심성에서 벗어나 자신과 타인의 관점이 다를 수 있다는 것을 깨닫기 시작한다. 하지만 눈에 보이는 사실에 근거하여 판단하므로 정확성이 결여되거나 상대가 진짜 감정은 숨길 수도 있다는 것을 깨닫지는 못한다(정옥분, 2015). 2단계 자기반성적 조망 수용 단계의 아동은 양방향적 상호 호혜적 조망 수용이 가능하다. 신체적 조망 수용과는 달리 정신적으로도 타인의 조망을 수용할 수 있으므로, 겉으로 보이는 상대의 말이나 행동이 속마음과 다를 수 있다는 것을 이해한다.

3단계 상호적 조망 수용 단계에 해당되는 청소년 초기(약 10~15세)에는 나와 상대방의 관계를 관찰하는 제3자가 있음을 이해하게 된다. 때로는 관찰하는 자아로서 자신과 타인의 상호작용을 바라보기도 한다. 타인의 입장이나 관점에서 대인관계를 이해하는 것은 아동기에 발달하기 시작하며, 청소년 초기에 제3자의 입장까지 고려할 수 있을 정도로 발달한다(이미리, 김춘경, 여종일, 2019). 4단계는 깊은 사회적 상호 조망 수용 단계로, 추상적인 수준에서 대인관계를 이해할 수 있으므로 자신을 포함한 사람들의 인지, 동기, 행동이 각자 다른 심리적 요인에 의해 영향을 받는다는 것을 알게 된다. 사회체계의 공유된 관점, 즉 일반화된 타인들(generalized others)의 상호작용을 고려할 수 있으므로 상대방에 대하여 좀 더 정확한 이해와 소통이 가능해진다. 자신이 소속된 사회의 관습, 법, 도덕적 관점을 복합적으로 수용하여 조화로운 관계를 형성할 수 있다(Selman, 1980).

아동 및 청소년기에 사회적 조망 수용이 발달할수록 실제로 대인관계에서 발생하는 갈등과 쟁점을 해결하는 능력도 향상된다(Schultz & Selman, 1989). 타인의 관점에서 사고할 수 있는 능력은 친구의 기분과 마음을 잘 이해하여 친절하게 대하고 자신의 생각을 상대방에게 정확하게 설명하는 사회적 행동에 필수적인 요소이다. 반면, 자기중심성에서 벗어나지 못하고 자신의 생각만 고집하면 소통에서 어려움을 겪고, 상대방이 자신의 요구를 충족시키지 못한다고 생각하여 실망하기도 한다.

조망 수용 발달 단계 이론은 아동과 청소년이 어떻게 자신과 타인의 생각을 이해하게 되는지 설명하고 있어 대인관계에서 발생하는 갈등을 해결하고 문제해결 전략을 찾는 데 도움을 준다. 셀만(1980)은 조망 수용의 발달 단계를 적용하여 아동의 개인, 우정관계, 또래 집단, 부모-자녀 관계가 어떻게 발달하는지 연구하였다. 조망 수용이 발달하면

표 3-6 **조망 수용 단계에 따른 개인(자아 인식) 및 대인관계 발달의 특징**

조망 수용 단계		개인 (자아 인식)	관계		
				대인관계	
단계	특성		우정	또래 집단	부모-자녀
0	자아중심적	신체적 존재	일시적 놀이 친구	신체적 관계	상하 관계
1	주관적	의도적 주관성	일방적 지원	일방적 관계	보호자
2	자기반성적	성찰적 자기	조건적 협력	파트너십	안내자, 상담자
3	상호적	안정적 성격	친밀하고 상호적인 나눔	동질적 공동체	관용, 존중
4	깊은 사회적	복잡한 자기 체계	자율적 상호 의존성	다차원적 조직	소통 체계

※ 참고: Gurucharri, Phelps, & Selman (1984, p. 27).

서 개인의 자아 인식, 우정관계에서의 갈등해결, 또래 집단에서의 리더십, 부모-자녀 관계에 대한 사고가 어떠한 양상으로 발달하는지 분석하였다(Muuss, 1996).

0단계에서 아동은 자신의 지각이 정확하지 않을 수도 있다는 것을 이해하지 못하며 타인의 신체적 특징과 심리적 특성을 명확하게 구분하지 못한다. 때문에 우정관계에서 친구를 일시적 놀이 상대로 생각한다. 부모-자녀 관계에서 처벌을 받을 때 자신이 잘못을 했기 때문에 벌을 받는다고 인식하기보다 벌을 받았기 때문에 뭔가 잘못했다고 생각하는 경향이 있다.

이와는 달리 1단계에서는 타인의 신체와 심리적 차원을 구분할 수 있게 되므로, 타인이 자신만의 고유한 심리적 세계를 지니고 있음을 알게 된다. 우정관계에서의 갈등이 신체적 요인뿐만 아니라 심리적 요인에도 중요한 영향을 받는다는 것을 알게 되며, 벌을 주는 부모의 동기를 고려하기 시작한다.

2단계에 이르면 타인의 관점에서 보이는 자신의 행동에 대해 생각할 수 있게 된다. 따라서 우정관계에서 조건적 협력을 추구하며, 대인관계에서 파트너십을 맺으려 한다.

3단계의 조망 수용은 자신을 관찰자의 입장에서 바라볼 수 있게 하므로 우정관계에서의 갈등은 자연스러우면서 피할 수 없는 것이라는 점을 알게 되고 상대방의 입장에서 조화롭게 해결해야 한다는 것을 이해할 수 있다. 부모-자녀 관계에서도 존중이 필요하다는 것을 알게 된다.

4단계에서는 추상적인 수준에서 조망 수용을 할 수 있게 되므로 사회체계에 따른 개인의 상대성을 이해하게 된다. 우정관계에서 상호적 관계를 맺고 독립성과 의존성 사이에 균형을 맞추려 한다. 또래관계가 복잡한 다차원의 조직일 수 있다는 것을 이해하며, 부모-자녀 관계에서 효율적인 소통 체계를 갖추고자 노력한다(Gurucharri, Phelps, & Selman, 1984; Muuss, 1996; Selman, 1980).

청소년기 사회적 조망 수용 훈련은 자신이 경험하지 않은 일에 대해서도 다른 사람의 입장에서 생각할 수 있게 하므로 대인관계 문제해결에 효과적이다. 조망 수용은 다른 사람의 감정에 대한 공감과 감정이입, 서로 간의 호혜성과 이타성, 친사회적 행동을 향상시키는 데 도움을 준다. 친구의 입장과 마음을 헤아릴 수 있도록 조망 수용의 개념을 학습하고, 사회적 문제를 해결하는 전략을 찾아 연습하는 것은 청소년기 대인관계 발달에 긍정적이다(Muuss, 1996; Selman, 1980). 학급에서 청소년들이 경험할 수 있는 사회적 딜레마 상황에 대해 토론하고 타인의 생각을 경청하며 자신의 생각을 전달하는 경험을 하게 되면 좀 더 높은 조망 수용 단계에 도달할 수 있다. 학교폭력 예방을 위해 가해행동이 타인에게 미칠 수 있는 영향력이 어떠한지 추론해 보고 타인의 고통에 대해 생각하는 기회를 제공함으로써 나와 친구에 대한 존중이 생활 속에 체화될 수 있도록 지도하는 것이 중요하다.

3. 심리사회적 발달과 학교폭력

심리사회적 발달은 타인과 상호작용하는 방법을 배우고 사회적 존재로서의 스스로를 이해해 가는 인간 발달의 과정이다(Sternberg & Williams, 2002). 아동과 청소년의 발달에 있어 자기 자신에 대한 생각이나 성격, 타인을 대하는 방식이나 사회성은 성숙에 따라 저절로 형성되는 능력이라기보다 부모나 교사의 지도, 친구의 지지나 상호작용과 같은 환경적 요인에 영향을 받는다.

1) 정체성과 자기개념 발달

'자기'에 대한 생각은 성격을 형성하는 핵심적인 요소이다. 인간은 생후 약 18개월부터 24개월경에 거울을 보며 외적인 자의식을 가지기 시작하며, 6~7세에는 심리적 개념의 내적인 자기개념이 만들어진다(Nolen-Hoeksema et al., 2014). 사람들은 누구나 자신에 관해 묘사하고 조직화하는 개인적 구성개념을 가지고 있다. 나이가 들면서 자신의 여러 측면에 대한 개념이 서서히 발달하며, 공간과 시간 속에서의 통합된 자기개념을 형성하게 된다. 아동은 자신의 신체적 특징이나 소유물로 자신이 어떤 사람인지 묘사하지만 청소년은 신념이나 동기와 같은 특성으로 자신을 설명한다. 정체성과 자기개념은 신체적 특징이나 장래 희망, 자신에 대한 정확한 이해와 스스로에 대한 가치감 그리고 타인이 자신을 대하는 태도와 행동으로부터 얻는 평가에 영향을 받는다. 타인과의 상호작용은 보다 넓은 사회 문화적 맥락 속에서의 자신에 대해 인식하도록 이끌며, 개인의 욕구와 사회의 요구를 조정하는 과정에서 점차 사회의 규범과 가치를 내면화하게 된다.

청소년 후기로 갈수록 통합된 자기개념이 발달하면서 사회적 주체로서의 자신의 역할을 포함하여 타인은 접근할 수 없는 사적인 실체로서의 '나'에 대한 인식을 가지게 된다(Papalia, Olds, & Feldman, 2007). 정체성의 발달은 자신이 다른 사람과 구별되는 유일하고 독특한 존재라는 인식을 지니게 하며, '총체적인 나'라는 통합성, '특별한 나'라는 개별성, 과거, 현재, 미래에 걸쳐 '계속되는 나'라는 연속성을 가진 실존적 존재로 성장하게 한다(조아미, 2014).

자기정체성의 중요성은 에릭 에릭슨(Erik Erikson)의 심리사회적 발달 이론에 잘 나타난다. 그는 정신분석과 심리사회적 발달의 관점에서 타인과의 상호작용을 통한 자아의 역할을 강조하였고, 특히 청소년기의 중요한 발달과업으로 정체성의 획득에 주목하였다(Muuss, 1996). 에릭슨은 개인의 발달은 사회적 맥락 안에서 일생 동안 계속되며 8개의 발달 단계마다 해결해야 할 심리사회적 위기가 있다고 가정하였다(Erikson, 1968). 심리사회적 위기란 각 단계에서 주어지는 사회적 요구에 적응하기 위한 심리적 노력으로, 일상생활에서 겪는 긴장을 의미한다. 일정 연령에 이르면 생물학적 성숙과 사회적 압력에 의해 다음 단계로 나아가는데, 그 전 단계의 위기가 해결되지 못하면 현재 단계의 과

표 3-7 **에릭슨의 심리사회적 발달 단계**

단계별 주요 과업	발달 과업에서의 확신
[1단계] 신뢰(trust) vs. 불신(mistrust)	나는 나에게 주어지는 바로 그것이다.
[2단계] 자율성(autonomy) vs. 수치심(shame)	나는 내가 되고자 하는 그 무엇이다.
[3단계] 주도성(initiative) vs. 죄책감(guilty)	나는 내가 무엇이 될 것인지 상상할 수 있는 그 무엇이다.
[4단계] 근면성(industry) vs. 열등감(inferiority)	나는 배울 수 있는 그 무엇이다.
[5단계] 정체성(ego-identity) vs. 역할혼미(role confusion)	나는 누구인가, 무엇이 되고 싶은가?
[6단계] 친밀감(intimacy) vs. 고립감(isolation)	우리는 우리가 사랑하는 그 무엇이다.
[7단계] 생산성(generativity) vs. 침체성(stagnation)	나는 내가 생산할 수 있는 그 무엇이다.
[8단계] 자아통합(ego-integrity) vs. 절망감(despair)	나는 살아남은 그 무엇이다.

업을 수행하기 어려워진다. 모든 단계에서 사람들은 양극 상태를 모두 경험할 수 있으며(예: 4단계에서 근면성과 열등감을 모두 경험하며 오갈 수 있음) 전 단계에서 극복하지 못한 것을 이후 단계에서 극복할 기회를 가질 수도 있다(Sternberg & Williams, 2002).

1단계에서의 성공은 자신의 기본적 요구가 충족될 것이라는 신뢰감을 갖게 하므로, 세상을 우호적이고 친밀하게 볼 수 있게 한다. 그렇지 못할 경우 친구를 신뢰하지 못하고 세상에 적대감을 가질 수 있다. 2단계의 아동은 스스로 무언가를 하려고 노력하게 되는데, 이 단계에서의 성공은 자율성과 독립심을 갖도록 하기 때문에 또래와 좋은 관계를 형성할 수 있게 된다. 그렇지 못할 경우 스스로의 능력을 의심하고 수치심을 갖게 된다. 3단계에서는 사회적으로 자신의 생각을 주장하고 주도성을 가지는 연습을 하게 된다. 이 단계에서의 성공은 학교생활에서 목표를 가지고 방향을 설정할 수 있게 된다. 그렇지 못할 경우 삶을 주도하는 데 어려움을 겪게 된다. 4단계에서는 특히 성실한 학교생활을 통해 자신감을 습득하는 기회가 제공된다. 성공하면 적극적으로 활동에 참여하게 되지만, 그렇지 못할 경우 열등감을 가지게 된다. 5단계의 청소년들은 자신이 누구인지 알고 싶어 하며 어떤 사람인지 알아가게 된다. 성공적일 경우 자아정체성을 획득하게 되지만 실패할 경우 자아개념에서 혼란을 겪게 된다. 6단계의 성인은 대인관계에서의 개인적 친밀감과 고립감 사이에서 과업을 수행하게 되며, 7단계인 중년에는 사회에서의 직업적 공헌, 가정에서의 결혼과 출산, 양육 등에서 생산성 혹은 침체성의 과업을 맞이하게 된다. 마지막 노년기에는 지나 온 삶을 통합하는 것과 인생을 낭비한 느낌의 절망감 사이에서 역할을 수행하게 된다.

　제임스 마샤(James Marcia)는 에릭슨이 연구한 정체성 획득의 과정을 보다 구체화하였다. 자아정체성의 획득을 위해서는 탐색(exploration)과 헌신(commitment, 수행, 관여)이라는 필수 요소를 경험하는 과정을 거쳐야 하며, 이 두 요소가 충족되느냐에 따라 자아개념의 상태는 네 가지 지위(status)에 이를 수 있다(Marcia, 1966, 1991). 만일 자신에게 가장 잘 맞는 것이 무엇인지 찾아보려 노력하였다면 이는 정체성 탐색 경험이라 할 수 있다. 또한 자신이 탐색한 것들 중 가장 적합한 어떤 것에 전념하기로 결정을 하였다면 이는 헌신(수행, 관여) 경험이라 할 수 있다.

표 3-8　마샤의 네 가지 정체성 지위

가치 있는 것에 전념	나에게 적합한 것을 탐색	
	예	아니요
예	성취	유실
아니요	유예	혼미

　성취(achievement)는 현실적 선택사항을 고려하고 탐색한 후 결정을 내리고, 그것을 이루기 위해 수행하는 상태이다. 중학교 때 담임선생님을 만난 이후 줄곧 교사가 되겠다는 꿈을 키워온 청소년이 자신이 좋아하는 수학 과목을 가르치는 교사가 되기 위해 사범대학에 진학한 경우를 예시로 들 수 있겠다. 정체성 성취자는 같은 문제에 대해 다양한

대안들을 신중하고 조심스럽게 평가한 끝에 결국 자기 나름대로의 가치구조를 발견하여 자기 생각대로 결정을 내린다는 점에서 유실자와 다르다. 유실자는 부모의 가치 및 기대와 아주 근접한 상태로 남아 있으며, 부모의 신념에 신중하게 이의를 제기해 보지도 않은 채 그 이데올로기를 그대로 받아들인다. 성취자는 다양한 가능성을 고려해 보았고 자유롭게 시도해 본 후 결국 자기 생각대로 그것을 수용하거나 거부하였기 때문에, 자신의 한계를 수용할 줄 알며 자신에게 무엇이 적합한지 파악하고 있다(Muuss, 1996; Papalia, Olds, & Feldman, 2007).

유예(moratorium)는 정체성을 갖기 위해 다양한 탐색을 하며 노력하고 있지만 아직 전념할 수 있는 무언가를 선택하지는 않은 상태이다. 교사가 꿈인 중학생이 자신이 좋아하는 과목 중 어떤 과목의 교사가 될지 탐색하고 있다면, 그리고 그 과정에서 스스로에 대한 이해가 깊어졌음을 깨닫고 있다면 정체성 유예의 상태에 있는 것이다. 탐색을 한다고 하여 고민만 하는 것이 아니라, 정체성을 찾기 위해 이것저것 시도해 보고 그 결과를 받아들이는 경험을 한다. 여러 역할들을 추구하는 동안 자신을 발견할 가능성은 매우 높아진다(Muuss, 1996). 정체성 유예의 과정을 거치지 않고 성취의 상태에 도달할 수는 없으므로 유예는 정체성 성취를 위한 선결요건이 된다. 사회적 책임이 다소 자유로운 상태인 청소년기에 스스로에 대해 마음껏 탐색해 보는 유예의 경험은 매우 중요하다. 정체성을 성취했다고 해서 그 상태가 변함없이 유지되는 것은 아니며, 유예-성취-유예-성취(MAMA)를 반복하며 사회적 상황에서 자신에게 더욱 적합한 것이 무엇인지 계속 찾아가게 된다(Stephen, Fraser, & Marcia, 1992).

유실(foreclosure)은 정체성에 대한 탐색과정을 거치지 않고 특정 행동에 전념하고 있는 상태를 의미한다. 유실 상태의 청소년은 유예 상태의 청소년보다 자아발달의 상황을 조기에 종결시켜 버릴 위험성이 높다. 이 상태의 청소년은 겉으로는 정체감성취 청소년과 유사해 보인다. 그러나 개인적 탐색과 심사숙고 과정을 거치지 않고서 부모나 사회가 추구하는 가치를 전념의 대상으로 삼고 있다는 점에서 차이가 있다. 특히 부모나 또래 친구에 의해 사회화되거나 동일시되었을 가능성이 크다. 부모가 유실 상태이면 자녀에게도 스스로 자신에 대해 탐색하기를 허용하지 않으며, 부모가 대신 탐색하고 선택한 것을 자녀도 동일하게 원한다고 믿고 강요하는 경향이 있다. 자신의 진로 가능성이나 대안에 대한 탐색 없이 부모가 제안하는 것을 받아들이는 청소년에게서 흔히 발견된다. 사범대학에 진학해 과학교사가 되고 싶은 청소년이 의사가 되기를 바라는 부모의 뜻을 거스르지 못하고 의대에 진학하는 경우가 이에 해당된다. 최근에는 정체성 탐색이 고등학교 졸업 후 청소년기와 성인기 사이의 성인진입기(emerging adulthood)를 보내는 대학생 청년들의 중요한 발달 과업으로 연구되고 있다(Arnett, 2000, 2018). 대학교육은 청소년이 유실된 목표를 재설정하고 자신이 진정으로 전념하고자 하는 일을 탐색하여 졸업 후 진로와 직업을 선택하는 데 도움을 준다. 유실 청소년은 청소년기를 안정적으로 보내는 것 같아도 성인이 되어 다시 정체감 위기를 경험할 수 있다. 정체성 유예가 보장되고 사회적 책임으로부터 비교적 자유로운 청소년 시기에 다양한 탐색을 할 수 있도록 지원해야 한다.

혼미(diffusion)는 정체성을 찾기 위한 어떤 노력이나 가능성도 탐색하지 않고 전념하지도 않는 상태이다. 이 상태의 청소년들은 자신이 무엇을 목표로 하는지 진지하게 생각하지 않고 순간적인 즐거움에 따라 즉흥적으로 행동한다. 에릭슨(1968)은 첫 번째 단계인 '신뢰감 대 불신감'에서 과업을 해결하지 못하고 타인에 대한 신뢰감이 부족하면 이러한 특성이 나타난다고 보았다. 정체성 혼미는 청소년 우울이나 비행과 관련이 있으며 혼미의 상태가 성인기까지 지속될 경우 병적인 상태로 간주될 수 있다(김미영, 2014; Seri & Montebarocci, 2024).

학교폭력의 문제와 관련하여 에릭슨의 이론은 4단계의 근면성(열등감), 5단계의 정체성 획득(정체성 혼미)이라는 발달과업에 주목하게 한다. 심리사회적 위기를 적절하게 해결하지 못하면 갈등 상황에서 참을성이 없고 충동적이며 문제해결을 위해 노력하기보다 폭력적·공격적으로 행동할 수 있다. 정체성에 혼란을 겪고 부정적인 자아개념이 형성되면 자신을 무능하고 필요 없는 존재로 규정해 버리거나 좌절감이나 우울에 빠지고, 비행 행동을 할 수 있다(유형근 외, 2019).

마샤(1966, 1991)의 이론을 통해 정체성 유실 상태를 이해하는 것은 다음과 같은 시사점을 준다. 첫째, 유실 청소년은 정체성에 대한 탐색 없이 타인이 정해 준 자신의 역할을 쉽게 받아들이기 때문에, 만일 폭력 집단 학생들과 어울리게 되면 그 집단의 정체성을 자신의 것으로 정의해 버릴 수 있다. 둘째, 또래 집단의 압력에 쉽게 동조하고 또래의 행동, 말투, 은어를 무비판적으로 모방하는 경향이 있다. 따돌림의 문제가 발생할 때도 옳고 그름을 따져 보기보다 주변에 쉽게 동조할 수 있다. 셋째, 다른 정체성 지위들과 비교할 때 유실 청소년들은 권위주의적이고, 편견이 심하며, 남에게 인정을 받고자 하는 욕구가 강하고 자율성이 낮고 부모에게 의존하는 편이다. 이러한 성향은 긍정적인 또래관계를 형성하는 데 어려움을 겪게 할 수 있다.

정체성은 갑작스럽게 이루어지는 것이 아니라 조금씩 점진적으로 형성된다(Erikson, 1968). 부모, 교사, 또래로부터 일관된 가치를 부여받을 때 정체성 탐색은 더 쉬워지며 안정적으로 정체성을 획득할 수 있다(Nolen-Hoeksema et al., 2014). 교사는 청소년들이 학업, 대인관계, 진로, 취미활동 등에서 자신이 좋아하는 것이 무엇인지 찾아갈 수 있도록 지원해야 한다. 만일 잘못이나 실수를 저질렀다면 문제아로 낙인찍기보다 과오를 인정하고 다시 일어날 수 있도록 기회를 주어야 한다. 문제를 일으킨 행동에 대해 하나씩 짚어 보면서 자신이 진정으로 원하는 삶이 무엇인지, 타인의 강요에 따르지 않고 주체적인 선택을 하는 것이 왜 중요한지 생각해 보도록 지도한다. 학급에서 모든 학생에게 각자의 역할을 부여하고 이를 수행하는 과정에서 성취 경험을 쌓고 성실함과 책임감을 배우게 할 필요가 있다. 친구를 도와주는 활동에 참여하여 자신에 대한 긍정적인 정체성과 자아개념이 형성될 수 있도록 도와줄 수도 있을 것이다.

2) 사회성 발달

사회성 발달이란 개인의 성장에 따라 타인과 원만한 관계를 맺고 사회에 적응하는 방식이 변화하는 것을 의미한다(Woolfolk, 2013). 청소년의 사회성 발달은 또래관계에 영향을 받으며 또 영향을 주기도 한다. 정상적인 사회성 발달에는 건강한 또래관계가 필수적이며 이는 청소년기 이후의 발달과도 연관이 있다(정옥분, 2015). 정신의학과 사회과학을 융합하여 대인관계를 연구한 해리 설리반(Harry Sullivan)은 청소년기 의미 있는 또래관계와 우정 형성이 건강한 사회화에 필요함을 강조하였다(Muuss, 1996).

설리반의 대인관계 발달 이론에 의하면, 인간은 유의미한 타자와 관계를 맺으면서 이들로부터 받는 평가를 기준으로 자아체계를 구축하고 사회화된다. 건강한 대인관계 발달이란 불안한 유아적 자아체계에서 안정되고 성숙한 자아체계로 변화하는 과정이다. 사회적 관계가 복잡하고 분화될수록 불안과 긴장도 다양해지는데, 발달에 따라 이를 해소하고 적절하게 대처하는 방법을 학습하게 된다(Sullivan, McCullough, & Stager, 1970). 에릭슨처럼 설리반도 이전 단계에서의 긍정적 발달이 다음 단계에 영향을 주는 것으로 보았다(Sullivan, 1950, 1953). 설리반이 제시한 대인관계의 여섯 단계는 〈표 3-9〉와 같다.

표 3-9 설리반의 대인관계 발달 단계

구분	특징
[1단계] 유아기	• 양육자(어머니)가 기본적인 욕구에 반응해 주면 안정감을 느낌 • 유아와 양육자 사이 불안이 순환됨
[2단계] 아동기	• 언어 능력의 발달로 상상 속의 놀이친구를 만들기 시작 • 부모(성인)로부터 인정받는 경험에서 '좋은 나'의 의인화 발달
[3단계] 소년(소녀)기	• 초등학교 저학년 시기, 사회성과 대인관계가 확대됨 • 또래와의 놀이에서 협동심과 경쟁심 학습
[4단계] 전(pre)청소년기	• 초등학교 고학년 시기, 공통점이 많은 친구(동성)와의 친밀감 형성 • 단짝 친구와의 교류를 통해 자신의 생각과 느낌을 공유하고자 함
[5단계] 청소년초기	• 중학생~고등학생 시기, 사춘기의 시작 • 이성과의 친밀감 형성 욕구 증가로 긴장감 발생
[6단계] 청소년후기	• 고등학생~대학생 시기 • 성숙한 대인관계를 확립하고 안정적인 사회적 관계 형성

1단계 유아기에는 양육자와의 관계를 통해 자아체계가 발달하기 시작하는데, 기본적인 욕구가 충족되었을 때는 안전감을 느끼지만 그렇지 못할 경우 사랑받지 못한다는 느낌과 함께 불안이 형성된다. 유아가 불안을 느낄 때 양육자도 불안과 긴장으로 반응하면 유아가 이를 읽어 낼 수 있으므로 재차 불안이 높아져 이후 대인관계에서도 계속 긴장과 불안이 나타날 수 있다.

2단계 아동기에는 언어와 몸짓을 활용한 소통으로 자신을 표현하기 시작한다. 사회화 과정에서 부모의 기대를 충족시켜 인정을 받게 되면 긍정적인 자아체계가 형성되지만,

그렇지 못할 때 받게 되는 야단과 처벌은 공포와 수치심을 느끼게 하고 대인관계에서 불안을 야기한다. 아동기의 우정은 대부분 함께 활동하는 놀이를 통해 쌓아가는 것이 보편적이며, 연령이 증가할수록 점차 사고와 감정을 공유하며 갈등을 해소하는 법을 배우게 된다. 3~9세가 되면 서로를 즐겁게 해 주는 법을 아는 것과 동시에 상대를 괴롭게 하는 방법도 알게 된다(Gottman & Graziano, 1983; Hay, Payne, & Chadwick, 2004).

3단계 소년(소녀)기는 가족 이외의 친구와 사회적 관계를 맺을 기회가 늘어나며 놀이를 통해 대인관계가 확장되는 시기이다. 행동의 기준이 되는 준거집단이 형성되므로 받아들여지고 싶은 무리로부터 배척이나 따돌림을 받을지도 모른다는 두려움이 불안을 유발한다. 학교에서 교사와 같은 권위적 인물을 존중하고 복종하는 것을 훈련하게 된다. 설리반은 사회적 적응의 발달에 있어 이 시기를 매우 중요하게 생각하였다(Sullivan, 1953).

4단계 전청소년기에는 여러 명의 친구를 사귀는 것보다 자신과 비슷하면서 마음이 잘 통하는 단짝 친구와 친밀함을 유지하고 싶은 욕구가 강해진다. 이 시기 우정관계는 더욱 안정적이면서 지속적으로 유지되는데, 성격 특성이 맞는 동성 중 가장 친한 친구를 찾게 되면 함께 있을 때 편한 존재이면서 감정이나 비밀을 나눌 수 있는 사이가 된다(Bowker et al., 2006). 자신의 생각과 감정을 더 잘 표현하고 자기중심성이 약해지므로 친구의 마음을 이해하게 된다. 생각을 나누고 서로에게 역할 모델이 되다 보면 서로 닮아간다(정옥분, 2015). 단짝에게서 받는 인정과 우정은 긍정적 자아체계를 구축하지만, 사회적으로 고립될 경우 대인관계에서의 불안이 가중된다.

5단계 청소년초기는 사춘기와 함께 성적 성숙이 시작되므로 친구에 대한 관심이 동성에서 이성으로 옮겨간다. 이성과의 친밀함을 추구하는 과정에서 어색함, 자신감 부족, 비현실적인 소망이 나타나기도 하며, 이성이 자신을 거부할지도 모른다는 불안을 느껴 안전의 욕구에 위협을 느끼기도 한다.

6단계 청소년후기에는 보다 안정적이고 성숙한 대인관계를 추구하므로 상호 존중을 기반으로 친밀감을 확립하고자 한다. 타인의 요구와 생각을 받아들일 수 있는 인지의 발달로 인해 대인관계에서의 신뢰와 정직, 진정한 우정과 사랑에 대해 진지하게 생각한다(Papalia, Olds, & Feldman, 2007). 전 단계에서의 혼란이나 불안이 어느 정도 안정을 찾고 사회적 관계가 다양해지며 광범위한 분야로 관심이 확장된다(조아미, 2014). 하지만 또래에게 수용되지 못하고 고독감으로 인해 불안과 긴장을 겪을 경우, 우울이나 자살과 같은 심리적 부적응을 경험할 수 있다.

청소년기 좋은 또래관계를 맺고 유지하는 것은 사회성 발달에 중요하다. 청소년들은 또래 집단과의 사회적 관계를 통해 스스로에 대한 개념과 생각을 형성하기도 하고 또래로부터 받는 평가나 비교에 의해 자신의 능력에 대한 현실적인 판단을 하기도 한다. 의견을 조정하고 갈등을 해결하는 법을 배우는 등 수평적인 대인관계 기술을 발달시키는 데 도움을 받는다. 또래는 청소년에게 스트레스와 긴장을 해소하고 정서적인 안정감을 주는 존재이며 자아개념이나 자아존중감 형성에 중요한 역할을 하기 때문에 부모에게서 점차 독립하여 자신만의 정체성을 찾도록 도움을 준다(Arnett, 2018; Papalia, Olds, & Feldman, 2007).

또래에게 인정을 받고 사회적으로 받아들여지는 것은 청소년들의 주요 관심사이다. 다른 사람의 생각과 감정을 이해하는 능력이 높을수록 사회적으로 수용될 가능성도 높

표 3-10 아이젠버그의 친사회적 추론 발달 단계

지향	특징	연령 범위
[1단계] 자기중심적 쾌락	• 자신에게 이익이 될 때만 타인을 도움 • 자기중심적인 결과에만 관심	학령 전 유아, 아동, 초등학교 저학년
[2단계] 타인의 요구	• 타인의 요구에 반응 • 깊은 성찰은 없는 언어적 표현	학령 전 유아, 아동, 초등학생
[3단계] 타인으로부터의 인정	• 착하다는 인정을 받으려고 도움 • 착함에 대한 고정관념을 가지고 있음	초등학생, 중학교 저학년
[4a단계] 자기반성적 공감	• 공감적 반응에 의한 판단 • 친사회적 행동에 따른 죄책감과 기쁨	초등학교 고학년, 중·고등학생
[4b단계] 전환기 공감과 내면화	• 가치, 규준, 의무, 책임을 고려 • 분명한 표현은 없음	고등학생
[5단계] 강한 내면화	• 가치와 규준, 책임감의 강한 내면화 • 자기존중감과 긍정적 정서 추구	일부 고등학생

※ 참고: Eisenberg, Lennon, & Roth (1983, p. 850).

아지지만, 공격적이거나 충동적이면 배척당하기 쉽다(조아미, 2014). 사회적 조망 수용, 공감, 친사회적 행동의 발달은 원만한 사회성 형성에 긍정적 기능을 한다. 친사회적 행동은 타인과의 관계에서 사회적으로 바람직한 의도를 가지고 보살핌, 도움, 나눔 등을 실천하는 것을 의미하며 이타성(altruism), 감정이입(empathy), 도덕적 인지 추론, 조망 수용의 발달과 관련이 깊다(송명자, 1996). 친사회적 행동의 빈도는 아동기보다 청소년기에 증가하며, 친사회적 추론 수준이 높을수록 친사회적 행동도 더 많이 하는 것으로 알려져 있다(Eisenberg et al., 2002). 낸시 아이젠버그(Nancy Eisenberg)는 친사회적 갈등 상황에서 아동이 선택하는 도덕적 판단을 연구하여 친사회적 추론의 발달 단계를 제시하였다(Eisenberg, Lennon, & Roth, 1983).

1단계의 친사회성은 도덕적인 것보다 자기중심적인 결과에 관심이 있으므로 타인을 돕는 행동이 자신에게 직접적인 이익이 되는지, 나중에 자신도 도움을 받을 수 있는지를 우선적으로 고려한다. 관심의 대상이 자신이 좋아하거나 유대관계가 있는 사람으로 제한적이다.

2단계에서는 타인의 신체 및 심리적 요구에 관심을 가지며 이를 단순한 용어들로 표현한다. 하지만 아직 자기성찰적 조망 수용을 하지 못하므로 동정심을 말로 표현하거나 내면화된 감정을 언급하지는 않는다.

3단계의 친사회성은 착한 사람과 나쁜 사람, 착한 행동과 나쁜 행동에 대한 고정관념적인 이미지를 가지고 있어서 사회적으로 적합한 행동을 하려고 한다. 타인으로부터 인정받기 위해 친구 돕기(착한 행동)를 하며, 같은 방식으로 사회적으로 인정받지 않을 것이므로 친구를 돕지 않아도 된다고 자신의 행동을 정당화한다.

4a단계에서의 친사회적 추론은 공감적 반응과 자기 성찰적 역할 채택에 근거하여 판단한다. 인간으로서 상대방에게 관심을 가지게 되며, 자신의 행동의 결과가 어떠할지 생각하면서 죄책감 또는 긍정적인 감정을 경험한다.

4b단계는 공감과 내면화의 전환 시기로 내면화된 가치, 규범, 의무 또는 책임감에 따라 타인에 대한 도움 여부를 판단한다. 다른 사람의 권리와 존엄성을 보호할 필요가 있다고 생각하지만 이를 명확하게 표현하지는 않는다.

5단계는 내면화가 강하게 일어나는 단계이며, 개인 및 사회적 계약의 의무 지속, 인간의 존엄성, 권리, 평등 추구를 내면화하여 가치, 규범, 책임감에 따라 친사회적인 행동을 한다. 내면화된 가치와 사회적으로 인정된 규범을 따를 경우 자기존중감이 유지되어 긍정적 경험을 하게 되지만, 반대의 경우 부정적 영향을 받는다.

청소년기 사회성 발달의 이해는 학교폭력이 없는 학급 분위기를 조성하는 데 여러 시사점을 제공한다. 일반적으로 대인관계 발달 수준이 높고 사회성이 발달한 학생은 학교나 사회의 규칙을 잘 지키며 집단에 잘 적응하고 집단 안에서 타협적·협동적 태도를 보인다. 반면 사회성 발달 수준이 낮은 학생은 사교성, 활동성, 준법성 등이 결여된 경우가 많고 이후 성인이 되어 사회생활을 하는 데 있어서도 타인과 쉽게 어울리지 못하는 어려움을 겪을 수 있다. 사회성이 부족하여 인기가 없는 학생은 이유 없이 공격성과 적대감을 드러내기도 하며 자존감이 낮고 불안, 우울증을 겪거나 학교생활에 불만을 가져 학교 적응을 어려워하기도 한다(Papalia, Olds, & Feldman, 2007). 친사회성이 높은 학생은 친구를 잘 도와주고 이타적이며 이해심이 많아 또래들 사이에서 인기가 많은 반면, 친사회성이 낮은 학생들은 자기중심적이고 타인을 배려하지 않아서 사회적 적응이 어렵다. 친사회적 추론 수준이 낮은 학교폭력 가해학생은 학급 내 친구들의 욕구에 민감하지 않고 폭력적인 방식으로 자신을 표현하며 가해행동에 대해 죄책감도 느끼지 못한다(유형근 외, 2019).

대인관계 형성은 성별로 다른 양상을 보이기도 한다. 아동기 남자 아이들은 집단이나 경쟁놀이를, 여자 아이들은 짝을 지어 활동하는 협동놀이를 선호한다(Sternberg & Williams, 2002). 여학생들은 관계 지향적이며 또래와 이야기하는 것을 좋아하며 동성 친구에 대해 높은 정서적 친밀감을 바라기 때문에 기대가 너무 높을 경우 실망하기도 한다. 상대가 친구로서 얼마나 섬세하고, 협동적이고, 자신과 얼마나 많은 것을 공유하려 하는지를 기준으로 친구를 평가한다. 반면 남학생들은 활동 지향적인 관계를 선호하여 운동이나 레저를 함께 하면서 결속력을 높이는 경향이 있다. 친구를 평가할 때 운동이나 학업 능력, 공통의 관심사 등 집단적 기능과 관련된 특성을 고려하는 편이다(Gurian, 2009).

또래 집단에 소속되고자 하는 욕구는 청소년들의 동조행동을 부추기는데, 특히 집단 내 지위가 낮거나 자기정체성이 낮은 청소년일수록 그러하다. 동조(conformity)란 타인으로부터 영향을 받아 자신의 행동을 바꾸는 것을 말하며, 동조에는 상황이 불확실할 때 다른 사람의 행동을 정보의 원천으로 삼는 정보적 동조와 자신이 속한 집단에 인정받고 받아들여지기 위해 행동을 결정하는 규범적 동조가 있다(Aronson, Wilson, & Akert, 2013). 동조행동은 타인으로부터 받는 압력으로 인해 그들의 행동이나 태도를 따르게 되는 것을 의미한다(정옥분, 2015). 청소년들은 또래 압력이 작용하는 상황에서 집단에 거부되지 않고 받아들여지고 싶어서 규범적 동조행동을 하는 경우가 많다. 또래 압력이 강력할 때 집단 내에서 고립되지 않기 위해 동조 욕구는 더 높아진다. 옷, 화장, 말투, 놀이, 여가 생활, 선호하는 것, 태도, 사고방식 등이 또래 문화로 공유되는 상황에서 또래에게 인정받고 바보같이 보이지 않기 위해 적극적인 동조행동을 한다.

가치관이 혼란스러운 청소년기 판단 기준이 불분명한 상황에서 학급 내 따돌림이 일어나면, 분위기에 휩쓸려 따돌림에 동조하거나 방관하는 일이 발생할 수 있다. 자신이 원해서 피해학생을 괴롭히려던 것이 아니라 또래들에게 수용되고 싶은 욕구로 인해 친구의 가해행동을 따라 하거나 시키는 대로 하지 않으면 자신이 따돌림을 당할까봐 동조하는 경우도 많다(유형근 외, 2019). 학교폭력 피해-가해의 중복경험이 증가하고 있는 상황에서(고경은, 이수림, 2015) 자기정체성이 낮고 집단에 소속되고 싶은 욕구가 강한 청소년이 문제집단으로부터 폭력행동을 강요받게 되면 이를 거절하기가 쉽지 않다. 대인관계 형성 및 친사회적 추론의 발달이 낮은 단계에 머물러 있게 되면 사회적 문제행동에 더욱 쉽게 동조하거나 반사회적 행동을 일으킬 가능성이 높아진다.

또래 집단의 응집력은 부모와 자녀 사이에 긴장을 야기하고, 이는 다시 또래관계에서 갈등을 일으킬 수 있다. 유리 브론펜브레너(Urie Bronfenbrenner)는 청소년의 발달에 영향을 주는 환경을 생태학적 관점에서 미시체계, 중간체계, 외부체계, 거시체계, 시간체계로 구분하였다(Bronfenbrenner, 1994). 이론에 의하면, 청소년의 발달에는 가정, 친구, 학교, 지역 사회 등이 독립적으로 영향을 끼치는 것이 아니라 서로 연계되어 있다. 각 환경은 역동적이고 활동적이며 청소년의 행동 변화에 영향을 주는 동시에 청소년의 행동에 영향을 받기도 한다. 여러 체계 중 가장 가까운 곳에서 영향을 주는 환경인 미시체계(예: 가족, 학교, 친구 등)와 미시체계들 간의 만남으로 형성되는 중간체계(예: 부모-교사의 만남, 부모-내 친구의 만남 등)는 또래 동조에 영향을 준다(Muuss, 1996). 미시체계들 간 서로 다른 가치관을 추구하면서(예: 부모와 교사는 학교에서 모범생이길 바라는데 또래 집단은 비행 행동을 선호) 미시체계들 간 연결이 거의 되어 있지 않고 분리된 경우(예: 부모와 교사가 소통이 되지 않음, 부모가 내 친구들을 잘 모름), 청소년은 소외감을 느끼고 가치관에 혼란을 겪는다. 자신의 본 모습은 숨기고 각 집단에 동조하여 '~하는 척'하다 보면 동조압력 간 불일치가 극심해져 문제행동과 사회부적응이 심각하게 표면화될 수 있다.

　교사는 학생들이 새로운 친구를 사귀는 과정에서 경험할 수 있는 불안과 긴장을 이해하고 학급 내 갈등이 생겼을 때 이를 해결할 수 있도록 적절한 방법을 가르쳐야 할 것이다. 확고한 자기정체성, 긍정적 자아개념, 높은 자아존중감은 청소년들이 또래의 영향을 덜 받으며 또래 압력에 저항하여 동조행동을 덜 할 수 있도록 힘을 준다(정옥분, 2015). 또한 자아탄력성(ego-resilience)이 높으면 새로운 경험에 개방적 및 긍정적이고 불안에 민감하지 않기 때문에, 갈등과 스트레스 상황에서 적절한 자기통제가 가능해진다. 자아탄력성이 높을수록 부모와 원활하게 의사소통하고 우울감이 낮으며(양영미, 홍송이, 2018), 정서적 외상 수준과 공격성이 낮다(임경란, 2019). 자아탄력성은 학교폭력의 가해와 피해를 중복경험한 학생들이 학교생활에 적응하는 데 중요한 역할을 한다(고경은, 이수림, 2015). 학교폭력이 없는 평화로운 학급을 이끌어 가기 위해서는 건강한 우정관계를 형성하고 서로 돕고 배려하는 친사회적 교실 분위기가 유지될 수 있도록 교사와 학생이 함께 노력해야 할 것이다.

3) 정서 및 공감 발달

　정서(emotion)란 어떤 감정을 경험하게 하는 자극으로 인해 개인에게 일어나는 복합적인 반응을 의미한다(Nolen-Hoeksema et al., 2014). 정서는 현재 환경에 대한 개인적 의미를 평가하는 '인지 평가', 감정적 경험 상태인 '주관적 경험', 특정 방식으로 대응하는 '사고-행동 경향성', 생리적 반응과 같은 '내적 신체 변화', 얼굴의 여러 부위가 특정 방식으로 움직이는 '얼굴 근육 운동', 정서를 유발하는 상황에 대처하는 '정서 반응'의 여섯 가지 과정으로 구성된다(Nolen-Hoeksema et al., 2014). 정서경험은 내적 갈등을 인식하게 하고 목표와 행동의 방향을 결정하여 지속하게 하며, 타인과의 관계에서 의사전달 및 친사회적 행동을 증가시켜 사회적 상호작용을 촉진하는 역할을 한다(정명화 외, 2005).

자신의 정서를 느끼고 이해하는 능력, 정서를 표현하는 능력은 초기 유아기부터 후기 성인기까지 전생애 동안 점진적으로 발달하며, 타고난 성향뿐만 아니라 환경의 영향을 받는다(Kalat & Shiota, 2007). 신생아는 웃음과 울음으로 편안함과 괴로움의 정서를 표현하기 시작한다. 생후 3개월이 되면 쾌와 불쾌가 분화되고, 6개월이 되면 불쾌에서 분노, 혐오, 공포가 분화된다. 10~12개월이 되면 쾌에서 애정과 기쁨이 분화되어 행복, 슬픔, 분노, 공포에 따라 분명한 표정을 지을 수 있다. 출생 후 5년이 되면 성인이 경험하는 거의 모든 정서가 나타나며 정서를 통제할 수 있는 능력도 어느 정도 발달하게 된다(한국청소년정책연구원, 2016). 연령이 증가하면서 기쁨과 분노를 동시에 느끼는 복합 정서를 경

표 3-11 정서를 느끼게 하는 상황별 주제

정서	정서를 인지하는 상황	정서	정서를 인지하는 상황
분노 (anger)	나와 관련된 것을 모욕하고 공격할 때	혐오 (disgust)	받아들일 수 없는 대상이나 생각이 가까이 있을 때
불안 (anxiety)	불확실하지만 존재하는 위협에 직면할 때	행복 (happiness)	목표가 실현될 정도로 진전이 있을 때
공포 (fright)	즉각적이고 압도적인 위협에 직면할 때	자부심 (pride)	자신 혹은 자신과 동일시되는 대상이나 집단이 가치 있는 성취를 이루어 자아정체감이 향상되었을 때
죄책감 (guilt)	도덕적으로 잘못을 저질렀을 때		
수치심 (shame)	자신의 이상적 기준에 맞게 살지 못할 때	안도감 (relief)	고통스러운 조건이 좋은 쪽으로 변화하였거나 사라졌을 때
슬픔 (sadness)	돌이킬 수 없는 상실을 경험할 때	희망 (hope)	최악을 두려워하지만 더 좋아질 것을 열망할 때
선망 (envy)	다른 사람이 가지고 있는 것을 원할 때	사랑 (love)	내가 주는 혹은 서로 주고받는 애정을 바라거나 가질 때
질투 (jealousy)	애정에 대한 위협이나 상실로 제3자를 미워할 때	동정심 (compassion)	타인의 고통으로 인해 마음이 움직이고 도와주고 싶을 때

※ 참고: Nolen-Hoeksema et al. (2014).

험하게 되며, 표현된 감정을 단서로 타인의 정서상태를 이해하는 능력도 발달하게 된다. 대표적인 정서를 느끼게 하는 주요 상황과 이를 인지적으로 평가하는 방식은 〈표 3-11〉과 같이 분류된다. 각 정서에 대한 반응으로 구체적인 사고나 행동 경향성이 나타날 수 있는데, 예를 들어 분노-공격하기, 공포-도피하기, 혐오-쫓아내기, 죄책감-반성하기, 수치심-사라지기, 슬픔-틀어박히기, 기쁨-놀기 등의 행동이 정서에 수반될 수 있다 (Nolen-Hoeksema et al., 2014).

　사회적 경험이 확장되면 상상력과 이해력이 넓어지면서 정서적인 경험도 다양해진다. 또래가 중요해지기 시작하는 아동기에는 대인관계에서 질투심을 느끼기도 한다. 사회성의 발달과 함께 정서 표현의 사회적 효과를 의식하게 되면 자신의 감정을 사회적으로 허용된 방식으로 표현해야 함을 알게 된다. 따라서 자신의 감정을 숨기거나 다른 정서로 표현하기도 하며, 웃음이 여러 가지 의미로 해석될 수 있다는 것을 이해할 만큼 인지할 수 있는 정서의 종류가 분화된다(정명화 외, 2005).

　초등학교 3, 4, 5학년이 자주 사용하는 정서 용어를 분석하여 정서경험 척도를 타당화한 연구(이은경, 이양희, 2006)에서 우리나라 초등학생들의 긍정적 정서와 부정적 정서를 표현하는 단어들이 목록화되었다. 긍정적 정서경험으로는 '자랑스럽다, 정답다, 열정적이다, 행복하다, 뿌듯하다, 자신만만하다, 희망차다, 열중하다, 즐겁다, 사랑하다, 흐뭇하다, 만족스럽다, 여유롭다, 신난다, 편안하다, 반갑다, 좋아하다, 기운차다, 흥미롭다, 감사하다, 흥겹다, 기분 좋다, 감동하다, 포근하다'가 있다. 부정적인 정서경험으로는 '슬프다, 부담스럽다, 싫증나다, 부끄럽다, 후회하다, 그립다, 죄송스럽다, 마음이 아프다, 귀찮다, 섭섭하다, 어이가 없다, 허전하다, 두렵다, 짜증나다, 재미없다, 밉다, 걱정스럽다, 불만스럽다, 외롭다, 아쉽다, 억울하다, 조급하다, 지겹다, 속상하다, 실망스럽다, 불쌍하다, 우울하다, 화나다, 무섭다, 한심하다, 샘나다, 배신감을 느끼다, 답답하다'가 있다. 연구대상을 고려하건대, 분류된 단어들이 아동기에서 청소년기로 전환하는 초기청소년기 정서들을 대표하는 것으로 볼 수 있을 것이다.

　청소년기에는 생리적·신체적 변화에 따라 감정도 풍부해지고, 생활반경이 넓어지면서 정서경험의 범위가 확대되므로 아동기보다 다양하고 복잡한 정서를 경험하게 된다 (Papalia, Olds, & Feldman, 2007). 학업적 요구가 증가하며 가정과 학교, 사회에서 감당해야 할 책임도 커지면서 다른 어떤 시기보다 감정적 기복이 심하고 불안정한 정서적 변화를 경험할 수 있다. 과도한 학업으로 인해 누적된 피로, 수면부족, 공복 등이 청소년의 짜증이나 초조감, 극심한 정서적 반응의 원인이 되기도 한다(한국청소년정책연구원, 2016). 부모와 독립적인 관계를 맺고 싶어 하고 자의식이 높아지므로 자신을 인정해 주지 않는 상황에 불만을 가지거나 부모나 교사의 지시를 권위에 의한 강요로 받아들여 분노를 느끼기도 한다(정명화 외, 2005). 인지와 정체성의 발달은 자신에 대한 반성적 사고를 통해 스스로에 대한 자부심과 열등감을 동시에 경험하게 한다. 청소년기 심리적 갈등과 욕구 불만, 스트레스가 쌓이면 정서적 안정을 위협하여 학교생활과 사회적응, 인간관계 등에서 어려움을 겪게 되고 삶의 질도 떨어질 수 있다(정옥분, 2015).

오늘날 미디어는 오락의 기능에서부터 직업을 찾고 건강에 대한 정보를 얻는 등 다양한 도구로 널리 사용되고 있으며, 미래사회에서 청소년의 삶에 미치는 영향력이 더욱 커질 것이다. 지식이나 기술 습득뿐 아니라 같은 세대와의 공감과 문화 형성도 온라인 서비스를 통해 이루어지고 있다. 인터넷은 청소년이 다른 사람과의 연계성을 높이고, 자신과 유사한 가치관, 관심, 생활양식을 가진 사람과 유대관계를 갖게 하여 청소년들의 정체성과 사회성 및 정서 발달에 영향을 준다. 최근 학교폭력에서 사이버폭력이 증가하고 있는 것은 따돌림과 소외를 경험하는 공간이 학급이나 학교의 물리적 장소 이외에 온라인 공간으로 확장되는 것을 보여 준다.

청소년기에 정서경험이 풍부해지고 불만이나 갈등을 체험하는 기회가 늘어나는 데 비해 정서를 적절하게 처리하고 표현하는 기술은 아직 부족하다(한국청소년정책연구원, 2016). 긍정적인 정서는 사고방식을 확장하고 더욱 창의적이고 호기심을 가질 수 있게 하며 사회적 유대를 강화한다(Nolen-Hoeksema et al., 2014). 반면, 대인관계에서의 민감성과 사회적 평가에 따른 스트레스가 심화되어 부정적 정서경험이 누적되면, 비행이나 문제행동을 일으키고 우울감이 높아진다(Papalia, Olds, & Feldman, 2007). 우울한 청소년은 매사에 흥미가 없고 집중력이 떨어지며 무기력하거나 너무 많이 또는 적게 자며 식욕이 없고 심한 죄의식을 느끼는 경우가 많다. 우울증에 걸린 청소년은 그렇지 않은 청소년보다 절망감/무력감, 에너지 부족, 과다수면, 체중 감소, 자살 충동을 경험할 가능성이 더 높아진다(Rudolph, 2009). 우울증은 불안 장애, 품행 장애, 주의력 결핍이 동반되는 경우가 많아 오히려 충동적이고 파괴적인 행동으로 표출될 수 있으며 결석, 가출, 흡연, 음주, 비행 등과 같은 부적응적 행동으로 나타나기도 한다(유형근 외, 2019). 이러한 행동은 학교폭력으로 이어질 수 있다.

　청소년기 건강한 정서 발달을 위해 수행해야 할 과업 중 하나는 부모와의 관계에서 건강한 심리적 경계선을 형성하는 것이다. 부모의 양육 태도는 청소년 자녀의 분노 및 학교폭력에 가장 큰 영향을 주는 심리적 환경으로 알려져 있다. 학대, 과잉간섭, 방임적 양육 태도는 청소년 자녀의 학교폭력 가해 경험 및 분노표출과 정적 관련성이 있다(오윤선, 2012). 거부적이고 방임적인 부모에게서 양육된 자녀는 양심이나 죄책감을 느끼지 못하며 규칙을 잘 지키지 않는 경향이 있으며, 과보호적 양육 태도는 청소년의 우울 및 공격성을 높인다(김원영, 윤하나, 김경식, 2023). 부모의 심리적 통제가 심한 경우 자녀의 자율성이 침해되므로 좌절된 정서와 욕구가 분노와 공격성으로 나타나게 된다(유형근 외, 2019). 청소년 자녀가 부모에게서 심리적으로 독립하여 자율성을 형성하는 동안 또래를 애착인물로 활용하는 건강한 압력이 만들어진다. 심리적 독립, 즉 분리-개별화는 정체성 획득을 통해 부모로부터 분리되고, 스스로를 부모로부터 정서적으로 자유로운 존재로 인식하는 것을 의미한다. 부모와 안정된 애착관계를 가지고 있을수록, 분리-개별화 수준이 높고, 또래관계도 원활하며, 심리적응에도 긍정적이다(김은정, 2019).

　청소년기 건강한 정서 발달을 위해 획득해야 할 또 다른 중요 과업은 자신의 정서를 인식하고 감정을 이해하며 적절하게 조절하는 것이다. 특히 강하고 변화가 심한 극단적 감정을 언제, 어떻게 표현하는 것이 적절한지, 자신의 감정 표현이 자신과 타인에게 어떤 결과를 가져올 것인지 예측하여 통제할 수 있어야 한다. 정서의 조절은 자신과 타인의 감정 상태를 파악하여 긍정적인 감정은 지속하고 부정적인 감정은 감소시키도록 적절하게 대처하는 것을 의미한다. 정서의 조절은 정서표현의 규칙을 이해한 후에 가능하다(정명화 외, 2005). 정서를 이해하고 조절, 표현하는 능력이 부족한 학생은 타인의 감정을 고려하지 않고 공격적인 행동을 할 수 있으므로 또래관계 형성이 어렵다. 정서조절의 실패는 행동억제의 결함과 충동적인 공격행동을 불러일으킬 수 있으므로 학교폭력의 가해행동과 연관성이 높다(유형근 외, 2019).

　청소년의 정서조절능력은 사회적응의 매우 중요한 요소이며, 정서조절에는 노력이 필요하다. 아동과 청소년은 가족, 또래관계, 학교, 지역사회에서의 사회화 과정에서 자신의 정서를 언제 어떻게 조절해야 하는지 배우게 된다(Nolen-Hoeksema et al., 2014). 아동기 때부터 자신이 느끼는 감정과 정서를 정확하게 인식하고 상황을 고려하여 과장하거나 억누르지 않으면서 표현하는 능력을 연습할 필요가 있다(유형근 외, 2019). 회복탄력성과 자아존중감은 정서적 발달을 방해하는 환경적 요인들로부터 벗어날 수 있게 하며, 긍정적 사고와 스트레스 대처 행동의 향상에 도움을 준다(Papalia, Olds, & Feldman, 2007). 정서조절이 필요한 상황에서 특정 정서를 일으키는 사건으로부터 주의를 분산하거나 인지적인 변화를 통해 적절한 대처 방법을 찾는 것도 좋은 방법이다(Nolen-Hoeksema et al., 2014).

정서적으로 안정적인 교실 환경을 조성하기 위해 교사는 물리적인 면과 심리적인 면을 모두 고려해야 한다(정명화 외, 2005). 일상적인 교실 생활에서 나타나는 학생들 간의 상호작용을 면밀히 관찰하고 정서적 어려움을 겪는 학생들은 없는지 살펴야 할 것이다. 자신이 느끼는 감정을 적절하게 표현하고 학생들이 서로의 정서를 존중하고 지지해 줌으로써 자율적인 정서조절능력을 길러질 수 있도록 학급 문화를 만들어준다. 교사와 학생들 간의 정서적인 유대감을 형성하고 공감적 지지를 통해 긍정적인 정서가 발달할 수 있도록 도와주어야 할 것이다.

청소년기에는 정서 발달과 함께 자신과 타인의 감정을 이해하고 이에 적절하게 반응하는 능력도 향상된다. 다른 사람의 감정에 공감하는 것은 인지 및 사회성 발달과도 관련이 있으며, 친사회적 추론 4단계 이상의 친사회적 행동을 이끌어 냄으로써(Eisenberg et al., 2002) 긍정적인 또래관계 형성에 원동력이 된다.

공감이란 타인의 감정, 혹은 어떤 상황에서 타인이 일반적으로 느낄 것이라 예상되는 감정을 자신이 경험하는 것을 의미한다(Hoffman, 2008, p. 440). 공감은 타인의 감정을 대리적으로 경험하는 것과 인지적으로 이해하는 것을 모두 포함하고 있으며, 자신이 공감하고 있다는 것을 인식한다는 측면에서 메타인지적이라 할 수 있다(Hoffman, 1987, p. 2008). 예를 들어, 친구의 슬픔과 고통에 관심을 가지고 이에 반응한다 해도 그것이 자신의 슬픔이 아니라 친구의 슬픔에 대한 반응이라는 것을 알고 있으며, 슬픔의 상황에서 자신과 사람들이 어떻게 반응하고 있는지 인지할 수 있고, 친구의 슬퍼하는 행동과 표정이 자신이 느끼는 슬픔의 감정을 의식한 것이 아니라는 것을 이해한다. 친구의 슬픔이

클수록, 자신의 공감적 슬픔이 더 크고 강렬할수록 슬픈 감정을 더 빨리 줄여 기분이 좋아지고 싶은 마음도 커지게 되고, 이는 결국 친구를 위로하고 돕는 친사회적 행동의 원동력이 된다.

공감으로 인해 겪는 마음의 고통은 유아기부터 시작되며 성장하면서 공감을 일으키는 다중적인 모드(mode)가 작동한다. 친구의 얼굴 표정이나 목소리와 같은 직접적 단서뿐만 아니라 분위기를 포함한 상황적 단서, 말이나 글을 통해 파악되는 인지적 단서들을 파악할 수 있게 되면 더욱 즉각적이고 자동적으로 공감하게 된다. 상대를 유심히 관찰하는 것은 공감의 범위를 확장하여 처음에는 감지하지 못했던 미묘한 형태의 감정(이를테면, 실망)에도 반응할 수 있게 한다. 자신과 타인을 독립적인 내적 상태(감정, 생각, 지각)를 가진 별개의 존재로 인식하는 공감은 5세 이후에 나타나며, 자아와 타자의 개념이 발달하고 메타인지적 사고가 가능해지면 눈앞에 존재하지 않는 대상에 대해서도 공감할 수 있게 된다(Hoffman, 1984, p. 2008).

1단계의 유아는 타인이 자신과 별개의 존재라는 것을 깨닫지는 못하지만, 주변의 다

표 3-12 **호프만의 공감 발달 단계**

단계	특징
[1단계] 전반적(global) 공감	• 다른 아이의 울음에 대한 반응성 울음 • 자신과 타인을 구분하지 못함
[2단계] 자기중심적 공감	• 자신의 공감적 고통을 줄이기 위한 공감 • 공감의 행동이 부적절할 수 있음
[3단계] 준(quasi)-자기중심적 공감	• 자기중심성에서 벗어나기 시작 • 타인의 감정에 보다 적절하게 공감
[4단계] 진정한 공감	• 타인이 자신과 다른 요구를 지닐 수 있음을 이해 • 타인의 관점에서 공감
[5단계] 상황을 초월한 공감	• 타인의 삶을 종합적으로 고려하여 감정 이해 • 눈앞에 보이지 않는 존재에 대해서도 공감
[6단계] 감정을 겪는 집단에 대한 공감	• 특정 상황에 처한 집단과 구성원에게 공감 • 모순된 감정 이해

른 아기가 우는 상황에 대한 반응이나 조건화를 통해 공감한다. 단순히 울음소리를 흉내 내는 것은 아니며, 타인의 고통에 감정을 느끼는 무의식적 공감 반응이다. 6개월 유아 12쌍을 대상으로 한 실험(Hay, Nash, & Pedersen, 1981)에서, 한 아기의 울음과 나머지 아이들의 울음 빈도, 지속 시간, 시간적 분포가 달라 단순한 흉내 내기가 아님이 나타났다. 또한 우는 아기를 보고도 바로 따라 울지 않았고, 울음이 길어지면 슬픈 표정을 짓고 입술을 오므리다가 울기 시작하는 등 다른 아기의 고통에 슬픔을 느끼는 반응을 보였다.

2단계는 자기중심적 공감 단계로, 타인의 감정에 반응하긴 하지만 타인에게 일어나는 일과 자신에게 일어나는 일의 차이를 명확히 이해하지는 못하므로 결과적으로는 자신이 느끼는 감정의 고통을 줄이려는 의도의 공감이다(Hoffman, 1987). 예를 들어, 친구가 넘어져 우는 것을 보며 슬픈 감정에 공감하게 되면 마치 자신이 넘어진 것처럼 평소에 다쳤을 때 습관적으로 하는 행동을 한다. 이러한 반응은 '자기중심적 공감 고통(egocentric empathic distress)'이라 할 수 있다(Hoffman, 2008).

3단계는 준(quasi)-자기중심적 공감 단계로, 타인에게 도움을 주는 행동을 하기 시작하며 타인에게 도움을 요청하기도 한다. 다른 사람이 자신과는 독립된 물리적 존재라는 것을 깨닫게 되지만 자신과는 다른 내적 상태를 지니고 있음을 이해하지는 못한다. 자기중심적인 면이 있지만 2단계의 특징인 자기중심적 공감 고통을 해소하기 위해서가 아니라 타인이 느끼는 감정에 보다 가까운 감정으로 공감하며 반응한다. 예를 들면, 슬퍼하는 친구를 위로하기 위해 말을 걸면서 친구의 손을 잡아 자신의 어머니에게 데려오거나(친구의 어머니가 옆에 있더라도), 울고 있는 아기를 유심히 지켜보다가 자기가 좋아하는 장난감을 손에 쥐어 준다. 이는 자기중심적인 도움이긴 하지만 상대의 감정에 보다 적절하게 공감하고 있는 것이다.

4단계는 진정한 공감 단계이다. 타인이 자신과는 다른 내적 상태(생각, 감정, 욕구)를 가질 수 있어서 자신의 요구와 타인의 요구가 다를 수 있음을 이해한다. 타인의 감정에 대한 단서에 더 민감하게 반응하고 타인의 관점에서 보다 정확하게 공감하며 효과적인 도움을 제공한다. 감정의 원인과 결과에 대한 이해가 높아지면서 미묘한 감정에도 공감할 수 있게 된다. 예를 들어 학령 전 아이들은 엄마를 보고 싶어 하는 친구의 마음에 공감하며, 초등학교 고학년들은 자신의 성적에 실망한 친구에게 공감할 수 있다. 청소년기에는 한 번에 여러 가지 혹은 상충 되는 감정에 공감할 수 있게 되므로, 의지하고 싶으면서도 도움을 받으면 체면이 구겨질까 봐 두려워하는 친구의 마음에 공감할 수 있다.

5단계에서는 자신과 타인이 각자의 역사와 정체성을 가진 존재라는 개념을 이해하게 되면서 어떠한 삶을 살고 있는지에 대한 지식이 공감에 영향을 준다. 특정 상황뿐만 아니라 일상적인 삶 전체로 확장되므로, 사람들이 다양한 감정들(기쁨, 분노, 슬픔, 두려움 등)을 느낄 것이라 상상하고 깨닫는 것만으로도 공감할 수 있다. 예전에 친구가 두려움을 느꼈던 상황을 기억하고 이에 반응하며, 만성적인 슬픔과 절망을 겪고 있는 사람들에 대해 즉각적인 자극 없이도 공감할 수 있게 된다. 타인의 감정 표현과 행동, 상황 및 삶의 조건을 종합적으로 고려하여 공감의 단서를 찾아내고 이에 반응한다.

6단계는 공감의 대상이 개인뿐만 아니라 감정을 겪는 집단에까지 확장되는 단계이다. 사회적 개념이 형성되면서 집단적 어려움에 처한 사람들(빈곤층, 전쟁난민들, 자연재해로 인한 이재민, 테러 희생자들)의 삶의 조건에 공감하며 같은 처지에 있는 사람들 전체의 감정에 공감하게 된다. 이는 이전 단계에서 개인에 대한 공감이 먼저 발달한 후에 습득하는 특성으로 볼 수 있다. 슬픈 가운데에서 행복을 느끼는 사람들을 보며 집단이 느끼는 모순된 감정을 이해할 수 있으며, 슬픔, 행복감, 안쓰러움이 공존하는 상황에 공감할 수 있다.

정서와 공감, 친사회성의 발달은 상황에 대한 인지적 평가 및 사회인지 수준과 관련이 있다(Eisenberg et al., 2002; Hoffman, 2008). 사회인지 이론의 관점에서 청소년의 공격성과 도덕성 발달을 연구한 앨버트 반두라(Albert Badura)는 도덕적 행동을 인지적 · 정서적 · 사회적 상호작용의 산물로 보았다(Bandura, 2002, p. 102). 친사회적이고 도덕적인 행동의 가능성은 도움이 필요한 대상의 상황과 심정을 이해하면서 동정심과 미안함의 정서를 경험할 때 높아진다는 것이다.

청소년기에는 인지발달에 의해 추상적인 원칙을 이해할 수 있게 되므로 사회화 과정에서 습득한 도덕적 기준을 자연스럽게 받아들여 자신의 삶의 가치관으로 내면화한다. 자녀는 부모의 도덕적 규칙과 도덕적 행동을 모방하며, 부모는 모델링의 대상으로서 행동에 대한 내면화된 정서 반응(예: 죄책감)을 이끌어 내는 기준을 제공한다(Eisenberg, Lennon, & Roth, 1983). 내면화된 도덕성의 기준을 위배하지 않기 위해 청소년은 자신의 행동과 그로 인한 결과를 예상해 본 후 만족감, 행복감 같은 긍정적 정서를 높여 주는 행위는 선택하고, 자기 경멸(self-condemnation)과 같은 부정적 정서를 불러올 수 있는 행동은 스스로 규제하려 한다. 하지만 자기통제에 실패하게 되면 내면화된 도덕적 기준과 행동의 불일치가 발생한다. 그 결과, 부정적 정서(죄책감)를 해결하기 위해 〈표 3-13〉과 같은 방법으로 비도덕적 · 반사회적 행동을 자신과 분리하려 한다(Bandura, 2002, pp. 103-111). 이를 학교폭력 가해학생에게 적용하여 살펴보겠다.

- 도덕적 정당화: 자신이 행한 비난받을 만한 일에 대하여 사회적으로 가치 있거나 도덕적으로 이행해야 할 의무였던 것처럼 묘사하여 스스로를 도덕적 행위자로 여기는

표 3-13 부정적 정서에서 벗어나기 위한 도덕적 분리 기제

구분	학교폭력 가해학생에게 적용
도덕적 정당화 (moral justification)	• 가해행동을 더 높은 목적을 위한 수단으로 여김 • "반장이니까 우리 반의 평화를 지키려고 몇 대 때렸어."
완곡한 이름 붙이기 (euphemistic labelling)	• 가해행동을 실제 행동이 아닌, 다른 어떤 것으로 부름 • "괴롭힘이 아니라 놀이, 장난이었어."
유리한 비교 (advantageous comparison)	• 가해행동을 더 나쁜 행동과 비교해서 축소하려 함 • "괴롭히긴 했어. 그래도 나는 때리진 않았어."
책임 전가 (displacement of responsibility)	• 권위자가 가해행동을 승인했다고 핑계를 댐 • "나보다 힘이 센 친구가 시켜서 때린 것뿐이야."
책임 분산 (diffusion of responsibility)	• 가해행동에 가담한 집단에게로 책임을 분산시킴 • "나만 그런 게 아니라 다른 애들도 같이 괴롭혔어."
결과의 무시 혹은 왜곡 (disregard or distortion of consequences)	• 가해행동으로 인한 심각한 결과를 무시하거나 축소함 • "걔는 그 돈이 없어도 괜찮아.", "곧 회복하겠지."
비인간화 (dehumanisation)	• 피해학생을 인간이 아닌 것처럼 생각함 • "그냥 장난감이라고 생각했어."
비난의 귀인 (attribution of blame)	• 피해자의 말이나 행동이 공격을 불러일으켰다고 주장 • "걔는 맞을 만한 짓을 했어.", "따돌림 받아도 싸."

관점을 유지하려는 것이다. 학교폭력 가해행동을 도덕적 목적에 부합하는 행위로 재정의하여 자기비난에서 벗어나고자 한다. 때로는 공익을 위해 대의를 수행한 것처럼 표현한다.

- 완곡한 이름 붙이기: 비난받을 만한 비도덕적 행동의 단어를 변형하거나 다른 이름을 붙여 미화함으로써 공격적인 행위가 덜 혐오적인 것으로 인식되도록 하는 것이다. 때로는 가해행동의 주체가 자신이 아니라 이름 없는 힘에 의해 저절로 일어난 것처럼 진술하기도 한다(예: 때리고 나서 '내 주먹에 와서 부딪혔어'로 표현).

- 유리한 비교: 비난받을 만한 행동을 한 것을 인정하긴 하나 동시에 더 악질적인 행동과 비교함으로써 자신의 행동은 상대적으로 수용 가능한 것처럼 보이도록 하는 것이다. 더 잔인하고 공격적인 행위와 비교할수록 자신의 행동을 순화하는 데 유리해진다.

- 책임 전가: 권위를 가진 자가 책임진다고 해서 강요에 따랐을 뿐이라고 표현하여 비난받을 행동의 원인 제공자가 자신이 아니라고 주장하는 것이다. 자신은 가해행동의 실제 주체가 아니며 단지 명령에 복종했을 뿐이니 책임을 지지 않아도 된다고 생각한다.

- 책임 분산: 비난받을 행동을 나만 한 것이 아니라 다른 사람들도 함께 수행하였다는 것을 강조하면서(예: 단톡방에서 특정인 따돌리기) 아무도 책임질 필요가 없으므로 나도 책임지지 않아도 된다고 주장한다. 집단 구성원의 수가 많을수록 익명성이 보장될수록 책임을 분산하기가 더 쉬워진다.

- 결과의 무시 혹은 왜곡: 비난받을 만한 행동으로 인한 피해를 최소화하거나 무시하여 그 결과를 직면하지 않으려는 것으로, 타인의 고통이 물리적 · 시간적으로 떨어져 있을수록 왜곡하기 쉬워진다. 학교폭력 가해행동의 영향을 몰랐다거나 피해자의 상태를 믿지 못하겠다는 식으로 표현하며 자기 비난의 압박감을 줄이려 한다.

- 비인간화: 비난받을 만한 행동의 대상을 사람이 아니거나 인간성이 결여된 것처럼 표현함으로써 타인의 감정에 공감하지 않고 공격해도 되는 것으로 인식하려는 것이다. 대상을 비인간화하고 나면 자신과 같이 감정과 생각을 가진 존재로 여기지 않게 되므로 가해행동을 하기 쉬워진다(예: 야만인, 멍청이, 벌레, 식충이와 같이 부르면서 공

격행위를 성당화함).

- 비난의 귀인: 비난받을 만한 행동의 원인을 상대나 환경 탓으로 돌리며 자신이 오히려 피해자라고 주장하는 것이다. 상대가 원인 제공을 하였으므로 자신은 그렇게 할 수밖에 없었다고 표현함으로써 가해행동의 책임을 피해자에게 돌리고, 피해자를 비난하기도 한다.

도덕적 분리 기제는 즉각적이기보다 자기 비난에서 벗어나는 과정을 통해 점진적으로 일어난다. 처음에는 경미한 수준에서 자신의 잘못을 변명하고 회피하려 하지만 반복적으로 실행하는 과정에서 스스로에 대한 통제가 약화되면 처음에는 혐오스러워했던 행위를 더욱 무자비하고 과감하게 실행하게 된다(Bandura, 2002). 학교폭력의 상황에서 자신의 가해행동을 반성하고 사과하며 같은 행동을 되풀이하지 않도록 노력하지는 않고, 오히려 내면화된 도덕적 기준에서 벗어나면서 발생하는 부정적 정서(자기비난)를 줄이는 데 급급한다면 비도덕적인 행동의 악순환이 일어난다.

사회인지 이론에서는 도덕적 행동이 개인, 행동, 사회 환경의 상호작용에 의해 촉진됨에 주목하였고 행위자의 도덕적 주체성(moral agency)을 강조하였다. 청소년이 사회적으로 용인되지 못한 행동을 학습하게 되더라도 자신과 환경을 통제할 수 있다면 이를 비판적인 입장에서 바라보고 주체적이면서 능동적으로 저항할 수 있게 되므로 건강한 발달을 이룰 수 있다. 하지만, 주변 환경에 쉽게 굴복하거나 수동적으로 대처하게 되면 바람직하지 못한 행동을 그대로 모방하게 된다(Bandura, 1997, p. 2006).

따라서 학교폭력이 발생하였을 때는 사회적으로 바람직하지 못한 행위에 대한 학습(직접 및 간접) 억제 효과가 발휘될 수 있도록 즉각적이고 단호한 처벌과 제재가 가해져야 한다. 동시에 도덕적 분리 기제가 작동하지 않도록 자신의 잘못을 인정하고 폭력은 어떠한 이유로도 정당화될 수 없음을 주지시켜 끝까지 책임지도록 해야 한다. 다른 사람에 대한 공감 형성은 공격적인 행위를 실행하기 어렵게 만드므로(Hoffman, 1987), 서로에 대한 이해의 폭을 넓히고 친밀한 또래관계를 유지할 수 있도록 지원해야 한다.

정서적 경험은 청소년의 이타성과 바람직한 행동을 이끌어 내는 데 영향을 주며, 친사회적 행동은 행복감을 높이고 청소년의 우울증을 경감시키는 데 효과가 있다(Schacter &

Margolin, 2019). 좋은 기분(good mood)은 사람들로 하여금 인생의 밝은 면을 보게 하므로 전반적으로 긍정적인 정서 상태일 때 타인에 대한 도움 행동은 증가한다. 도움이 필요한 타인을 도와준 경험은 좋은 기분을 지속시키고 이타주의를 가치 있게 여겨 이를 실천한 자신에게 만족하게 하여 계속해서 도움 행동을 이끌어 내게 된다(Carlson, Charlin, & Miller, 1988). 나쁜 기분(bad mood)이 도움 행동을 증가시키는 방식은 좋은 기분의 경우와는 다르다. 과거의 행동에 죄책감을 느끼는 경우 죄책감을 덜고 정서적 균형을 잡고 싶어서, 슬픈 기분을 느낄 때는 기분을 좋게 만드는 활동으로 슬픔에서 빠져나오기 위해 타인을 돕는 행동에 적극적으로 참여할 수 있다(Aronson, Wilson, & Akert, 2013). 자신의 정서를 이해하고 이를 바람직한 행동으로의 변화에 활용하는 것은 사회인지 이론에서 강조하는 효능감의 역할을 부각시킨다.

자기효능감(self-efficacy)은 특정 과제를 달성하는 데 필요한 행동을 조직하고 실행할 수 있을지에 대한 스스로의 판단(Bandura, 1997, p. 3)을 의미한다. 정서조절 효능감은 부정적 감정이 문제행동을 유발하지 않도록 상황에 맞게 조절할 수 있는 신념이며, 청소년이 또래 집단의 압력에서 자기통제력을 발휘하고 타인의 경험에 공감하는 데 도움을 준다. 이는 갈등 상황에서 학생들이 자신의 행동과 환경을 통제할 수 있다는 신념을 가지고 공격적 행동을 능동적으로 통제할 수 있게 한다(Bandura, 2006, pp. 19-20).

자기효능감은 사람들이 느끼고, 생각하고, 행동을 결정하는 데 영향을 주는 동기적 요소로서 어려움 속에서도 노력과 인내력을 유지하도록 이끌어준다. 효능감의 네 가지 자원인 직접적인 성공 경험, 대리경험, 언어적 설득, 신체적 각성을 활용하여 공감적·친사회적인 정서를 높일 수 있다. 이를테면 교실에서 부정적인 감정을 성공적으로 조절하였거나 약한 친구를 도와주었을 때, 친사회적인 행동을 모방하였을 때, 즉각적인 보상과 강화를 줌으로써 바람직한 행동을 강화한다. 분노나 화의 정서를 차분하고 합리적으로 표현하고 비공격적인 방법으로 해결하는 상황, 자신의 잘못을 솔직하게 고백하고 친구에게 용서를 구하는 상황 등을 보여 주고 귀감이 되는 대상을 모델링하도록 기회를 제공한다. 평화로운 학급 유지에 앞장선 학생들을 격려하고 친구의 마음을 읽고 공감하는 것이 자기 자신과 학급 구성원 모두에게 얼마나 가치 있는 일인지 설명해 준다. 교실에 들어오는 순간부터 하루를 기분 좋고 온정적이며 친근한 분위기 속에서 보낼 것이라는 느낌을 가질 수 있게 하고, 서로 존중하는 학급 문화를 형성해 준다.

학교폭력 관련 사건을 진단할 때 겉으로 드러난 단순한 인과관계만을 설명하기보다 청소년의 발달적 특징과 복잡성을 이해해야 한다. 무엇보다 아직 성장 발달 중이라는 청소년의 특성을 고려하여 청소년 스스로가 자신의 인지, 정서, 행동을 더 나은 방향으로 향상시킬 수 있음을 알게 해야 할 것이다. 잘못된 행동에 책임을 지고 충분한 처분을 받았다면 스스로 반성한 후 다시 한번 성장할 수 있도록 기회를 제공해야 할 것이다. 교사는 학생들이 서로 소통하고 긍정적인 상호작용을 나눌 수 있는 교실 문화를 조성하고, 정서조절, 자기통제, 갈등 해결을 실천하면서 바람직한 행동을 체화할 수 있도록 지도해야 할 것이다.

1. 학생의 발달적 특징을 이해하는 것은 학교폭력 가해 및 피해학생을 이해하고 학교폭력의 예
   방 방안을 모색하는 데 도움이 된다.

2. 청소년기 신체발달은 신체 기관과 뇌의 성장 급등, 이차성징으로 인한 성호르몬의 분비 등으
   로 특징되며, 이로 인해 인지적 · 정서적 · 행동적 변화가 다양하게 나타날 수 있다. 변화하는
   신체에 대한 긍정적 이미지는 건강한 발달에 도움을 주지만, 부정적 신체상은 정체감 형성과
   사회성 발달, 또래관계를 방해할 수 있다.

3. 인지발달 이론은 자아중심성에서 벗어나 가설연역적·논리적 사고를 하며 추상적인 개념을
   이해하기까지의 발달 단계를 제시하였다. 도덕적 추론 발달 이론은 학교폭력 예방에 필요한
   정의감과 배려의 발달을 이해하는 데 시사점을 주고 있다. 사회적 조망 수용 발달 이론은 학
   생들이 타인의 입장에서 서로 간의 갈등을 이해하고 문제를 해결하도록 지도해야 함을 강조
   하였다.

4. 심리사회적 발달 이론에서는 청소년기 정체성의 획득이 전생애 발달에서 가장 핵심적이며,
   정체성 유예를 통한 성취의 추구가 긍정적인 자아 발달에 중요함을 설명하였다. 아동과 청소
   년의 대인관계 및 친사회적 도덕추론의 발달 단계를 이해함으로써 또래관계 형성에 필요한
   긍정적 요소가 무엇인지 살펴보았다. 정서 및 공감 발달에서 자신의 정서를 이해하고 적절하
   게 표현하는 것이 중요함을 강조하였고, 건강한 심리적 경계선 형성과 정서조절능력의 향상
   이 필요함을 설명하였다. 타인의 감정에 공감하여 친구를 위로하고 도움을 제공하는 과정에
   서 이타성을 함양할 수 있으며, 비도덕적 행동의 악순환이 일어나지 않으려면 사회적으로 바
   람직하지 못한 행동을 스스로 통제하도록 지도해야 함을 강조하였다.

수업활동

1. 발달 이론 중 하나를 선택하여 주요 개념을 간단하게 설명하고, 학생의 발달적 특징을 이해하는 것이 교사 혹은 상담교사로서 학교폭력을 예방하는 데 어떻게 활용될 수 있을지 발표해 보자.

2. 청소년에 대한 최근 신문 기사를 검색한 후 내용에 나타난 청소년의 발달적 특징을 설명해 보자. 또한 기사에서 다루고 있는 청소년의 행동이나 청소년문화가 학교폭력 현상과 어떠한 관련성이 있는지 유추해 보자.

3. 주변에서 쉽게 발견되는 청소년의 동조 행동에는 무엇이 있는지 찾아보고, 동조 행동이 가지고 있는 긍정적 효과와 부정적 효과가 무엇일지 자유롭게 논의해 보자.

청소년과 청소년 문제의 이해

1. 청소년의 개념과 청소년에 대한 인식

1) 청소년 세대의 등장

청소년기를 사회적 · 역사적 산물로 보는 학자들은 청소년기의 기원이 19세기 중반의 산업혁명과 관련 있다고 주장한다. 실제로 서구사회에서 19세기 이전까지는 '청소년(adolescent)'이라는 용어조차 사용되지 않았다(임영식, 한상철, 2000, p. 118). 산업화가 진행됨에 따라 지식과 기술교육의 중요성이 증대되고 이를 충족시키기 위해 학교교육이 제도화되었으며, 모든 젊은이들에게 확대되는 학교교육의 대중화 현상이 나타났다. 고도산업사회에 진입함에 따라 이를 견인할 고급 인력을 양성하기 위해 학교교육기간이 연장되었고 그 과정에서 소위 청소년이라는 세대가 등장하게 되었다. 우리나라의 경우에도 청소년 계층의 인식과 관심은 학교교육의 대중화와 관련되어 있다. 우리에게 청소년이란 용어는 근래에 등장한 개념으로, 이전에는 인생의 전 과정을 미성숙자를 의미하는 '아이'와 성숙한 사람을 의미하는 '어른'의 이분법적 체계로만 구분하였다. 하지만 근대의 학교교육의 대중화로 청소년이라는 새로운 연령층이 부각되었다. 결국 동서를 막론하고 소위 성인과 아동의 중간층에 해당되는 존재로서의 청소년 계층화는 학교교육이 제도화되고 대중화되는 과정에서 등장한 개념으로 볼 수 있다. 요컨대, '청소년

(adolescent)' 혹은 '청소년기(adolescence)'는 인류역사의 모든 시대에 걸쳐 객관적으로 인식되어 온 발달 단계라기보다는 사회 변천과정에서 형성·발전된 사회적 산물로서 특히 학교교육과 그 역사를 같이 해 왔음을 알 수 있다. 따라서 청소년에 대한 논의는 현실적으로나 역사적으로나 학교교육과 관련될 수밖에 없을 것이다.

청소년이라는 계층의 구분이 뚜렷한 객관적 단서보다는 학교교육의 대중화와 같은 사회의 변천과정을 통하여 자연스럽게 이루어져 왔기 때문에, 청소년기의 범위는 다양한 방식으로 규정되었다. 예컨대, 청소년기는 생물학적·사회적·법적·정책적으로 다소 다르게 규정하고 있음을 알 수 있다. 우선 법적 측면에서 청소년 기본법은 청소년의 연령을 9~24세로 비교적 포괄적으로 규정하고 있는 반면, 청소년 보호법은 18세 미만의 사람들을 보호의 대상으로 하고 있다. 청소년기의 범위 규정을 두고 청소년 관련 법의 근간을 이루는 두 법이 서로 다른 것은 전자는 청소년의 육성과 권익신장이라는, 보다 전향적인 청소년 정책의 대상을 정하기 위한 것인 반면, 후자는 청소년을 둘러싼 유해환경으로부터 청소년을 지키기 위한 다소 규제적·보호적 법 규정이기 때문으로 보인다. 이 밖에도 청소년과 성인을 구분하는 기준으로 적용되는 법들로서「형법」은 14세 미만을,「공연법」은 18세 미만을,「공중위생법」역시 18세 미만을 미성년자로 분류하여 해당 법의 적용 대상으로 규정하고 있다. 이처럼 청소년을 규정하는 법규들은 그 법의 정신에 따라 청소년기를 각기 다르게 규정하고 있지만 공통된 특징은 법 적용 대상의 하한선보다는 상한선을 엄격하게 규정하고 있다는 점이다.

이와는 대조적으로 생물학적·사회적으로 규정된 청소년의 범위는 법적인 측면보다 다소 협소하고, 상한선뿐만 아니라 하한선에 대한 구분이 비교적 뚜렷하다는 특징을 가진다. 우선 생물학적인 측면에서 청소년은 사춘기의 시작에서 성적인 생식능력을 완전하게 갖추었을 때까지를 의미하며, 사회적 통념에서는 보통 학교급에 따라 분류된 중·고등학교의 시기를 청소년기로 인식하는 것이 일반적이다. 최근 청소년의 성장 속도와 2차 성징의 시작이 빨라진 것을 감안하면 초등학교 고학년부터 청소년기가 시작되는 것으로 볼 수도 있다.

2) 청소년에 대한 인식과 재인식

어떤 사람을 처음 접하게 되면, 사람들은 거의 본능적으로 그 사람이 어떤 성격을 가졌는지를 파악하려 한다. 그리고 일단 성격을 파악하고 나면, 그 진단된 성격에 따라서 각기 다른 태도와 행동양식으로 대응한다. 특정인에 대한 성격규정이 그에 대한 태도와 반응양식을 결정하는 것처럼 청소년에 대한 일반사회의 성격규정은 그들에 대한 우리의 태도, 지도방식, 정책방향에 지대한 영향을 미친다. 그런데 문제는 일상적 상황에서의 성격규정이 대상에 대한 체계적이고 충분한 객관적인 관찰보다는 첫인상과 같은 제한된 단서에 근거하고, 경우에 따라서는 편리한 방식으로 우리의 선입견이 작용함으로써 많은 오류 가능성을 가진다는 것이다.

더욱이 그 성격규정의 대상이 특정인이 아니라 청소년과 같은 불특정 다수의 거대한 집단을 두고 내려질 때, 오류 가능성은 그만큼 더 커지기 마련이다. 이처럼 특정 집단에 대한 불완전한 성격규정을 우리는 편견(prejudice)이라고 한다. 우리사회는 적어도 청소년에 대해 다음과 같은 세 가지 부정적인 사회적 편견을 가지고 있다.

우선 우리사회에서 청소년은 불안하고 공격적이고 위협적인 존재로 인식되어 왔다. 청소년에 대해 긍정적인 면보다는 부정적인 측면이 집중적으로 조명되어 왔기 때문에, 그에 대한 연구들도 대부분 청소년의 긍정적 행동보다는 부정적 행동들에 집중되어 있다. '청소년' 하면 우리는 거의 반사적으로 '문제행동이나 비행'을 떠올릴 정도로 청소년을 항상 마치 문제를 일으키고 있거나 일으킬 가능성이 있는 집단으로 낙인찍었고, 그들의 문화는 소위 하위문화, 대항문화, 반항문화로 취급되어 부정적으로 채색되었다. 실제로 청소년연구의 대부분은 그들의 문제행동과 이상행동에 집중되어 왔다. 그 결과 청소년들은 다른 연령층(예: 아동)보다 더 많은 경계의 대상이자 통제의 대상이 되어 왔다. 과연 청소년은 그만큼이나 실제로 공격적이고 위협적인 존재일까? 그들이 앞으로 기성세대가 되면 불안하고, 위협적이고 공격적인 성격은 사라질 것인가?

청소년에 대한 또 다른 편견은 그들이 믿을 수 없고 무책임한 존재라는 생각과 신념이다. 기성세대들은 청소년들을 하나의 독립적인 개체로 인식하기보다는 '덩치 큰 아이'로 여긴다. 여기서 '덩치 큰 아이'는 '성숙'의 개념과 '미성숙'의 개념이 결합된 모순적 표현에 해당된다. '덩치가 크다'는 말은 생물학적인 성숙, 즉 신체적으로 성숙되었다는 것을 의미하는 반면, 거기에 따라붙는 '아이'란 표현은 청소년들이 심리적으로 미숙하다는 우리들의 이중적 인식을 반영한 것이다. 지금까지 청소년들은 신체적 성숙에 비해 심리적 역량이 미성숙하다고 인식되었고, 그것이 때로는 그들이 한 개인으로서 마땅히 누려야 할 다양한 권리와 자유를 유예당하는 이유가 되어 왔다. 청소년의 심리적 미성숙이 그들의 기본적인 권리와 자유를 제한하는 것이 이 정도라면, 상대적으로 더 미성숙한 아동의 경우에는 어떠해야 하는가? 그리고 실제로 아동의 경우에도 그러한가? 아동의 경우 머리 염색(청소년에게는 허용되지 않은)을 그들이 싫다고 하는 데도 부모가 해 주는 경우가 있는데, 이는 그 아동들이 특별히 성숙해서 염색을 허용하는 것인가? 청소년이 기성세대에 비해 정신적으로 미성숙하다는 발달심리학적 근거는 있는가? 청소년이 미성숙하고 무책임한 존재라기보다는 미성숙하고 무책임하도록 길러지고 있는 것은 아닐까?

세 번째 편견은 청소년이 그들을 둘러싼 환경에 매우 취약한 존재라는 인식이다. 청소년에 대한 부정적 시각이 청소년에 대한 연구를 그들의 문제행동에 초점을 맞추도록 하였다면, 청소년이 환경의 피조물이라는 사회적 인식은 그 문제행동의 원인 탐색과 처방을 청소년의 개인적 역량과 책임보다는 그들을 둘러싼 환경적 요인에서 찾도록 하였다. 청소년 문제가 발생하기만 하면, 우리는 습관적으로 '문제의 환경이 문제의 청소년을 만든다'는 인식을 공유하고 때로는 강화해 왔다. 이렇게 강화된 사회적 인식은 청소년에 관한 연구에서 '환경 → 청소년의 행동'이라는 단순 도식을 낳았으며, 이 도식에서 청소년의 책임의식과 개인적 역량이 그들의 행동을 결정하는 중요한 요인으로 취급되지 못하는 결과를 초래하였다. 청소년들 역시 기성세대와 마찬가지로 환경의 영향을 직접적으로 받겠지만, 그 환경적 자극들을 자신의 개인적 판단력과 역량이라는 필터와 렌즈를 통해 적극적으로 걸러서 지각하고 해석하지 못하는 존재로 인식되어야 한다. 적어도 우리는 '환경 → 청소년 행동'이라는 제한된 도식에서 벗어나 '환경 → 청소년의 개인적 특성과 역량 → 청소년의 행동'으로 인식의 패러다임을 확장해야 하며, 청소년들이 환경에 의해 결정되는 수동적 피조물이 아니라, 그 환경을 적극적으로 지각하고 해석하며, 경우에 따라서는 환경을 극복하거나 통제할 수도 있는 능동적인 존재로 인식하고 그러한 역량을 길러 주려는 노력을 할 필요가 있다.

청소년 문제의 원인을 환경에서만 탐색하고 대응하는 기성세대의 태도가 청소년들에게는 따뜻한 배려로 받아들여질 수 있지만 그 과정에서 청소년은 자신의 행동에 대한 책임을 경험할 기회를 박탈당하게 된다. 우리는 청소년들을 유해환경에서 철저히 격리시키기에 앞서 그 환경에 대응할 수 있는 능력과 책임의식을 길러 주어야 할 것이다. 특히 유해환경이 시간과 공간을 벗어나 버린 정보사회에서 우리는 과연 청소년이 무해한 진공공간에서 생활하도록 할 수 있는가? 혹은 그렇게 해야 하는가?

모든 사람은 '청소년기'를 거치게 된다. 청소년기는 성별, 지역, 문화를 불문하고 누구나 공통으로 경험하는 인간발달과정의 한 시기이다. 그러나 청소년기에 대한 기성세대들의 담론은 마치 자신들이 경험하지 않았던 타 집단의 새로운 경험세계를 말하는 것처럼 들리기도 한다. 청소년이 기성세대의 객관적인 인식대상이 아닌 우리들의 과거 경험 속에서 재조명될 때, 청소년에 대한 담론은 남이 아닌 우리의 이야기가 될 것이다.

2. 청소년 문제행동의 개념과 재개념화

청소년 문제란 '사회문제가 될 수 있는 청소년에 의한 일탈행동'을 말하며, 청소년이 저지르는 범죄뿐 아니라 청소년이기 때문에 사회적 제재를 받는 지위비행, 비사회적 행동, 부적응행동까지 포함한다(이유진, 2014, p. 449). 청소년 문제는 가장 광의적인 일탈 (deviance)에서 가장 협의적인 소년범죄(juvenile crime)에 이르기까지 청소년이 가지고 있는 모든 문제를 포함하며, 일반적으로 청소년 비행과 개념상의 차이 없이 혼용되고 있다(이유진, 2014).

많은 선행연구가 청소년의 문제행동을 정의하고 분류하여 왔다. 그러나 선행연구에서 보여 준 문제행동의 분류는 연구자마다 공통점보다는 차이점이 두드러져 보이고, 연구자마다 각기 다른 분류기준을 적용하고 있다는 점을 지적할 수 있다. 특히 주목할 점은 문제행동을 분류함에 있어서 경험적 근거가 희박하고, 문제행동의 범위 설정이 연구자의 자의적 판단에 따라 이루어져 각기 다른 문제행동을 다루고 있다는 점이다. 대표적인 문제행동의 유형과 하위문제행동을 제시하면 〈표 4-1〉과 같다.

표 4-1 | **청소년 문제행동의 유형과 하위문제행동**

구분	유형	하위문제행동
강지현, 정연주 (2020)	경비행	흡연, 음주, 음란물(영상, 사진, 서적) 보기, 도박, 공공장소의 기물이나 물건 파손
	중비행	절도, 다른 사람 심하게 때리기, 남의 돈이나 물건 뺏기(삥 뜯기)
김선녀 (2019)	도피비행	가출, 결석, 외박, 유흥업소 출입, 환각제 사용
	폭력비행	싸움, 갈취, 기물 파손, 폭행, 괴롭힘
	재산비행	절도, 도박, 준비물이나 음식물을 빼앗음, 물건 훼손
	성비행	음란 비디오, 음란 서적, 음란 사이트 경험, 성관계
김희진 외 (2023)	현실비행	흡연, 음주, 무단결석, 가출, 다른 사람을 심하게 놀리거나 조롱하기, 왕따 시키기, 패싸움, 폭행, 협박, 돈이나 물건 뺏기, 절도, 성폭행, 성희롱, 도박, 심한 욕설과 폭언
	사이버비행	사이버 비방, 사이버 감옥·스토킹, 아이디 도용, 가짜 계정으로 신분을 속이거나 타인의 개인정보를 인터넷에 공개, 사이버 갈취·명령, 성폭력(상대의 의사에 반하여 성적인 글, 사진, 영상 등을 전송), 이미지 유포, 플레이밍(온라인 이용자에게 시비를 걸어 다툼을 유도하는 것), 사이버따돌림
남재봉 (2011)	지위비행	흡연, 음주, 무단결석, 가출
	폭력비행	구타, 패싸움, 타인 조롱, 집단따돌림
	재산비행	돈이나 물건 뺏기(삥 뜯기), 절도
	성비행	성관계, 원조교제, 성폭행, 성희롱
박혜숙, 김양곤 (2014)	지위비행	흡연, 음주, 무단결석, 무단가출
	중비행	다른 사람을 심하게 놀리거나 조롱하기, 집단따돌림(왕따)시키기, 패싸움, 심한 구타, 협박, 타인의 돈이나 물건 뺏기(삥 뜯기), 돈이나 물건 절도, 성관계, 성폭행, 성희롱
	사이버비행	채팅/게시판에 거짓정보 올리기, 불법 소프트웨어 다운로드, 타인의 아이디나 주민번호 도용, 채팅하면서 성별이나 나이 속이기, 컴퓨터 및 웹사이트 해킹, 채팅/게시판에서 욕이나 폭력적인 언어 사용

이상문 (2020)	지위 비행	흡연, 음주, 무단결석, 가출, 성관계
	대물 비행	다른 사람의 돈이나 물건을 뺏기(삥 뜯기), 다른 사람의 돈이나 물건 훔치기, 돈을 걸고 도박 게임하기
	대인 비행	다른 사람을 심하게 놀리거나 조롱하기, 집단따돌림(왕따)시키기, 패싸움, 폭행, 협박, 성폭행이나 성희롱
	복합 비행	서로 다른 유형의 비행을 저지르는 경우
이해경, 신현숙, 이경성 (2004)	인터넷중독 문제	과도한 인터넷 사용으로 인한 일상생활에서의 부적응, 금단현상
	가족관계 문제	부모 또는 가족과의 갈등, 의사소통의 어려움, 가출
	섭식 문제	식사량 조절의 어려움, 무리한 다이어트
	진로 문제	진로 미결정, 진로 준비의 어려움
	또래관계 문제	또래와의 관계 형성 어려움, 집단괴롭힘 피해 경험
	공격행동	공격적인 언어와 행동, 집단따돌림 가해 경험
	교사와의 관계 문제	교사와의 갈등 및 반항
	학업/주의 문제	낮은 학업성취와 주의집중의 어려움
	학교부적응	학교생활의 어려움, 교칙 위반
	비행	지위 비행, 성비행, 인터넷 비행 등 규칙 위반 및 반사회적 행동
	충동/과다행동	충동 행동 및 과잉행동
이화조, 이정애 (2023)	내현화 문제	주의집중의 어려움, 사회적 위축, 우울(무기력, 자살 생각 등)
	외현화 문제	공격성, 비행 행동(현실비행 및 사이버비행)
최지영, 김재철 (2016)	오프라인 비행	흡연, 음주, 무단결석, 가출, 다른 사람을 심하게 놀리거나 조롱하기, 집단따돌림 시키기, 패싸움, 폭행, 협박, 돈이나 물건 뺏기, 절도, 성관계, 성폭행이나 성희롱
	온라인 비행	채팅/게시판 등에 일부러 거짓정보 올리기, 불법 소프트웨어 다운로드, 다른 사람의 아이디나 주민번호를 허락 없이 사용하기, 채팅하면서 성별이나 나이 속이기, 컴퓨터나 웹사이트 해킹하기, 채팅/게시판 등에서 욕이나 폭력적인 언어 사용

기존의 선행연구들이 제시한 대표적인 청소년 문제행동의 범주 및 분류방식을 토대로 청소년 문제행동을 재개념화하고 그 성격을 정리하면 다음과 같다.

첫째, 선행연구에서 열거한 대부분의 청소년 문제행동이 전형적인 지위비행(status offence/delinquency)에 해당한다는 것이다. 지위비행이란 특정 계층의 사람들에게 금지되는 행동을 의미한다. 이 정의에 의하면, 청소년 지위비행(juvenile status offence/delinquency)은 청소년이라는 계층에만 특별하게 적용되고 다른 발달지위 계층(아동, 성인 등)에는 적용되지 않는다. 예컨대, 알콜소비, 흡연, 등교거부, 가출, 성비행, 기타 표현행위(장신구 착용, 문신, 염색 등) 등은 청소년들에게 허용되지 않는 비행들이지만, 성인 계층에는 대부분 허용되는 것이며, 일부는 아동들에도 허용된다. 결과적으로 지위비행의 성격을 가지기 때문에 청소년 문제행동은 다른 계층에 비해 훨씬 더 광범위하게 적용되는 특징을 가진다. 특히 연령에 의한 서열성을 강조하는 사회일수록 청소년의 지위비행 목록은 매우 광범위할 것이다.

둘째, 청소년 문제행동은 법률(주로 「형법」)에 의해 공식적으로 규율되는 범죄행동(crime)뿐만 아니라 사회규범에 의해 청소년 계층에게만 비공식적으로 규율되는 일탈행동(deviance)을 포함하는 사회문화적 개념이다(Goode, 2015). 특별히 '청소년 문제행동'을 문제 삼는 것은 모든 계층에 걸쳐 공통적으로 문제시되는 '범죄행동' 이외에도 청소년이기 때문에 문제가 되는 특수한 행동들이 있다는 인식을 반영하고 있는 것이다. 즉, 청소년 문제행동에는 법이라는 보편적이고 공통적 기준 이외에 문제행동을 규정하는 또다른 사회적 · 도덕적 가치판단의 기준이 있다. 사회규범은 사회와 문화에 따라 다르게 규정되기 때문에 한 사회에서 정상적 행동으로 여겨지는 것이 다른 사회에서는 일탈로 규정될 수 있다. 한국의 청소년들의 절대다수가 학생임을 고려할 때, 그리고 다른 문화권과 비교하여 엄격한 한국의 학교규율문화가 시행된다는 점을 고려할 때 한국 청소년들은 매우 다양하고도 광범위한 일탈행위 규제를 받고 있다. 이와는 대조적으로 형법이 적용되는 청소년의 범죄의 경우에는 상대적으로 규율의 정도가 느슨하다는 특징도 있다(이유진, 2014).

셋째, 청소년 문제행동이 법적 기준 이외에 사회적 규범과 가치 그리고 도덕 및 관습에 의해 결정되기 때문에, 청소년 문제행동의 범위는 명확하지도 않고, 사회변화에 따라 가변하는 속성을 가진다(정우식, 1986). 이 가변의 속도는 과거보다는 현재에 그리고 현재보다는 미래에 더욱더 빨라질 것이며, 동시에 이와 관련된 세대 간의 인식 차는 더욱 심화될지도 모른다. 따라서 요즘 청소년들의 문제행동이 더욱 심각하다고 인식하는 것은 실제로 그들의 문제행동이 정말 심각해서가 아니라 현재 시점에서 심각해 보이기 때문일 수도 있다. 한국사회는 그 어떤 사회보다도 역동적이고 변화의 속도가 빠르다는 특징이 있다. 따라서 청소년 문제행동의 개념은 지속적으로 재개념화될 필요가 있으며, 그에 따라 청소년 문제행동의 적용 대상 행동 목록도 지속적으로 수정될 필요가 있다.

넷째, 일반적으로 청소년 문제행동의 범위와 분류가 지극히 기성세대 중심적 규범으로 규정된다는 점이다. 현재 청소년 문제행동으로 인식되고 있는 행동들은 일부의 범죄적 행동을 제외하고는 상당수 기성세대가 문제시하는 규범적 문제행동들을 포함한다. 기존의 선행 문헌 및 연구들은 특정 행위들이 객관자(성인)나 당사자(청소년)에 의해 문제행동으로 인식되고 있는지에 대한 경험적 확인 과정 없이 문제행동의 대상범위와 유형을 자의적으로 규정하고 있다. 전술한 바와 같이 청소년 문제행동들 중에는 청소년이라는 특수한 신분에만 적용되는 지위비행적 성격의 것들이 많다. 게다가 상당수의 청소년 문제행동들 중에는 보편적 기준보다는 한국사회가 전통적으로 형성한 사회규범에 의해 특수하게 청소년 문제행동으로 규정된 것들이 많이 포함되어 있다는 것이다. 만일 특정의 행동들에 대해서 당사자인 청소년과 객관자인 성인 간에 문제성 여부의 판단이 다르다면, 이는 우리에게 중요한 시사점을 줄 것이다. 문제행동과 관련된 세대갈등의 단면을 확인할 수 있을 뿐만 아니라 문제행동의 지도와 대처방식에도 중요한 시사점을 제공해 줄 것이다.

이와 관련하여 임성택(2001)은 청소년의 규범적 문제행동의 범위와 유형화를 위한 경험적 탐구를 위한 방안을 제안하였다. 청소년의 규범적 문제행동의 범위 설정과 유형분류를 시도함에 있어서 전통적 방법인 '비경험적 방법'을 취하기보다는 새로운 대안적 형태의 '경험적 접근방법'을 취하여 다차원적 기준과 절차 및 방법들을 적용할 필요가 있다. 〈표 4-2〉는 문제행동에 대한 성인과 청소년의 판단기준 적용 체계이며, 〈표 4-3〉은 준거 체계를 적용하여 청소년의 문제행동을 분류한 예시이다. 주의할 것은 2001년 연구 당시 성인과 청소년을 대상으로 조사된 대표 문제행동이므로 다소 생소하거나 지금

표 4-2 **청소년의 규범적 문제행동 범위 설정과 분류를 위한 준거 체계**

판단주체별		성인	
	판단기준	문제가 됨	문제 안 됨
청소년	문제가 됨	제1영역: 공통준거 청소년 문제행동 영역	제2영역: 청소년준거 청소년 문제행동 영역
	문제 안 됨	제3영역: 성인준거 청소년 문제행동 영역	제4영역: 공통준거 청소년 문제행동이 아닌 영역

표 4-3 **청소년 규범적 문제행동의 범위와 분류 예시**

1. 귀걸이 착용	7. 음주	13. 성적 접촉	19. 무단결석
2. 머리염색	8. 흡연	14. 성관계	20. 무단외박
3. 짙은 화장	9. 성인용 노래방 출입	15. PC방 출입	21. 무단가출
4. 체중조절용 식/약품 복용	10. 비디오방 출입	16. 부모에게 반항	22. 시험부정행위
5. 술집 출입	11. 음란물 보기	17. 교사에게 반항	23. 부모의 돈/카드 도용
6. 유흥장 출입	12. 폭력물 보기	18. 거짓으로 용돈 타기	24. 심한 말다툼

□: 성인과 청소년 모두 과반수 이상 청소년 문제행동으로 판정한 행동(공통준거 청소년 문제행동)

▨: 성인들은 과반수 이상이 청소년 문제행동으로, 청소년은 과반수 이상이 청소년 문제행동이 아니라고 판정한 행동(성인준거 청소년 문제행동)

■: 성인과 청소년 모두 과반수 이상 청소년 문제행동이 아니라고 판정한 행동(공통준거 문제행동 아님)

은 문제행동이라고 볼 수 없는 것(예: 비디오방 출입)들도 포함되어 있다는 점이다. 하지만 〈표 4-2〉의 준거를 적용하여 〈표 4-3〉과 같이 오늘날의 청소년 문제행동을 분류해 본다면 이에 대한 성인과 청소년의 인식 차이뿐만 아니라 학교폭력 가해 및 피해행동을 이해하는 데 도움이 될 것이다.

- 청소년 규범적 문제행동: 청소년과 성인이 모두 인정하는 청소년의 규범적 문제행동

영역으로 음주, 약물, 흡연, 성적 행동, 도피, 권위도전 행위, 유해업소 출입 및 음란물 사용 등이 포함되었다. 상당수의 행동목록들이 이 영역에 포함되어 있는데, 이는 청소년의 규범적 문제행동 규정과 관련하여 세대 간에 합의된 영역으로 볼 수 있다.

- 청소년준거 청소년 규범적 문제행동: 청소년은 인정하지만 성인은 인정하지 않는 청소년 규범적 문제행동 영역으로 실제로 이 영역으로 분류된 행동목록은 없었다. 그도 그럴 것이 이 영역은 논리적으로만 가능한 영역으로 현실에서는 늘 기성세대가 청소년 자신보다 항상 더 엄격한 청소년 규범적 문제행동을 규정하기 때문일 것이다.

- 성인준거 청소년 규범적 문제행동: 성인은 인정하지만 청소년은 인정하지 않는 청소년 규범적 문제행동 영역으로 비교적 여러 행동목록들이 이에 해당하였다. 주로 자기표현행위와 말다툼, 성적 접촉행위 등이 포함되었는데, 실제로 청소년 지도장면에서 기성세대와 청소년들 간에 이 행동들의 규범적 문제성을 놓고 갈등하는 영역이다.

- 청소년 문제행동 아님: 이 영역은 기성세대와 청소년 모두 규범적으로 문제되지 않는다고 판단하는 영역이다. 따라서 더 이상 청소년의 규범적 문제행동으로 분류할 필요성이 없는 영역으로 볼 수 있다.

법률적 차원에서 문제 삼는 청소년 범죄 이외에 청소년 문제행동은 지위비행적 그리고 규범적 문제행동들을 포함한다. 사회규범이 변화하게 되면, 청소년에게 부과되는 지위적·규범적 문제행동들도 변화하기 마련이다. 따라서 청소년 문제행동을 논하거나 분석하기에 앞서 현시점에서 무엇이 청소년 규범적 문제행동에 포함되는지와 그것들이 어떠한 유형으로 분류되고 있는지에 대한 부단하고도 지속적인 관심을 기울일 필요가 있을 것이다.

3. 청소년 문제행동의 설명이론

지금까지 청소년 문제행동의 발생 원인을 설명하기 위하여 많은 이론이 전개되었다. 주로 범죄학 분야에서 범죄행동의 원인과 발생 과정을 설명하기 위하여 거론된 이론들이 청소년 문제행동을 설명하는 데 적용되고 있는데, 대표적인 것들을 소개하면 다음과 같다.

1) 심리학적 이론

20세기에 걸쳐 청소년 비행을 설명하기 위한 심리학적 접근법들이 등장하였는데, 주로 정신적 결핍, 정신과적 장애 및 성격 특성에서 범죄 및 비행의 원인을 찾았다. 이 접근법들이 공유하는 기본 가정은 다음과 같다. 첫째, 비행의 기본적 원인들이 개인적인 특성으로 내재한다. 둘째, 비행의 패턴 안에 존재하는 심리적 장애는 아동기부터 발달하여 개인의 특성으로 굳어진다. 셋째, 외적인 환경의 영향력이 있기는 하지만, 기본적으로 문제행동이 해결되거나 변경되기 위해서는 그 문제를 가진 개인의 심리적 비정상성에 집중해야 한다.

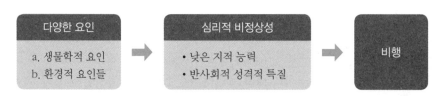

[그림 4-1] 청소년 비행에 대한 심리학적 이론의 기본 가정

(1) 지능과 비행

20세기 초에 많은 연구자는 일반지능에서의 결핍이 범죄 및 비행에 작용하는 핵심적인 원인으로 인식하였다. 우선 이들의 낮은 지능은 개인으로 하여금 복잡한 상황이나 부도덕한 행동을 분별할 수 없도록 하여 범죄행동을 직접적으로 이끈다고 주장하였다. 또

한 낮은 지능은 자신의 감정이나 욕구를 통제할 수 없도록 하기 때문에 범행에 참여할 가능성을 높인다고 보았다. 경험적 연구에 의하면, 지능지수와 범죄율은 의의 있는 부적 상관을 보인다(Cullen et al., 1997). 즉, 낮은 지능수준은 높은 범죄율을 보인다. 특히 지능지수는 자기보고식 조사에서보다는 공식적 범죄율과 더 강력한 관련성을 보인다.

이러한 관련성에도 불구하고, 낮은 지능이 범죄나 비행의 원인이라는 속단은 조심할 필요가 있다. 우선, 범죄에 대한 지능지수의 효과는 사회경제적 지위에 따라 다르게 나타난다(Mears & Cochran, 2013). 또한 범죄율과 지능지수의 관련성은 복지조건, 약물중독과 같은 외생변수에 의해 영향을 받기 때문에 그 둘 간의 직접적 인과적 관련성을 속단하기 어렵게 한다. 또한 지능지수가 시간에 걸쳐 안정적인 개인적 특성이라는 가정을 인정하기 어렵고, 또한 문화적, 인종적으로 보편타당한 지능검사가 가능하지 않을 수 있다는 주장 역시 일견 타당하다. 또한 일반적으로 공식적 범죄율에 포착된 청소년들은 그렇지 않은 청소년들보다 지능이 낮다는 점도 고려될 필요가 있다. 즉, 같은 범죄를 저질렀지만 지능이 낮은 사람일수록 지능이 높은 사람보다 경찰에 입건될 가능성이 상대적으로 더 높을 수 있다는 것이다.

(2) 성격적 특질과 비행

성격심리학자들은 비행이나 범죄행동을 보이는 사람들의 성격적 특질에 관심을 가져왔다. 그 결과 정신질환의 진단 및 통계 편람(Diagnostic and Statistical Manual of Mental Disorders-5: DSM-5)에서는 타인의 복지와 권리를 무시하는 만성적인 행동 패턴을 소위 반사회적 성격장애(antisocial personality disorder: ASPD)로 규정하고 있다(First et al., 2002).

반사회적 성격장애를 가진 사람들은 사회규범과 갈등을 일으키는 행동을 보이며, 더 나아가 대인관계, 직업 및 법률적 문제를 야기한다. 심각한 수준의 반사회적 성격장애를 가진 사람들은 안정적인 관계 및 고용 유지, 범죄행동을 통제하는 데 많은 어려움을 가지며, 범행에 가담하는 파괴적 결과를 맞이하기도 한다. 이 증상은 일반적으로 아동기와 초기 청소년기에 발현하며, 후기 청소년기와 초기 성년기에서 최고조의 증상을 보인다. 따라서 성격심리학자들은 반사회적 성격장애가 청소년 비행과 문제행동을 일으키는 중요한 원인으로 본다.

반사회적 성격장애는 충동성, 자살충동 및 도덕적 무책임성과 관련되기 때문에, 공격적 행동, 가정폭력, 불법약물사용, 분노 및 폭력적 행동을 유발한다. 특히 반사회적 성격장애를 가진 사람들은 양가감정을 가지며 정서적 냉담과 무관심을 보인다. 이들은 다른 사람들에 비해 행복감과 공포감을 덜 느끼고, 분노와 좌절감은 더 많이 더 자주 느낀다. 또한 공감능력이 현저히 낮으며, 사회규범, 도덕, 타인의 권리에 대해 무관심한 반면, 자기 자신만을 위한 이익에는 과도하게 관심을 보인다. 반사회적 성격장애를 가진 사람들은 타인의 정신적 상태를 해석하거나 이해하는 능력이 심각히 제한되어 있기 때문에 자신의 공격적 행동으로 인해 상대방이 입게 될 피해를 이해하지 못하여 결국 더욱 공격적이고 범죄적인 행동을 자행하는 데 거리낌이 없어진다(Chang et al., 2021).

반사회적 성격장애는 일반적으로 유전적 요소와 환경적 영향의 상호작용에 의해 발생하는 것으로 여겨지고 있다(Black, 2021). 범죄로 인해 투옥 경험이 있는 사람과 주로 남성집단에서 발견되며, 어린 시절의 과잉행동, 품행장애, 방화나 동물학대와 같은 경험들이 이후의 반사회적 성격장애와 관련된다. 극히 일부만이 개선되는 만성적인 전생애적 성격장애이지만, 나이가 들수록(특히 40세 이후) 증상이 감소한다. 부모의 알콜중독이나 반사회적 성향은 자녀의 반사회적 성격장애를 유발하는 중요한 요인이다.

2) 사회해체 및 아노미론

청소년 비행의 설명이론으로서 사회해체 및 아노미론은 다음과 같은 기본 가정을 공유한다. 첫째, 비행은 기본적으로 사회적 요인에 의해 발생한다는 것이다. 청소년 비행에 작용하는 개인적 상황적 요인들을 모두 고려하지만, 사회적 요인이 비행을 주도한다고 가정한다. 둘째, 사회의 구조와 제도들이 해체 내지 혼동의 과정에 있는 것으로 본다. 셋째, 사회해체와 아노미를 동반하는 불확실성과 혼란은 범죄적 행동에 취약한 사회적 조건이다. 즉, 사회적 요인들이 범죄행동을 통제하는데, 이러한 요인들이 불안정해지면 일탈적 유혹에 저항할 수 있는 청소년들의 능력은 심각하게 약화된다는 것이다. 넷째, 사회구조의 안정성 붕괴는 주로 하위계층에서 두드러지게 나타난다. 하위계층 내에서

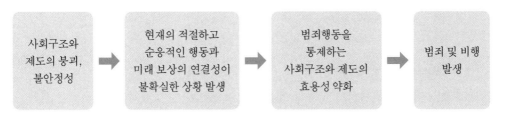

[그림 4-2] 청소년 비행에 대한 사회해체 및 아노미론의 기본 가정

범죄율이 높은 것은 바로 이러한 가정에 기초한 결과로 본다.

사회해체와 아노미론은 청소년 비행의 사회적 설명체계로서 이전에 제시한 개인주의적(심리학적) 설명체계와 대조를 이루며, 경험적 증거에 의해 뒷받침된 이론적 설명체계이다. 하지만 사회적 조건들이 구체적으로 어떻게 개인의 행동에 영향을 미치는지에 대한 설명은 결여되어 있어 청소년 비행을 설명하기에는 불완전하다는 문제가 있다. 이로 인해 청소년 비행에 대한 궁극적인 사회학적 이해를 제공하는 이론으로 평가하기에는 제한적이지만, 이후의 이론체계들을 파생시키는 데 있어 중요한 기반이론으로 기능하였다.

3) 하위계층이론

사회해체 및 아노미론은 1950년대 들어 청소년 비행을 설명하기 위한 다양한 이론들로 발전하였다. 특히 이 이론들이 주목한 것은 개인적 비행보다는 집단적 폭력비행 조직(비행의 사회적 속성)의 문제를 설명하는 데 집중하였다. 이 이론은 대부분의 청소년 비행이 모종의 집단이나 갱단의 형태를 통하여 발생한다는 기본 가정을 가진다. 즉, 비행은 기본적으로 함께하는 행위이며, 혼자서 행하는 경우라도 자신이 속한 집단이나 갱단 또래에 의해 영향을 크게 받는다는 것이다. 이러한 맥락에서 청소년 갱단을 일종의 '비행 하위문화'로 규정하고 있어 하위계층이론은 소위 비행의 하위문화이론으로 일컬어지기도 한다. 이 이론들이 가지는 또 다른 가정은 청소년 비행이 압도적으로 하위계층 혹은 남성들 사이에서 발생하는 현상이라는 것이다(Cohen, 1965).

하위계층이론은 다음과 같이 크게 세 가지 개념과 아이디어로 구분된다.

(1) 코헨(Cohen)의 중산층 잣대론

중산층 잣대란 학교에서의 수행과 행동에서 근면하고, 청결하고, 깔끔하고, 비폭력적인 행동 등과 같이 중산층이 선호하는 전형적인 가치나 규범을 따르는 평가체계를 말한다. 중산층 잣대론(middle class measuring rod)은 다음과 같은 기본 가정을 가진다(Cohen, 1955). 첫째, 대부분의 하위층 청소년들(주로 남자 청소년)은 학교에 잘 적응하지 못한다. 둘째, 이러한 학교부적응은 청소년 비행과 관련된다. 셋째, 학교부적응은 중산층의 가치가 주도하는 학교체제와 하위층 청소년의 가치체계 간의 갈등으로부터 비롯된다. 넷째, 하위층 남성들의 비행은 자신의 긍정적 자아개념을 고양하고 반사회적 가치를 부양하기 위한 수단으로 갱단 형식으로 전개된다.

이러한 비행의 작동 메커니즘은 마치 프로이트의 소위 반동형성(reaction formation) 개념으로 설명될 수 있다. 반동형성은 자신이 간절히 원하고 열망하는 것이지만, 현실적으로 달성할 수 없거나 얻을 수 없다고 판단할 때 공개적으로 그것을 거부하는 행동을 보이는 것을 말한다. 즉, 하위층 청소년들도 중산층의 가치를 원하지만, 도저히 그것을 달성하기 힘들다고 생각할 때, 중산층의 가치에 반하는 행동을 의도적으로 한다는 것이다.

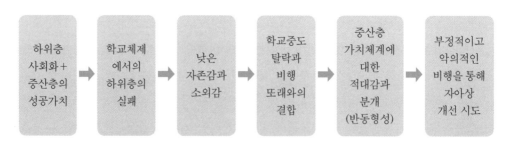

[그림 4-3] 청소년 비행에 대한 중산층 잣대론의 기본 가정

(2) 차별적 기회구조론

코헨과는 대조적으로 클로워드와 올린(Cloward & Ohlin, 1960)은 하위계층의 남성 범죄자들이 이성적으로 자신의 경제적 상황을 평가할 수 있고 그에 따라 자신의 미래를 다

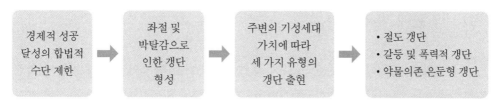

경제적 성공
달성의 합법적
수단 제한

➡

좌절 및
박탈감으로
인한 갱단
형성

➡

주변의 기성세대
가치에 따라
세 가지 유형의
갱단 출현

➡

• 절도 갱단
• 갈등 및 폭력적 갱단
• 약물의존 은둔형 갱단

[그림 4-4] 청소년 비행에 대한 차별적 기회구조론의 기본 가정

르게 계획할 수 있는 목표지향적 존재로 보았다. 차별적 기회구조란 한 사회 내에서 경제적 성공을 달성하기 위한 수단과 기회가 사회계층별로 불공정한 체계를 의미한다. 이러한 상황에서 차단된 경제적 욕구는 낮은 자아개념을 자극하고 좌절감을 갖게 하며, 이러한 좌절적 상황은 청소년들로 하여금 세 가지 유형의 갱단에 참여하도록 한다고 보았다. 첫째, 매우 안정적으로 통합된 일반사회 체계와 범죄 체계가 공존할 때 절도행각을 벌이는 범죄적 갱단(clriminal gang)이 형성된다. 둘째, 불안정하고 느슨한 사회 체계에서 범죄조직이 부재할 때는 갈등적 갱단(conflict gang)이 형성되며 이들은 주로 폭력행동에 가담한다. 셋째, 사회나 범죄와 같은 주변 체계를 통해 경제적 성공이 좌절된 경우에는 은둔형 갱단(retreatist gang)이 형성되며 이들은 주로 약물비행에 가담하게 한다.

이론적 명칭이 암시하듯이 하위계층이론은 특정 계층의 청소년에 집중함으로써 모든 계층의 청소년들의 비행을 적절하게 설명하지 못한다는 비판을 받을 것이다. 하지만 이러한 비판은 하위계층이론들이 기본적으로 중산층의 비행을 설명할 의도를 가지지 않았기 때문에 적절하다고 할 수 없다. 무릇 이론은 모든 것을 설명하는 것이라기보다는 그것이 설명하고자 하는 바가 무엇인지의 관점에서 평가될 필요가 있다. 사회계층이 어느 정도 청소년 비행의 결정요인일 수 있을 것인가에 대해서 논쟁이 없는 것은 아니지만 사회계층은 분명히 청소년 비행에 영향을 미치며, 특히 사회계층이 빈부와 실업률과 같은 경제적 관점에서 규정될 때 더욱더 청소년 비행을 설명하는 결정적 요인으로 작용한다.

4) 대인관계 및 상황론

앞서 사회해체 및 아노미론은 거시적 차원에서 사회적 환경의 변화가 청소년 비행을 유발한다는 점을 설명하였다. 하지만 이 이론들은 구체적으로 사회적 환경이 개인의 행동에 어떻게 작용하는지를 설명하는 데에는 한계가 있다. 이후에 다룰 서덜랜드(Sutherland)의 차별접촉이론과 맛차(Matza)의 표류이론은 미시적으로 청소년 개인들이 어떠한 조건에서 구체적으로 사회적 환경의 영향을 받아 비행에 참여하는지에 대해 설명하고 있다.

청소년 비행에 관한 대인관계 및 상황론의 기본 가정은 비행을 포함한 인간의 행동은 고정된 것이 아니라 융통성을 가진다는 것이다. 즉, 인간의 행동 경향은 정황이나 상황에 따라 변화할 수 있다는 것이다. 두 번째 가정은 비행청소년이나 그가 살고 있는 사회 모두 일탈적이라거나 나쁘다고 규정할 수 없다는 것이다. 같은 사람이라도 다른 시점에 걸쳐 두 가지 행동(정상행동 혹은 비행)을 모두 할 수 있다는 것이다. 세 번째는 대부분의 비행은 집단 혹은 갱단의 맥락에서 발생한다는 것이다.

이 관점에서는 개인의 성격을 규정하는 의미로서의 비행자(혹은 범죄자) 규정을 반대한다. 대신에 비행 행동에 관심을 둔다. 이는 비행이 장기적인 행동패턴이라거나 개인의 성격을 나타내는 징표가 아니라, 상황적으로 결정된 행동이라는 점을 강조하기 위한 것이다.

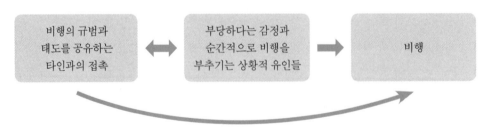

[그림 4-5] 청소년 비행에 대한 대인관계 및 상황론의 기본 가정

(1) 차별접촉이론

서덜랜드의 차별접촉이론에 의하면, 청소년 비행은 타인과의 접촉을 통하여 법이나 규범의 위반에 우호적인 태도가 비대해진 결과로 나타난다(Sutherland & Cressey, 1992). 그는 다음과 같은 기본 가정에 근거하여 이론을 전개하였다. 첫째, 모든 행동은 학습된 것(유전된 것이 아님)이며, 비행도 예외 없이 학습된다. 둘째, 비행의 학습은 소규모의 비공식적인 집단 상황에서 발생한다. 셋째, 비행의 학습은 특수한 상황이나 사건뿐만 아니라 집단적 경험을 통하여 이루어진다.

기본적으로 범죄행동은 범죄를 저지르지 않는 사람보다는 범죄를 저지르는 사람들과의 접촉을 통하여 발달한다. 즉, 그러한 차별적 대인 접촉이 범죄발생의 기본 원인이라는 것이다. 또한 범죄경력을 가진 혹은 연장자와의 상호작용을 통하여 범죄를 학습하기도 한다. 이론에 의하면, 개인은 누군가와 접촉하면서 가지게 되는 감정의 유형이 무엇이냐에 따라 범죄를 옹호할 것인지 아닌지를 결정하는 경향이 있다. 즉, 또래로부터 범죄에 우호적인 혹은 비우호적인 정의들을 학습한다는 것이다. 그렇다고 해서 범죄가 만연한 환경에서 자라난 아이들이 모두 다 범죄성향을 가지는 것은 아니다. 범죄 소굴 속에서도 긍정적인 역할 모델과의 강력한 연대감을 가지게 되면, 범죄로부터 자유로울 가능성이 높아진다.

하지만 범죄를 이해함에 있어서 범죄행동이 학습된다는 관점이 특별히 새로운 주장은 아니며, 범죄의 형태와 동기가 복잡한 것을 고려할 때 너무 단순한 설명이어서 범죄에 작용하는 개인적 요인의 영향력을 간과하고 있다는 비판을 받았다.

(2) 표류이론

맛차(1964)의 청소년 비행에 관한 표류이론은 전술한 차별접촉이론과 여러 가지 면에서 기본 가정을 공유한다. 한 가지 중요한 차이점이 있다면, 표류이론은 비행이 주로 특정 시점의 상황에 따라 청소년이 선택한 결과라는 점을 강조한다. 즉, 행동에 대한 개인의 판단이 중요하다는 점을 강조한다는 점에서 차별접촉이론과 중요한 차이점을 가진다. 표류이론이 차별접촉이론과 차이를 보이는 또 다른 가정은 비행청소년들이 자신의 비행에 대한 사회의 법 집행이나 공동체의 반응들에 매우 차별적이라는 감정, 즉 부정의

감(sense of injustice)을 가진다는 것이다.

표류(drift)라는 개념은 비행과 규범적 행동 모두 비행청소년의 특성이라는 점을 강조하기 위한 것이다. 즉, 비행청소년이라 할지라도 그들은 범죄에 가담하기도 하고 범죄에서 이탈하기도 하는데(표류하는데), 그것을 결정하는 요인인 상황(situation)과 개인의 정조(mood)와 정서(feeling)에 따라 달라진다. 예컨대, 비행에 몰두하고 관심을 가지는 청소년이라 해도 실제로는 비행을 저지르지 않을 수 있다.

비행을 저지르기로 결정하게 하는 중요한 요소는 그 비행으로 인한 도덕적 책망을 중화(neutralize)할 수 있는 개인의 능력이다. 이는 제3장에서 설명한 도덕적 내면화와 불일치된 행동 후 자기 경멸의 부정적 정서에서 벗어나기 위해 사용하는 도덕적 분리 기제와 유사한 면이 있다(Bandura, 2002). 〈표 4-4〉는 범죄행위 혹은 비행의 도덕적 책망을 중화하는 방법들이다.

차별접촉이론과 표류이론은 기본적으로 청소년 비행에 대한 사회심리학적 분석의 틀

표 4-4 중화의 기술들

- 책임의 부정(denial of responsibility): 비행청소년이 자신들이 상황의 희생자라고 주장하는 것이다. 즉, 자신이 불가항력적인 상황에서 비행을 저지를 수밖에 없었다는 것을 강조한다.
- 피해의 부정(denial of injury): 비행청소년이 자신의 행위가 어떠한 손해나 피해를 야기하지 않았다고 주장하는 것이다.
- 피해자의 부정(denial of the victim): 비행청소년이 피해자가 그러한 피해를 받을 만했다고 주장하는 것이다.
- 비난자 규탄(condemnation of the condemners): 비행청소년의 행동을 비난하는 사람이 자신에게 앙심을 가지고 비난한다거나 부당하게 자신을 비난한다고 주장한다.
- 고상한 신조에의 호소(appeal to higher loyalties): 비행청소년이 자신의 행위가 고상한 법리와 신조(예: 도리 혹은 의리 등)로 정당화될 수 있다고 주장한다.
- 인성에의 호소(appeal to good character): 비행청소년이 비행에 가담하고도 비행을 저지를 만큼 자신들의 행위나 성격이 나쁘지 않다는 점을 강조한다.
- 희생화(victimisation): 비행청소년이 오히려 자신이 위협을 먼저 받았다거나 혹은 제3자로부터 막대한 피해를 받을 수밖에 없었다는 점을 주장하는 것이다.

을 제공하였다는 점에서 이전의 사회학적 관점들과 대조적이다. 즉, 비행의 일차적 원인이 특정인으로 규정되는 것은 아니지만, (누구든지) 개인 내에 존재한다는 것을 강조한다. 또한 이 이론들은 개인이 비행에 가담한다는 점을 강조하지만, 동시에 비행 가담의 결정에 있어서 사회적 요인들이 작용한다는 점을 인정한다. 특히 영향력 있는 개인이나 집단이 중요한 타자로서 개인의 비행에 영향을 미친다는 점을 강조한다.

5) 통제이론

통제이론(control theory)은 그 용어가 암시하듯이, 범죄나 비행이 억제되기 위해서는 개인에 대한 점검과 다소간의 통제가 필요하다는 입장을 가진다. 기본적으로 통제이론은 범죄나 비행은 발생할 것으로 예상되는 행동이라는 점을 강조한다. 즉, 통제이론은 다른 비행이론들과는 전혀 다른 질문으로 출발한다. 앞서 제시한 비행이론들은 '왜 발생하지 말아야 할 비행이 발생하는가?'라는 질문에서 출발하지만, 통제이론은 '발생해야 할 비행이 왜 발생하지 않는가?'라는 질적으로 다른 질문을 탐구한다. 즉, 통제이론은 인간이 비행을 저지를 경향성은 거의 보편적이라고 할 정도로 정상적인 것이라는 입장에서 출발한다. 다시 말하여 모든 인간은 비행이나 일탈욕구를 기본적으로 가진다는 가정이다. 이처럼 비행은 필연적으로 발생할 것으로 예상하기 때문에, 여기서 관심을 두어야할 것은 비(非)비행자와 비교하여 비행자가 가지지 않는 요소들이 무엇인지를 탐색한다.

통제이론에 의하면 비행은 비행에 작동하는 통제요인들의 부재 혹은 결함의 결과이다. 즉, 비행청소년은 심리적으로 혹은 사회적으로 비교적 통제되지 않은 존재들이다. 비행자들이 비행을 유발하는 요인보다는 비행억제요인들을 갖추지 못하여 비행에 가담하게 된다는 설명을 전개하므로, 비행 경향성과 욕구를 가졌지만 비행에 가담하지 않는 비(非)비행자들의 비행억제요인들을 탐색한다.

통제에는 다양한 유형이 있을 수 있겠으나 크게 개인적 통제(personal control)와 사회적 통제(social control)의 두 가지 형태로 구분될 수 있다. 개인적 통제는 심리학적 개념에 근거한 개인적인 통제요인들로 정신분석학적 개념들과 자아개념 및 자존감과 같은 요인들이 포함된다. 사회적 통제요인들은 가족, 학교, 종교와 같은 기본적인 사회제도들에의

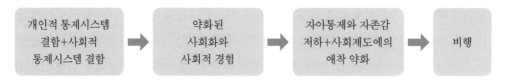

[그림 4-6] 청소년 비행에 대한 통제이론의 기본 가정

애착이다. 이는 다양한 방식으로 측정되는데, 대개는 정서적(부모-자녀 간 정서적 결속도 등), 행동적 측정(학교에서의 성적 등)에 근거한다.

(1) 개인적 통제론

정신분석학적 관점은 청소년 비행에 대한 개인적 통제시스템 설명이론으로 볼 수 있으며, 통제요인으로 초자아의 중요성을 강조한다(Reckless & Simon, 1972). 초기 아동기의 사회화 경험(특히 가족 내에서의 사회화)에 의해 형성되는 본능적인 이드의 분출을 억제하는 초자아가 청소년 비행의 개인적 통제요인이다. 하지만 정신분석학자들은 정신분석학적 접근법이 기본적으로 개인주의적 분석에 주력하기 때문에 정신분석학을 통제이론으로 분류하는 것에 대해 문제를 제기하였다.

억제(containment)론적 관점은 청소년 비행의 개인적 통제론으로 많은 관심을 받았다. 억제론은 전술한 서덜랜드의 차별접촉이론과 유사하게 사회심리학적 설명으로 분류되지만, 타인과의 접촉 그 자체보다는 그 과정에서 자신에 대한 개인적 정서, 즉 자아개념을 강조한다는 점에서 차별성을 가진다.

억제론은 비행이 낮은 자아개념의 결과라고 가정한다. 이것은 후술할 낙인이론과도 맥을 같이 하는데, 부정적인 자아개념은 비행청소년으로 낙인찍혀 온 경험에 의해 형성된다고 주장한다. 억제론은 사회계층이나 환경적 조건과 관계없이 자신에 대한 긍정적인 관점이 비행 가담 압력에 대항하거나 비행을 유도하는 유혹을 뿌리칠 수 있는 절연체 역할을 한다고 본다. 억제론에 의하면 충동, 압력, 유혹, 절연 혹은 완충과 같은 여러 층으로 구성된 힘들이 동시다발적으로 개인에게 작용하고 있다고 주장한다. 이러한 여러 힘들 중 비행에 가담하지 않게 하는 가장 중요한 것은 내적인 절연체인 자아개념이다.

(2) 사회적 통제론

개인적 통제론에서 개인의 특성이 강조되었다면, 사회적 통제론에서는 사회적 유대감(social bond)과 애착(attachment)이 비행으로부터 개인을 보호하는 강력한 요인이라고 주장한다. 사회적 유대감이란 개인과 사회 간의 연결을 의미하는 개념이다. 이 이론을 주도한 허쉬(Hirsch, 1969)는 사회적 유대감의 구성요소로서, 애착(attachment), 헌신(commitment), 관여(involvement), 신념(belief)을 들었다.

애착은 개인이 타인이나 집단에 대하여 가지는 심리적 정서적 연결을 의미하는 것으로 서로의 의견이나 정서에 대하여 상당한 관심을 갖는 것을 의미한다. 허쉬는 애착을 정신분석학에서의 양심이나 초자아의 개념에 대한 사회적 대응 개념으로 보았다.

헌신은 비행과 관련하여 발생하는 비용–편익 접근법의 결과이다. 즉, 그것은 도덕적 규범에의 동조를 통해 축적한 투자(시간, 돈, 노력, 지위)에 대비하여 비행에 가담함으로써 발생하게 되는 비용 혹은 손실의 비율이다. 그러므로 헌신은 정신분석학의 자아라는 개념의 사회적 대응 대응개념으로 사회적 유대의 합리적인 측면에 해당된다.

관여는 도덕적이고 합법적인 활동에의 참여를 의미한다. 예컨대, 학교에서 방과 후에 하는 클럽활동, 운동경기, 각종 단체에 참여하는 활동들이 이에 해당된다.

신념은 도덕적 가치체계의 수용을 의미하는 것으로 이것이 약화되면 비행에의 참여가 증가한다.

허쉬는 이러한 네 가지 사회적 유대들 간의 상호 관련성을 인정하였지만, 그 관련성은 단순하지 않다. 예컨대, 애착과 헌신은 역으로 관련될 수 있다. 부모나 또래와의 애착이 학교에서의 헌신과 합법적인 구직활동을 방해할 수 있는데, 특히 하위층 출신일수록 그 역의 관련성이 분명해질 수 있다. 하지만 그는 사회적 계층과 관계없이 애착과 헌신은 정적으로 관련된다고 주장하였다. 뿐만 아니라 헌신, 관여, 애착, 신념이 서로 정적으로 관련성을 가지며, 네 가지 사회적 유대 중 어느 것이 다른 것보다 더 중요하다고 할 수 없다는 점을 강조하였다. 즉, 청소년의 비행은 이러한 네 가지 사회적 유대가 결핍되거나 느슨해질수록 발생할 가능성이 크다는 것이다.

통제이론은 많은 경험적 연구를 통하여 지지되었다. 특히 다른 이론들의 경우 비행의 원인을 밝혀 왔지만 그 원인들에 대한 개입 가능성이 제한적인 반면, 통제이론에서 제시하는 비행 통제요인들은 비행 예방에 주는 시사점과 비행에 개입할 가능성이 큰 것으로 평가되었다. 무엇보다 연구의 방향이 다른 이론들처럼 비행을 발생시키는 요인을 찾기보다는 예견된 비행이 발생하지 않는 이유(원인)들을 제시함으로써 청소년 비행 연구의 신기원을 열었다는 평가를 받았다.

6) 낙인이론

낙인이론은 다른 비행이론들의 주장처럼 '처음으로' 발생하는 비행의 경우에는 다양한 요인들이 작용한다는 입장을 가진다. 하지만, 이러한 다양한 요인들은 이후의 지속되는 비행의 과정에서는 중요한 요인들이 되지 못한다. 반복적인 비행 과정에서의 가장 중요한 비행 원인은 비행청소년이라는 공식적인 낙인(labeling)이다(Becker, 1963).

문제는 여기서 그치지 않는다. 비행청소년이라는 공식적 낙인은 그 대상으로 하여금 자신의 자아상을 변경하도록 하여 스스로 자신을 비행청소년으로 낙인찍도록 하여 결국 자신의 정체성을 비행청소년으로 규정하게 한다. 자신의 정체성을 비행청소년으로 규정한 청소년들은 규범적 행동보다는 비행에 가담하는 것이 더 자연스러울 것이고 그 결과 비행의 경향성은 더욱 증가한다는 것이다. 요컨대, 사회로부터의 비행청소년이라는 공식적 낙인(1차 낙인)에 더하여 자기 자신을 비행청소년으로 낙인찍는 2차적 낙인이 더해져서 비행의 지속성을 높인다는 것이다.

낙인이론은 한때(1960년대) 아이디어의 참신성으로 인해 전통적인 비행이론과 대비되면서 많은 인기를 얻었다. 그 당시에 낙인이론이 인기를 얻었던 것은 낙인이론 자체의 타당성보다는 그 당시까지 전개되었던 비행이론에 대해 많은 사회과학자들의 불만을 가

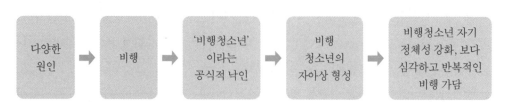

[그림 4-7] 청소년 비행에 대한 낙인이론의 기본 가정

지고 있었다는 점을 반영한 결과일 것이다. 새로운 관점으로 등장할 당시에는 낙인이론의 가정들이 세심한 경험적 점검 없이 수용되었지만, 후속하는 경험적 분석을 통하여 낙인이론 가정들의 타당성은 많은 의심을 받게 되었다.

하지만 적어도 낙인이론은 비행의 지속가능성과 반복성을 설명하는 중요한 관점으로 평가할 수 있을 것이다. 특히 비행 그 자체보다는 '비행자'라는 사회적 낙인과 자기낙인의 과정이 특정 청소년들로 하여금 비행의 지속성과 반복성을 강화할 수 있다는 점을 유념할 필요가 있다. 실제로 학교교육 장면에서 많은 학생들이 사회적으로 문제아 내지 비행청소년으로 낙인찍히고 이러한 반복적인 사회적 낙인이 그들로 하여금 자신의 정체성을 비행청소년으로 규정함으로써 더욱더 비행이 자연스럽게 받아들여지는 것이 현실이다.

장의 요약

1. 학교교육의 대중화와 함께 보편적 개념이 된 청소년에 대하여 우리 사회는 부정적인 편견으로 인식해 왔다. 불안하고 공격적이며 위협적인 존재, 믿을 수 없고 무책임한 존재, 환경에 취약한 존재라는 사회적 편견에서 벗어나 청소년이 환경을 극복하거나 통제하고 자신의 행동에 책임을 질 수 있도록 역량을 길러 줘야 한다.

2. 청소년 문제행동은 일탈에서 범죄에 이르기까지 다양하다. 성인과 청소년의 규범적 문제행동 분류 기준에 따라 문제행동의 유형을 재분류하고 관심을 가질 필요가 있다.

3. 청소년 문제행동을 설명하는 여러 이론은 청소년 문제의 원인을 각기 다른 관점에서 이해하는 데 도움을 준다. 심리학적 이론과 사회학적 이론들은 청소년 비행에 대한 각각의 기본 가정을 바탕으로 개인적·환경적 요인으로 인해 청소년 비행이 발생하는 과정과 결과를 설명하고 있다.

수업활동

1. 청소년 비행이론을 적용하여 학교폭력 가해행동을 설명하고, 각 이론이 학교폭력 예방과 대처에 주는 시사점이 무엇인지 탐색해 보자.
   - 심리학적 이론(지능, 성격적 특질 등)
   - 사회해체 및 아노미론
   - 하위계층이론(중산층 잣대론, 차별적 기회구조론)
   - 대인관계 및 상황론(차별접촉이론, 표류이론)
   - 통제이론(개인적 통제론, 사회적 통제론)
   - 낙인이론

학교폭력의 예방

School Violence Prevention by Understanding Students...

제5장

학교폭력 가해학생의 이해

최근 학교폭력 현상은 과거와 비교했을 때 다음과 같은 몇 가지 독특한 특징을 갖는다. 첫째, 다양하고 복합적인 양상을 보인다. 둘째, 정도의 심각성이 커지고 있다. 셋째, 일반화된 비행유형이 되고 있다. 넷째, 가해자와 피해자의 구분이 어렵다. 다섯째, 뚜렷한 원인을 찾기 어렵다. 여섯째, 피해자의 신고가 적다(김혜원, 2014). 이렇듯 가·피해자의 구분이 불명확하고, 학교폭력의 원인이 복합적인 경향으로 변함에 따라 더더욱 가해학생 특성과 피해학생 특성을 구분 짓는 것이 어려워지고 있다.

학교폭력에는 폭력 유형에 따라 달라지긴 하겠지만 엄연히 피해자와 가해자가 존재한다. 많은 사람이 가해학생의 경우엔 '왜 폭력적인 행동을 하였는지', 그리고 피해학생의 경우에는 '왜 그러한 폭력의 대상이 되었는지'를 궁금해한다. 그러나 최근 학교폭력의 발생 경향을 살펴보면 가·피해 구분이 불분명한 경우가 많다. 즉, 피해를 받았던 학생이 어느 순간 가해자가 되는 경우도 있고 가해학생 역시 한순간에 피해자가 되는 경우도 있다. 하여 보편적인 관점에서 피해학생과 가해학생에 대한 구분이 반드시 적절한 것은 아닐 수 있다. 최근엔 피해학생이 어느 순간 가해자가 되기도 하고, 가해학생이 어느 순간 피해자가 되기도 하기 때문에 전형적인 피해학생과 가해학생의 구분이 반드시 적절한 것은 아닐 수 있다(강윤형 외, 2010; 김가은, 2019).

학교폭력의 문제를 해결하려면 사건이 발생하기 전에 일상생활에서 평화와 질서가 유지되도록 선제적으로 대응하는 것이 중요하다. 특히 학교폭력의 가해 및 피해학생의 구분이 모호해진 최근의 상황을 고려하였을 때, 발생 후 대처보다 사전에 가해 및 피해의 징후를 알아차리고 적극적으로 예방하려는 노력이 필수적이다. 앞서 제2장에서는 학교폭력의 원인을 개인적 및 환경적 요인으로 구분하여 간략하게 소개하였으며, 제3장과 제4장에서는 여러 이론에 기반하여 학생발달과 청소년 문제를 살펴보면서 학교폭력의 가해학생과 피해학생을 이해하고자 하였다. 제5장과 제6장에서는 학교폭력 가해학생과 피해학생의 특성을 좀 더 상세하게 살펴봄으로써 학교폭력 예방에 도움이 될 실질적인 자료를 제공하고자 한다. 이는 곧 학교폭력의 가해 및 피해의 원인이면서 가해 및 피해 학생들에게서 대표적으로 관찰되는 특징이므로, 학교폭력 가해 및 피해의 징후를 파악하여 학교폭력을 예방하는 데 사용할 수 있을 뿐만 아니라 이어지는 제4부에서의 학교폭력 대처에도 유용하게 활용될 수 있다.

최근 교육부(2023b)의 2023년 전국 학교폭력 실태조사에서 가해행동을 한 이유를 질문한 결과, '장난이나 특별한 이유 없이(34.8%)'가 1위를 차지했다. '피해학생이 먼저 괴롭혀서'가 25.6%로 2위, '오해와 갈등으로'는 12.1%로 3위를 각각 기록했는데, 이는 타인에 대한 배려와 공감능력의 부족, 폭력의 위험성과 죄책감에 대한 인식이 없음을 나타내는 것으로 보인다. 그 외, 많은 수의 가해학생들이 자신의 행동에 대해 '피해학생의 행동이 맘에 안 들어서', '화풀이 또는 스트레스 때문에', '강해 보이려고', '다른 친구들이나 선배들이 하니까' 등으로 응답하고 있는 것은 우리에게 많은 시사점을 던져 주고 있다. 학교폭력 가해자들이 진술한 내용의 이면에는 겉으로 드러난 이유 이외에 학교폭력 예방과 문제해결을 위해 학교와 교사가 주목해야 할 몇 가지 공통적인 특성이 내포되어 있다. 이에 대해 이 장에서는 가해학생의 개인적 특성과 환경적 특성으로 구분하여 살펴보고자 한다.

1. 개인적 특성

가해학생의 개인적 특성은 학자에 따라 다르게 정의되는데, 그중 공통적으로 언급되는 것은 공격성, 충동성, 피해자에 대한 낮은 공감능력, 분노 등이다(김원영, 2017; 이현림,

김말선, 박춘자, 2012; Espelage & Holt, 2001; 이동형, 이승연, 신현숙, 2011에서 재인용). 우선 아동 및 청소년의 기질 혹은 생물학적 요인을 들 수 있다. 가해학생의 특성 중에 공격성과 관련한 전두엽의 실행기능 저하는 가장 자주 논의된다. 특히 생물학적 관점에 따르면 폭력성향이란 인간이 유전적으로 가지고 태어난 것으로, 호르몬, 각성수준, 신경심리적 결함 등도 원인이 될 수 있다고 한다. 따라서 폭력적인 사람들은 유전적 폭력성향을 통제해야 하는 뇌신경체제의 장애로 인해 학교폭력과 같은 공격행위를 보인다고 설명하고 있다(정종진, 2013; Rowe, 2002). 심리학과 정신의학 관련 학자들은 일반적으로 공격적이고 난폭한 행동을 하는 사람들의 잠재의식 속에 불안정한 의식이 존재해 있다고 하였다.

폭력행위를 하는 학생들의 밑바탕에 깔린 공통적 정서는 불안이다. 정서적 불안은 모든 생활에 대한 불만과 좌절이 거듭됨으로써 욕구가 좌절되는 현상 속에서 발생한다. 이러한 정서적 불안은 가정 및 학교생활에 대한 의욕상실로 이어지게 되어 있다. 그로 인해 국내외 많은 학자들은 정서적 불안을 학교폭력의 주된 원인으로 보고 있다.

정서적 불안은 때로는 정서장애로 이어져 반학적·충동적·파괴적 행동을 하며 타인을 괴롭히고 감수성을 예민하게 하고 열등감, 적개심을 유발시키기도 한다. 또한 불안 및 우울과의 연관성에 대해서는 일반적으로 피해학생에 비해 가해학생의 불안 및 우울 수준이 높지 않다고 알려져 있다. 공격성과 같은 문제행동을 보이는 청소년들은 우울과 불안이라는 내재화된 문제를 지니고 있지만, 자신의 우울을 잘 지각하지 못하며 우울이라는 심리를 공격적 행동을 통해 표출하기 때문이다(Estevez, Murgui, & Musitu, 2009; Wolf & Ollendic, 2006).

가해학생들이 모두 병리적 증상을 가지고 있는 것은 아니지만 병리적인 부분을 보이는 경우도 흔하고 이러한 특성들이 학교폭력을 일으킬 수 있는 위험요인으로 작용될 수 있다. 따라서 본 장에서는 정서 및 행동에 대한 자기조절 문제와 관련이 있는 품행장애와 우울장애 및 불안, 공격성, 낮은 공감능력, 충동성, 낮은 자아존중감, 낮은 자기조절능력을 살펴볼 것이다. 이는 가해학생을 이해하는 데 도움이 될 것이다.

1) 품행장애

품행장애(conduct disorder)는 반사회적 · 공격적 · 도전적 행위를 반복적 · 지속적으로 행하여 사회 학업 작업 기능에 중대한 지장을 초래하는 장애를 의미하는 것으로, 사회적으로 용납되지 않는 행동을 지속하는 특징을 보인다. 품행장애의 주된 증상으로 비행, 공격성 등이 동반된다. 가족뿐만 아니라 대인관계 전반에서 나타날 수 있으며 가정과 학교, 사회에서 나타난다. 심리적 관점에서의 품행장애는 사회적으로는 일탈 행동(misbehavior, deviant behavior), 법률적으로는 청소년 비행(juvenile deliquency)에 해당된다. 또 정서적 조절의 어려움과 주로 관련되는 간헐적 폭발장애, 분노와 과민성의 통제가 어려운 적대적 반항장애와도 관련이 있다(APA, 2015).

일반 아동들은 도덕적 관점, 옳고 그른 것에 대한 감각, 법과 규준에 따라 행동할 수 있는 능력을 가지고 있거나 발달시킬 수 있지만 품행장애 아동과 청소년들은 자신의 행동이 도덕규범에 어긋난다거나 타인에게 피해와 상처를 주는 행동이라고 생각하지 않는 경우가 더 많다. 그렇기 때문에 반사회적 행동을 흥미진진하게 느끼고 보상을 주는 것으로 인식하여 반사회적 행동을 통해 '자기개념'을 형성하고자 한다(Ryall, 1974: 이동훈, 2013에서 재인용). 이러한 심리적 요인이 학교 내 폭력의 가해행동으로 표현되는 것이라 볼 수 있다. 많은 수의 적대적 반항장애 아동과 청소년들은 가족 내에서 훈육의 부재, 부모의 불화 등을 경험하고 있다. 또한 학령기 동안 자존감이 낮고 기분의 변동이 심하며 좌절에 견디는 힘이 약하고, 술, 담배 등을 조기에 사용하기도 한다. 거부적이고 도전적으로 보이는 행동을 추구하며 지속적인 고집, 친구와의 타협이나 양보, 협상을 하지 않는 태도를 취하며 반항하고, 명령을 무시하며 실수에 대한 비난을 받아들이지 못한다(이동훈, 2013). 이러한 특성들은 학교폭력을 일으킬 수 있는 위험요인으로 작용한다.

2) 우울장애 및 불안

DSM-5(2015)에 따르면 우울장애 범주에 파괴적 기분조절부전장애 및 주요 우울장애, 지속성 우울장애 등이 포함된다. 우울장애는 의욕 저하와 우울감을 주요 증상으로

하여 다양한 인지 및 정신 신체적 증상을 일으켜 일상 기능의 저하를 가져오는 질환을 말한다. 가장 기본적인 증상은 우울한 기분, 흥미나 즐거움의 상실이다. 우울함은 기본적으로 실패나 상실에 대한 심리적 반응으로, 이러한 실패와 상실은 살아가면서 누구나 경험한다. 일시적으로 우울한 기분을 갖다가 시간이 지나면 정상적인 삶을 회복하기도 한다. 그러나 오랜 기간 이 우울함이 지속되거나 우울한 기분의 강도가 심해진다거나 다양한 우울증상이 나타날 경우 문제가 된다(이규미 외, 2022). 청소년기 우울은 특히 '가면성 우울증'이라 하여, 성인과 달리 짜증이 심하고, 자신의 우울을 감추는 경우가 많다. 또한 희망이 없다는 생각에 '될 대로 되라'는 식으로 대응하다 보면 폭력행동이 일어날 수 있다. 또한 지속적으로 슬픈 감정과 외로움, 불안, 공허감, 흥미상실 등의 정서적 증상과 함께 자기 비난과 비하, 죄의식과 무가치감, 사고력 및 주의력 저하와 같은 인지적 증상이 나타나기도 한다. 우울장애가 심해질 경우 청소년은 학업을 중단할 가능성이 높고, 가족관계나 또래관계 등에서 사회적 능력 손상 등을 입을 수 있다. 또한 지속적으로 과민하며 분노를 보이는 학생들은 빈번하게 감정의 폭발이 일어날 수 있으며, 이로 인해 문제행동의 위험이 더 높을 수 있다는 것을 기억해야 한다.

일반적으로는 피해학생이 가해학생보다 비행 우울과 불안 등 정서적 어려움을 더 많이 겪고 있는 것으로 보고되고 있다. 하지만 가해학생과 피해학생 모두 다른 학생들에 비해 더 높은 수준의 우울증과 외로움, 불안을 나타내고 있다는 보고(Nansel et al., 2001)도 있다. 일부 연구자(Kaltiala-Heino et al., 2000)들은 가해학생들의 우울 수준은 피해학생들의 그것과 대등한 수준임을 보고하기도 하였다. 불안은 인간이 느끼는 기본 정서로 아동과 청소년에게 새롭거나 위협적인 상황을 경고해 주는 적응적 기능을 갖기도 한다. 따라서 교사나 학교상담자는 학생이 경험하는 불안의 정서가 정상적인 두려움과 걱정의 수준인지, 그 정도가 너무 지나쳐서 건강한 인성 및 사회성 발달에 지장을 주는 수준인지 판단할 수 있어야 한다. 일반적으로 가해학생들은 감당하기 힘든 불안의 회피 방법으로 가해행동을 하기도 한다.

3) 공격성

학교폭력과 관련된 또 다른 성격적 특성으로 가해자들이 일반 청소년들에 비해 높은 공격적 특성을 지닌다는 점을 꼽을 수 있다. 폭력행위를 하는 학생에게 가장 많이 나타나는 개인·심리적 특성은 공격성이다. 일반적인 청소년들은 양심과 도덕 기준이 자기통제력에 강하게 작용하여 폭력적 행위를 하지 않지만, 공격성과 반사회적 특성이 높은 학생들은 폭력적인 행동을 하고도 반성하거나 고민하지도 않는다. 폭력이나 비행을 저지르는 청소년들은 일반 청소년들과 비교했을 때 스트레스 상황에 대처하는 과정에서 차이를 보인다. 이들은 자기조절능력이 부족하고 윤리의식이나 도덕의식이 제대로 형성되어 있지 않기 때문에 죄책감이나 수치심을 느끼지 못하고 공격적으로 행동한다. 공격적인 학생들은 자기 욕망이나 감정이 작동하게 되면 사회질서나 규범을 고려하지 않고 감정대로 행동하는 경향이 있으며, 순간적인 충동을 억제하지 못하고 분노를 표출함으로써 힘을 행사하기 위해 폭력행위를 가중시키게 된다.

공격성이 강한 청소년들의 행동적 특성은 다음과 같다(김현경, 1996).

- 자아 기능의 약화로 문제행동을 하는 학생들은 지나치게 쾌락주의라든지 아니면 지나치게 억압적이어서 현실에 효과적으로 대응하지 못한다.
- 욕구불만의 누적으로 자포자기하여 모든 행동에 의욕을 잃게 되거나 모든 것을 부정적으로 보고, 어떤 문제에 부딪히면 미리 포기해 버린다.
- 문제해결능력 부족으로 정상적인 정보처리가 어려우며 인내심이 부족하기 때문에 지적인 면에서 기능을 제대로 발휘하지 못하고, 문제해결에 필요한 기술을 습득하지 못하여 부적응 행동을 하게 된다.
- 사태를 객관적으로 지각하지 못한다. 자신을 실제보다 훨씬 부정적으로 지각하거나 또는 현실보다 포부를 높여 지각함으로써 욕구에 대한 좌절감을 느낀다.
- 비현실적 지각으로 인해 욕구 좌절을 경험하고 문제해결을 하는 기술을 습득하지 못해 성공을 경험할 수 없는 등 동기유발이 결여되어 있다.
- 분명한 목표가 없어 불필요한 자극에 반응하고, 필요한 자극에는 반응을 보이지 않

는 등 목적의식이 결핍되어 있다.

- 신체적인 면과 지적인 면의 격차, 감정 표현의 불균형, 생리적·생물학적 구조상의 발달 부조화로 환경의 자극에 적절한 반응을 못한다.

4) 낮은 공감능력

학교폭력, 특히 학교폭력 가해행동과 관련되어 있다고 여겨지는 또 하나의 대표적인 정서는 타인에 대한 공감능력 부족이다. 즉, 타인의 감정을 이해하고 공감하는 능력이 부족한 경우가 많다. 일반적으로 학교폭력 가해자들은 일반 청소년들에 비해 상대의 감정을 읽어 내는 능력이 부족하다고 여겨지고, 이러한 주장은 여러 연구들을 통해 검증되어 왔다. 가해자들은 피해자들을 불쌍하게 여기거나 공감하는 능력이 부족하며, 피해자들이 폭력을 당할 만하다고 생각하며 피해자를 비난하는 경향이 있다. 강승호와 민미자(2002)의 연구에서도 학교폭력을 주도하는 학생은 일반 청소년들에 비해 감성지능이 낮았을 뿐만 아니라 타인의 감정을 인식하는 능력과 타인의 감정을 관리하는 능력이 낮았다.

한편, 공감능력과 연결되는 개념인 타인에 대한 수용능력 또한 학교폭력과 밀접한 관계가 있는 것으로 보고되었다. 이러한 낮은 공감능력과 수용능력 부족의 원인은, 첫째, 어린 시절 부모로부터 안정적 지지와 인정을 받지 못한 데서 비롯된다. 둘째, 반복적으로 폭력에 노출되는 경우 이에 대한 둔감화로 인해 공감능력이 떨어질 수 있다.

5) 충동성

충동성의 개념에는 다음과 같은 세 가지 유형을 포함하고 있다. 첫째, 주의집중 결핍으로서의 인지 충동성, 둘째, 선택과 조절·통제의 어려움으로서의 운동 충동성, 셋째, 계획 능력의 결핍으로서의 무계획 충동성이 그것이다.

첫째, 인지 충동성은 어떤 일이든 쉽게 몰두할 수 없으며, 신중하게 생각한 후 행동하는 일이 없다. 복잡한 문제를 놓고 생각하기를 싫어하며, 복잡한 일을 하려고 하면 싫증이 난다. 한 가지 일이 끝날 때까지 한결같이 계속 추구하지 못하며, 깊이 생각하던 일도 다른 생각이 떠오르면 그것 때문에 크게 방해를 받는 특징을 갖는다.

둘째, 운동 충동성의 특징은 깊이 생각하지 않고 일을 시작하는 경향이 있으며, 자기 자신을 스스로 억제할 수 없다. 한군데 오랫동안 앉아 있기가 힘이 들며, 깊이 생각하지 않고 말을 한다. 충분한 사전 계획이나 앞뒤 생각 없이 행동하고, 특별한 계획 없이 기분 나는 대로 물건을 사며, 또한 강의를 듣거나 대화를 할 때 안절부절 못하는 경향이 있다.

셋째, 무계획 충동성은 일을 착수하기 전이나 여행을 떠나기 전에 시간을 두고 세밀한 계획을 세우는 일이 없다. 정기적으로 저축하는 일도 없으며, 한 가지 일이 채 끝나기도 전에 또 다른 일을 착수하며, 그 일에 착수하기 전에 안정성을 고려하지도 않는 특징을 갖는다. 종합해 보면, 충동성은 자신의 활동과 관련된 정보에 대한 주의집중력이 낮고, 만족을 연기할 만한 능력, 침착성, 자제력이 결여되며, 계획에 의한 활동보다는 즉각적인 선택을 하는 판단이나 기분에 좌우되는 행동과 관계있는 성격 특질이다(송선희 외, 2017).

6) 낮은 자아존중감

자아존중감이란 자신이 사랑받을 만한 가치가 있고 소중한 존재이며 어떤 성과를 이루어 낼 만한 유능한 사람이라고 믿는 마음이다. 개인이 자기 자신에 대해 형성하고 유지하는 평가로서, 자신이 중요하고 유능하며 성공적이고 가치 있다고 보는 정도를 나타낸다. 즉, 자아존중감은 개인이 자신에 대해 갖는 태도 속에 나타나는 것이며, 자신에 대한 가치의 판단이다.

자아존중감에 대한 다양한 정의들을 종합해 보면, 자아존중감은 다음과 같은 측면을 지니고 있다. 첫째, 자신의 가치에 대한 자기평가 혹은 자기 판단이라는 점이다. 둘째, 어떤 구체적인 개념이라기보다는 오히려 포괄적이고 전체적인 개념이다. 셋째, 상황에 따라 쉽게 변하는 것이 아니고 비교적 지속적인 특성을 지니고 있다. 넷째, 자신을 평가할 때 강조하는 영역은 사람마다 다르기 때문에 자아존중감의 정도는 측정도구에 따라 달라질 수 있다. 자아존중감 수준이 낮은 사람은 높은 사람보다 불안의 정도가 심하며, 대인관계가 좋지 않고, 자신감과 지도력이 결여되어 있다. 또 자기평가에 대하여 회의적이고, 자기를 무가치한 인물로 보며, 자주 불안을 느끼고 우울해지며, 불행하다고 느끼고, 자기 자신에 대해서는 확신을 느끼지 못하여 행동도 불안정하고 소극적이다.

우리나라 청소년들을 대상으로 한 연구(최효진, 2006)에서 학교폭력 가해 성향은 자존감과 부적 상관관계가 있어, 학교폭력 성향을 보인 청소년들은 자존감이 낮은 것으로 나타났다. 일반적으로 학교폭력 가해학생들은 자신에 대한 만족 및 수용 정도가 낮아서, 자신을 못났고, 열등하며, 쓸모없고, 사랑받을 만한 존재가 아니라고 느낀다. 낮은 자존감은 학생들로 하여금 폭력 등 다양한 문제행동에 참여하게 만들고, 반복되는 폭력으로 인하여 자기통제력이 더욱 약화된다. 또한 주변의 멸시로 인하여 자학적인 자아상이 형성되어 결국 아주 작은 문제에도 적극적으로 해결하고자 노력을 기울이기보다 쉽게 폭력을 되풀이하는 악순환이 발생한다. 이러한 결과는 청소년의 비행이나 폭력이 낮은 자아상과 관련된다(곽금주, 문은영, 1993)는 것을 시사한다.

7) 낮은 자기조절능력

학교폭력 가해학생들은 성미가 급하고 화를 잘 내는 편이며, 충동적이고 좌절을 쉽게 받아들이지 못한다. 동급생, 특히 학교폭력 피해학생들보다 육체적으로 힘이 세고 다른 학생들을 지배하고자 하며, 힘과 위협으로 굴복시키고자 하는 욕구가 강하며 어른들에게 불평불만이 많은 편이다(Olweus, 1991).

학교폭력 가해자들은 충동통제능력이 부족하며, 외부 자극에 대해 통제력이 약하고 과잉반응하는 경향이 높다(이춘재, 1999)는 주장은 폭력 가해자들이 충동에 대한 절제나 자기조절이 이루어지지 못함을 지적하는 것이다. 자기조절능력은 학교폭력과 같은 심각한 스트레스 상황에서 청소년의 공격적인 행동, 우울이나 자살 충동과 같은 문제행동을 완화, 조절시켜 주고 이들이 보다 긍정적인 대처행동을 선택할 수 있도록 하는 중요한 개인적 보호요인임을 알 수 있다(나희정, 2013). 정서적 자기조절능력이 높은 학생일수록 적극적, 지지추구적 대처행동을 하지만, 낮은 학생일수록 회피적, 공격적 대처행동을 더 많이 하고 있는 것으로 보고되고 있다(김경숙, 2003).

종합해 보면, 낮은 자기통제력을 지닌 사람들은 충동적이고, 무신경하고, 육체적이며,

위험한 행동을 선호하고, 근시안적이며 말보다는 행동으로 스스로를 표현하는 경향이 있다. 그리고 사회생활은 물론 대인관계에서도 친밀감을 찾을 수가 없다. 따라서 자기통제력이 부족한 청소년은 자기조절능력이 부족하므로 어떤 문제에 직면했을 때 즉각적으로 폭력적 행동을 취하게 된다. 또한 자기조절능력이 부족한 청소년은 일반적으로 행동하는 데 있어서 생각하기보다는 충동적인 성향이 강하게 나타난다. 이러한 충동적 성향은 공격성과 범죄성에 직접, 간접적으로 관련된다(구희주, 2022).

2. 환경적 특성

개인적 요인 외에 학교폭력의 가해행동에 영향을 주는 요인으로는 가정, 학교, 사회문화적 요인과 같은 환경적 특성을 들 수 있다. 가해학생을 이해하기 위하여 그들이 속해 있는 가정과 학교, 지역사회의 문화 요인에 대하여 살펴볼 필요가 있다.

가해학생들은 일반 청소년들에 비해 많은 일탈과 규칙 위반 행동을 하고, 일반 학생들에 비해 더 많은 비행행동을 용인한다. 또한 폭력행동의 원인을 주로 개인 외부환경에 귀인시키는데, 이때 사회적 유대가 약할 경우 비행성향을 통제할 수가 없어 결국 비행을 저지르게 된다(Hirsch, 1969). 아동이 가정, 학교, 사회와의 유대가 없고, 그 통제력이 약화되어 아동에게 어떤 영향력도 미치지 못하며, 부모나 교사 등 의미 있는 사람들과 결속이 없으면 학교폭력과 같은 폭력행위는 더욱 자유롭게 이루어질 수 있다(정종진, 2012, 2013).

또한 사회인지이론에 따르면 부모나 기성세대의 폭력행위를 모방함으로써 가해행동이 발생할 수도 있다. 다른 사람의 폭력행동에 자신도 모르게 노출됨으로써 폭력을 관찰하고 모방하여 문제해결을 위한 방법으로 새로운 폭력행동 기술을 습득하기도 한다. 여기서 더 나아가 폭력에의 노출은 스스로의 감정조절이나 상황판단력, 폭력행동에 대한 억제력을 둔화시키게 되어 죄책감이나 문제의식 없이 폭력행동을 모방할 수 있게 한다.

1) 가정적 요인

학교폭력의 원인은 기, 승, 전, 가정의 문제라 해도 이견을 없을 정도로 학교폭력의 문제를 해결하기 위해서는 가정의 문제를 바로 잡을 필요가 있다. 가정이란 사회의 최소단위로 개인과 사회를 연결시키는 기능을 하는 곳이다. 다시 말해, 가정은 아동 및 청소년들의 사회화를 촉진시키는 매우 중요한 장소로, 비단 발달심리학자들이 이야기하는 애착의 중요성뿐만 아니라 동일시와 인성의 형성 등에 직접적인 영향을 미칠 수 있다.

가정적 요인은 크게 가정의 구조적 특성과 기능적 특성으로 나누어 볼 수 있다. 가정의 구조적 특성이라 함은 가족의 형태를 의미하는 것으로, 현대의 핵가족, 한부모가정, 빈곤가정 등의 특성을 들 수 있다. 가정의 기능적 특성은 부모의 양육 태도, 부모와 자녀관계 등을 들 수 있는데, 가정 내의 규칙, 가족 간의 상호작용, 의사소통 수준 및 방식 등과 연관된다.

바쁜 현대인들은 예전에 비해 가정의 유대 및 결속력이 약해져 있다. 어머니만 생존해있는 모자가정, 아버지만 생존해 있는 부자가정, 양친 모두 있으나 재혼가정, 조부모가정, 부모가 이혼했거나 별거 중인 가정 등 다양한 가족의 형태가 존재한다. 빈곤가정은 금전적 부족이 큰 절대적 빈곤가정과 희망하는 수준의 생활을 하지 못함으로써 심리적박탈감을 느끼는 상대적 빈곤가정이 있을 수 있다(김혜원, 2014). 가족의 구조적 특징으로 인해 가해학생은 여러 가지 폭력적 상황에 노출될 수 있다.

자녀와의 대화 부족과 학부모의 학교교육 참여 기회가 부족하여 학교폭력으로 인한 이상 징후를 즉각 발견하지 못한 경우, 맞벌이 부부 증가로 인한 가정에서의 자녀 돌봄 기능이 약화된 것 또한 학교폭력의 원인으로 볼 수 있다. 여러 연구에 의하면 가해학생 가정은 가족 응집력이 낮고, 가족 갈등이 있으며, 가족 간 애정이 불충분하며, 부모의 지지가 덜하다고 한다(Demaray & Malecki, 2003: 이동형, 이승연, 신현숙, 2011에서 재인용; Olweus, 1993; Stevens, De Bourdeaudhuji, & Van Oost, 2002). 또한 부모가 독재적인 양육방식을 가지고 벌을 많이 사용한다고 보고되고 있다(Bladry & Winkel, 2003). 부부 간의 갈등이 심하거나, 부모 역할을 제대로 하지 못하여 부모와 자녀 간의 갈등이 심각할 경우 가정 내의 애정결핍 또는 정서적 불만이 증가하여 학교폭력의 원인이 될 수 있다. 이러한 가정의 자녀들은 자신이나 타인의 정서를 읽는 것에 민감하지 못하고, 자신의 정서를 조절하는 능력을 발달시키지 못한 채 분노를 표출하는 것을 당연시 여기고, 공격적인 행위에 둔감해질 수 있다.

또한 가정폭력의 정도가 심각할수록 폭력적인 성향이 나타날 수 있는데, 가해학생들은 보고 듣고 경험한 그대로를 모방하여 폭력으로 상황을 해결하려 하지만 가정은 이를 통제하고 관리하지 못한다. 이에 더하여 과거와 달리 현 시대 부모들은 자신의 자녀만 중요하게 여겨 과잉보호함으로써 배려와 협동보다는 자기중심적인 행동을 조장하기도 한다. 또래끼리의 다툼뿐만이 아니라 조그마한 일이 벌어지더라도 학교로 달려와 부모가 문제를 대신 해결해 주는 모습 등을 흔히 볼 수 있다. 이러한 잘못된 부모의 애정이 가해학생의 폭력적인 행동을 유발하는 데 많은 기여를 하는 것으로 나타났다.

요약해 보면 부모의 무관심과 언어적 · 신체적 폭력과 같은 학대, 비일관적인 양육 태도, 갈등적인 부모-자녀 관계, 일방적인 의사소통 방식, 모델링이 될 만한 부모의 역할 부재, 부모의 잘못된 애정 등이 학교폭력을 유발하는 데 기여하는 가정적 요인이라 할 수 있겠다.

2) 학교적 요인

대부분의 청소년들은 하루 중 학교에서 보내는 시간이 가장 많다. 학교폭력과 관련된 학교요인으로는 학교 풍토, 교사의 태도, 또래관계, 학업 수행과 학교생활 등을 들 수 있다.

첫째, 입시로 인한 경쟁으로 스트레스가 매우 심한 우리나라 청소년들은 학교생활에 대한 만족감과 주관적인 안녕감이 낮은 편에 속한다. 학생들은 일찍부터 학원으로 내몰리고, 성적 경쟁 속에서 학업성취가 좋지 못한 청소년들은 열등감과 절망감을, 학업성취가 좋은 학생들은 이를 유지해야 한다는 불안감에 시달리기 때문이다. 자주 시험을 보고 성적을 공개하고, 창피 주고, 벌주고, 핀잔을 주는 것은 실패감에 앞길을 막막하게 한다. 시험 스트레스는 학생들의 정신건강이나 성격 형성에 부정적 영향을 주어 청소년들을 폭력의 길로 들어서게 만든다.

둘째, 학교교육의 무력함이다. 학교교육은 그 자체로 학생들에게 교육적 필요조건을 채워 줘야 함에도 불구하고 그 기능을 제대로 수행하지 못함으로 인해 학생들이 학교 밖에서 방황하게 만든다. 이는 결국 학교의 위상과 교사의 사회적 위치를 위협하여 학교교육이 무력해지게끔 만든다. 학생들은 학교로부터 정서교육, 윤리교육, 시민교육, 인성교육을 더 이상 기대할 수 없게 되므로 폭력적으로 변화하게 되는 것이다.

셋째, 교사에 대한 불만족이다. 교사의 차별대우, 교사의 무관심, 수업시간에 행해지는 교사의 꾸중, 숙제, 체벌 등이 지나치면 학생들은 스트레스를 받고 결국 등교거부, 퇴학, 비행, 폭력, 자살 등의 사회적인 문제를 일으키게 된다. 불안감과 절망감을 해소하고 자신의 가치를 회복하려는 잘못된 욕구의 출구로서 학교폭력, 집단따돌림이 나타날 수 있다. 교사가 학급과 학교에서 경쟁을 지나치게 강조하게 되면 학생들은 서로를 경계해야 할 경쟁자로 여기게 되면서 열등감을 느끼게 되는데, 이러한 열등감을 보상하기 위한 행위로 폭력행위가 유발되기도 한다. 특히 충동적이며 공격성이 강한 학생들은 폭력의 가해자로 성장하게 된다.

3) 사회문화적 요인

학교폭력을 유발하는 사회문화적 요인을 정리해 보면 다음과 같다.

첫째, 학교폭력을 미화하는 대중매체의 영향이다. 최근에는 폭력을 미화하는 영화가 급증하고 있을 뿐만 아니라, 심지어 공중파 방송에서도 폭력을 정당화하는 장면을 여과 없이 방영하는 경우가 많다. 이는 가상현실과 실제 현실과의 괴리감을 갖게 하고 가치판단이 부족한 청소년들로 하여금 폭력을 수용하게 만드는 원인이 되고 있다. 실제 학교폭력 가해자들의 공통된 특성에서 인터넷 게임 중독 비중이 매우 크게 나타나고 있다는 것은 시사하는 바가 크다.

둘째, 학교폭력을 조장하는 학교 주변의 유해 환경이다. 이러한 환경을 통해 학생들은 부도덕한 모습을 자주 목격하게 되고, 정서적으로 순화되거나 안정되지 못하고 때로는 이러한 곳에서 전개되는 폭력에 직접 가담하게 되기도 하기 때문이다.

셋째, 폭력에 무감각하거나 관대한 성인들의 불감증이다. 최근의 학교폭력은 폭력의 정도가 대단히 높고 지속적이며 매우 조직적으로 발생하고 있다는 보고에도 불구하고 이를 단순한 다툼 정도로 인식하고 심각하게 받아들이지 않는 교사들도 있다. 이는 가해학생들로 하여금 폭력에 정당성을 부여할 수가 있다. 학생들끼리의 폭력을 '그럴 수 있는 일', '친구끼리 생긴 문제' 등으로 간주하고, 가벼운 처벌이나 서로를 이해하는 것으로 수습하려고 하는 모습은 우리 사회의 음주에 대한 태도와도 유사하다. 가해학생은 자신이 속한 사회문화적 환경 내 사람들 간의 상호작용을 통해 폭력에 대한 허용적 가치와 태도를 학습하게 되고, 자신의 행동에 대해 반성하고 책임감을 배울 기회를 상실하게 되므로 폭력의 악순환이 지속된다.

넷째, 학교폭력은 학교 밖의 폭력 조직과 연계된 학생들에 의하여 발생할 가능성이 높다. 이러한 경우 가해학생이 폭력행동을 할 때, 부모나 교사는 처벌이나 제재를 통해 폭력행동이 용납될 수 없다는 것을 학습하게 하고, 학생이 폭력 조직으로부터 벗어날 수 있도록 전문가에게 도움을 요청해야 할 것이다.

장의 요약

1. 학교폭력 가해학생들의 밑바탕에 깔린 공통적 정서는 불안이다.
   - 품행장애 및 일탈 행동 등은 학교폭력을 일으킬 수 있는 위험요인으로 작용된다.
   - 우울장애가 심해질 경우 청소년은 학업을 중단할 가능성이 높고, 가족관계나 또래관계 등에서 사회적 능력 손상 등을 입을 수 있다.
   - 공격적인 학생들은 자기 욕망이나 감정이 작동하게 되면 사회질서나 규범을 고려하지 않고 감정대로 행동하게 되면서 폭력행위를 가중시키게 된다.
   - 낮은 공감능력을 가진 청소년들은 타인의 감정을 이해하는 능력이 부족하다. 때로는 되레 학교폭력 피해자들을 비난하는 경향을 보인다.
   - 충동성에는 주의집중 결핍에 의한 인지 충동성, 선택과 조절 통제의 어려움으로서의 운동 충동성, 계획능력의 결핍으로서의 무계획 충동성 등이 있다.
   - 학교폭력 가해 성향과 자아존중감 간은 부적 상관관계를 보이며, 학교폭력 성향을 보인 청소년들은 자아존중감이 낮은 것으로 나타났다.
   - 자기통제력이 낮은 사람들은 충동적이고, 무신경하고, 위험한 행동을 선호하고 근시안적이며, 말보다는 행동으로 스스로를 표현하는 경향이 있다. 이러한 자기조절능력이 떨어지는 성향은 공격성과 범죄성에 직접적 · 간접적으로 관련이 있다.

2. 학교폭력 가해행동에 영향을 주는 또 다른 요인으로는 가정, 학교, 사회문화적 요인을 들 수 있다.
   - 부모의 무관심과 언어적 신체적 폭력과 같은 학대, 비일관적인 양육 태도, 갈등적인 부모-자녀 관계, 일방적인 의사소통 방식, 모델링이 될 만한 부모의 역할 부재, 부모의 잘못된 애정 등이 학교폭력을 유발하는 가정적 요인이라 할 수 있다.
   - 학교요인으로는 학교 풍토, 교사의 태도, 또래관계, 학업 수행과 학교생활 등을 들 수 있다. 그중에서도 입시로 인한 스트레스, 학교교육 및 교사에 대한 불만족은 가해행동의 원인이 된다.
   - 학교폭력을 미화하는 대중매체의 영향, 학교 주변의 유해환경, 폭력에 대한 무감각은 사회문화적 요인으로 볼 수 있다.

수업활동

1. 학교폭력 가해행동에 영향을 주는 개인적 요인에는 어떤 것들이 있으며, 이러한 문제에 어떤 개입이 이루어져야 할지 조별로 논의해 보자.

2. 학교폭력 가해행동에 영향을 주는 환경적 요인에는 어떤 것들이 있으며, 이러한 문제에 어떤 개입이 이루어지면 좋을지 논의해 보자.

제6장

학교폭력 피해학생의 이해

학교폭력을 당한 청소년들은 정서적, 행동적, 그리고 인지적 측면에서 거의 동시에 부정적 변화를 겪게 되며, 이런 변화는 대부분 복합적으로 발생되는 경우가 많다. 특히 장기적이고 반복적으로 피해를 경험한 경우라면 변화의 수준이 심각해질 수 있다(허성호, 박준성, 정태연, 2009). 학교폭력 피해 후, 청소년이 경험하게 되는 대표적인 정서적 문제는 분노, 외로움, 우울감, 무력감 등이 있는데, 심각할 경우 음주, 인터넷 중독 등의 다른 문제행동으로 확대되기도 한다(김재엽, 정윤경, 2007; 윤명숙, 조혜정, 2008; 이시형, 1997). 학교폭력은 정서적·관계적 측면뿐 아니라 과업달성의 측면에서도 부정적인 영향을 가져온다. 학교폭력을 경험한 학생들은 등교공포, 학교결석, 학교활동의 기피현상을 보이고 있으며, 자신의 안전에 대한 불안은 학교에서의 학업성취에 부정적인 영향을 미치고 있다(박영신, 김의철, 2001; 이은희, 2009). 실제로 학교폭력 피해학생의 90%는 등교에 대한 두려움으로 인해 학업성취도가 감소하여 학교성적의 저하를 경험하는 것으로 나타났다(Hoover, Oliver, & Hazler, 1992).

이들이 불안이나 위축상태에 놓이게 되면 자아존중감이 낮아지거나(박종효, 2007), 자살충동 등을 느낄 수도 있으며(이정숙, 권영란, 김수진, 2007), 자살을 시도하거나 약물을 복용하는 등의 2차 피해로 연결될 가능성이 매우 높다. 또한 학교폭력 피해학생이 갖게 되는 정서적 문제는 상당 부분 대인관계에서도 문제를 발생시킨다. 실제로 대부분의 피해학생이 대인관계에서 어려움을 호소하고 있다. 학교폭력의 피해를 당하게 되면 위축감으로 인해 자신의 의견을 당당하게 말하는 데 어려움을 겪거나(이춘재, 곽금주, 2000), 폭력을 당하는 원인을 자신에게서 찾으며 더욱 위축되기 때문이다(오승환, 2007). 피해학생은 인지적인 측면에서도 부정적인 변화를 경험할 수 있다. 실제 학교폭력을 경험한 학생들은 패배의식, 열등감, 자기비하의 수준이 높으며, 자신이 피해를 당할 만하다고 생각하는 경향이 있다(오승환, 2007). 또한 현실지각력이 낮아짐으로써 삶에 대한 통제력이 감소되기도 한다(김재엽, 송아영, 이지혜, 2008). 이런 특징은 학교폭력으로 인해 발생한 부정적인 변화라고 볼 수도 있지만, 폭력을 당한 원인으로 작용되었을 가능성도 배제할 수는 없다. 일반적으로 학교폭력을 당하는 피해학생은 자기주장이 약해서 상대방에게 무엇을 요구하기를 어려워하고 스스로를 방어할 수 있는 능력이 부족해서 쉽게 공격의 대상이 되기 때문이다(이춘재, 곽금주, 2000). 더욱 심각한 것은 폭력을 당하고 나면, 주변 친구들이 같이 괴롭힘 당하게 될 것을 두려워하여 도움을 주기보다 외면할 수 있어 피해학생이 점점 고립되어 가기 때문에 이런 어려움이 점점 증가하게 된다는 점이다(이시형, 1997). 이로 인해 학업유지가 어려워 학업을 포기한 학생들도 있고, 스트레스로 인한 자살을 생각하는 경우도 있다(이종복, 1997).

학교폭력은 정상적인 인격의 학생, 공부를 잘하는 학생 등 누구든 당할 수 있는 일이다. 교육부(2023b)의 학교폭력실태조사에 따르면 피해를 경험한 적이 있는 학생은 응답자의 2.1%이며, 언어폭력이 39.4%, 신체폭력 15.5%, 집단따돌림 15.5%, 강요 5.7%, 사이버폭력 7.4%, 스토킹 5.3%, 성폭력 5.9%, 금품갈취 5.4%로 여전히 다양한 유형으로 피해 경험들을 보고하고 있으며, 학교 안(70.9%)이, 학교 밖(26.7%)보다 많이 일어나고 있으며 그중에서도 교실 안이 29.3%라는 것은 아직도 상당수의 학생들이 가장 안전해야 할 교실에서 학교폭력의 대상이 되고 있음을 보여 주고 있다. 학교폭력은 우리 사회가 당면한 문제, 즉 무한경쟁 사회, 입시 위주의 교육, 인격교육의 부재, 물질만능주의가 낳은 결과물이다. 더불어 가족의 와해, 부모-자녀의 무대화(無對話), 관심 부족, 방치와 학대가 빚어낸 가족 파괴의 산물이다. 이러한 사회, 학교, 가정에서 성장한 학생들은 폭력으로 비틀린 우월감을 증명하며, 누군가에게서 받은 모멸감을 약자에게 화풀이한다. 피해를 당하는 사람은 속수무책으로 어디서도 도움을 받지 못하고, 이로 인해 신체적·정신적 상처는 깊어진다.

1. 개인적 특성

학교폭력 피해를 당하기 쉬운 개인의 특성으로는 내현화 문제(internalizing problem)로 제시한 '쉽게 운다', '확실히 불안해 보인다', '사람들로부터 동떨어져 있다', '가해자의 요구에 쉽게 복종한다'가 있고, 외현화 문제(externalizing problem)로는 '한번 화를 낼 때는 파괴적이다', '비효과적으로 공격적이다', '정직하지 않다', '논쟁적이다'가 있다(Hodges & Perry, 1999). 또한 피해학생들은 일반 청소년들에 비해 친구의 수가 매우 적으며 또래들이 이미 배척하는 경향도 있다(문용린 외, 2007).

피해학생들은 우울, 불안 등과 같은 내적 문제를 겪고 있으며, 가해학생들에 비해 불안 우울 등의 정서적 문제를 더 많이 겪고 있음이 보고되고 있다. 또한 이들은 종종 고립되고, 부끄러워하며, 타인들과 관계를 맺지 않거나 관심을 보이지 않는 경향이 있다(Hazler, 1996). 괴롭힘을 당한 학생들은 자신들을 바보 같다고 느끼며, 실패했다고 느끼고, 수치스러워하며, 매력적이지 않다고 느낀다. 게다가 외롭다고 느끼며, 학교에서 버림받았다고 느끼며, 교실에 자신의 친구는 한 명도 없다고 느낀다(Olweus & Limber, 1999). 피해학생들은 일반 청소년들에 비해 상호작용에 어려움을 겪으며, 사회적 기술이 부족하며 불안해하고 불안정하며 겁을 많이 내는 편이고 예민하다. 피해학생들은 폭력 발생 장소에 대한 두려움이 커서 학교결석 및 학교 내 특정 장소의 회피, 가출, 자살 등 회피행동을 보이며 학교를 위협적인 장소로 느끼기도 한다. 그러므로 피해학생들에게서 이상 행동 변화가 감지되면 학교에 잘 적응할 수 있도록 학교폭력을 의심해 보고 지속적인 관심을 가져야 한다.

학교폭력 피해는 누구나 당할 수 있는 일이지만, 특히 폭력 피해를 당하기 쉬운 취약한 학생들이 있다. 첫째, 그들은 가해자가 공격해 올 때 효과적으로 자기를 주장하거나 방어하지 못한다. 그들은 키가 작거나, 신체적인 장애가 있거나 힘이 약하다. 또는 지능이 낮아 자기주장이나 대처를 잘 못한다. 가해자가 조금만 공격해도 쉽게 울고 불안해하여 가해자 입장에서는 만만하게 보인다. 그리고 가해학생의 요구에 쉽게 복종해 버린다. 둘째, 그들은 사회성이나 대인관계 기술이 부족하다. 공존질환 가운데서는 특히 주

의력결핍 과잉행동장애나 아스퍼거 장애가 있다. 이들은 공통적으로 또래로부터 특이하
다거나 이상하다는 평을 듣는데, 선천적으로 충동을 조절하는 능력이 약하고 사회성이
부족하다. 정신과적 질병이 없는 경우에는 또래관계에서 '정직하지 못하다', '너무 따진
다', '갑자기 버럭 화를 낸다' 등의 부정적 평가를 받는데, 이러한 행동들이 곧잘 따돌림이
나 폭력의 빌미가 된다. 셋째, 그들은 가해자가 공격해 올 때 가끔씩 맞받아치며 대항하
지만 쉽게 진다. 이 경우 화가 난 가해학생들에게 더 심하고 잔인하게 보복을 당할 수 있
다. 넷째, 그들은 도와줄 우군이 없다. 그들은 친구의 수가 적고, 또래로부터 이미 배척
받고 있어 피해를 무릅쓰고 도와주려는 사람이 없는 경우가 많다. 이렇게 되면 가해학생
은 더 마음 놓고 공격을 하게 된다.

또한 남녀 간의 차이도 존재한다. 남학생의 경우 신체적으로 '약한' 학생이 대상이 되
기 쉽다. 남학생들 간의 학교폭력은 장난으로 툭툭 치거나 듣기 싫은 별명을 부르면서
시작되며, '맞짱 뜨기'를 통해 신체폭력으로 이어지는 경우가 많다. 반면, 여학생의 경우
에는 잘난 체 하거나 행동이나 옷 입는 것이 '튀는' 학생이 대상이 되는 경우가 많다. 특
히 친했던 친구와 사이가 틀어져 고립이 된 경우 여러 명의 친구들이 한 명을 찍어 나쁜
소문을 퍼뜨리는 등 따돌림을 많이 당한다. 물론 피해학생들이 이런 특징이 있다고 해
서 괴롭힘이나 폭력이 정당화되는 것은 결코 아니다. 가해학생들은 '장난이었다', '짜증
나게 해서 그랬다'고 핑계를 대고 자기를 정당화한다. 하지만 학교폭력은 괴롭힘이 반복
(repetition)되고, 상대방에게 해를 끼치며(harm), 힘에 있어서 불평등한(unequal power)
상태에서 일어나는 것(Berger, 2007)으로 장난이나 일회적인 싸움과는 다르다. 상담자나
교사는 교실 내의 폭력과 괴롭힘에 대해서 엄격한 기준을 가질 필요가 있다.

학교폭력 피해자들은 다른 사람에 비해 자주 자신의 상황통제력에 대한 확신이 부족
하고 또한 더 낮은 자존감을 가지고 있다(곽영길, 2007). 그런데 또래 괴롭힘을 많이 받은
청소년이라 할지라도 정서적 자기조절능력이 높은 청소년들은 우울 증상이 낮고, 정서
적 자기조절능력이 낮은 청소년들은 우울 증상이 높다고 보고하는데, 이것은 또래 괴롭
힘 피해 경험과 우울과의 관계에서 정서적 자기조절능력이 하나의 보호요인으로 작용하
여 조절 역할을 한 결과이다(최지윤, 2009).

2. 환경적 특성

1) 가정적 특성

학교폭력 피해학생을 상담하다 보면 자기주장을 하는 것, 주변으로부터 도움을 청하는 것이 몸에 배어 있지 않다는 것을 발견한다. 그리고 이러한 특징들이 어디서부터 왔는지 과거 역사를 살피다 보면 대개가 부모·형제와의 관계에서 형성되었다는 것을 알게 된다. 경험적 연구에서도 이와 유사한 결과가 나타나고 있는데, 매클럼(Macklem, 2003)에 따르면 피해학생의 부모는 과잉-보호적이거나 불안정된 양육을 보이는 경우가 많다고 하였다. 가정에서 부모와 의존적이고 과잉보호적인 관계를 맺게 되면, 사회생활에서 타인에게 다가가는 데 주저하고, 타인을 기쁘게 하는 데 어려움을 겪는다. 집단에 소속되기를 원하나 거부당했을 때 불안을 느끼고 고립되며, 이후 학교폭력 피해자로 굳어지게 되는 것이다. 학교폭력 피해행동에는 부모와의 불안정한 애착관계와 과잉보호가 중요한 요인이 된다.

부모-자녀의 부정적 관계는 학생의 가해행동뿐만 아니라 학교폭력 피해와도 관련성이 높다. 학교폭력 피해학생의 부모는 다른 부모와 달리 명령과 부정적인 말을 더 많이 사용하며, 자녀에게 하는 명령과 자신의 행동이 불일치하는 경우가 많은 것으로 나타났다(Franz & Gross, 2001). 특히 가해학생과 피해학생의 가정 분위기를 살펴보면 매우 유사한 특징이 나타나는데, 가족 간에 긍정적인 상호작용을 갖지 못하고 일관성 없이 처벌하는 가정에서 일부 학생은 학교폭력 가해자로 일부는 학교폭력 피해자가 되기도 한다. 피해학생의 부모는 자녀를 과잉보호하여 나약하게 키웠거나 배척했거나, 불안정하게 양육하여 자녀가 타인을 불신하도록 만든 것이다. 그런 환경에서 커 온 학생은 부모·형제에게 가졌던 유사한 태도와 감정으로 친구를 대하게 된다. 그들은 친구들로부터 '배척받는' 느낌을 받기 쉽고(실제로 배척을 받는 것이 아니라 그런 느낌이 드는 것이다), '사람들이 나를 싫어한다', '나를 도와주지 않을 것이다'라고 미리 짐작하는 경향이 있다. 좋지 않은 가족과의 관계가 또래관계로 전이되기도 한다.

가정에서 부모-자녀, 부부, 형제간의 폭력 노출은 학교폭력 가·피해행동을 예측할 수 있는 중요한 요인이 되기도 한다. 부모-자녀 간에 일어나는 폭력의 경우, 자녀가 직접 폭력의 피해자가 될 수 있으며, 이런 경우 아동학대로 이어지는 경우가 높으며, 이러한 형태의 폭력은 학교폭력과 높은 상관관계가 있는 것으로 나타나고 있다(도기봉, 2008; 장덕희, 2004). 부모로부터 학대받은 학생은 수동적인 동시에 적대적이며, 자기 파괴적이거나 또래관계에서 반사회적 행동을 보이기도 하고, 자신의 감정을 통제하는 데 어려움을 가지고 있다. 자녀가 부모의 폭력적이고 공격적인 갈등을 자주 목격하게 되었을 때, 부모의 공격성을 배우는 것과 동시에 폭력에 대한 허용적인 태도를 갖게 되므로 폭력의 사용 정도 또한 높아지게 된다(김소명, 현명호, 2004; 김재엽, 1998; Bandura, 1973). 어려서부터 가정에서 폭력을 목격했던 어머니는 자녀를 학대할 확률이 다른 사람들에 비해 4배나 많은 것으로 나타났으며, 자녀의 신체적 학대는 3대에 걸쳐 이루어지는 경우도 많다고 한다(강진령, 유형근, 2000; 장희숙, 2003). 가정에서 직접적인 폭력을 경험하지 않는다 하더라도 폭력에 간접적으로 노출되는 것 또한 학교폭력과 매우 밀접한 관련이 있음을 보고하고 있다.

결론적으로 말하면 가정에서 편안함과 만족감을 느끼는 학생은 학교에서도 친구들과 좋은 관계를 맺는다. 반면, 가정에서 소통되지 않고, 좌절되고, 비난받고, 방치되는 아이는 이러한 대우에 과민하여 친구들에게 화풀이하거나, 혹은 친구들이 이런 방식으로 자기를 대할 것이라 추측하여 미리 접촉을 피하기, 속마음을 비추지 않기, 거짓으로 말하기, 집요하게 자기주장하기, 도와주지 않을 것이라 미리 예견하기 등의 행동을 하게 되는 것이다.

2) 학교적 특성

학교라는 공간은 학생이 지식과 기술을 배우는 곳일 뿐만 아니라, 학창시절 대부분의 기간 동안 학교에서 많은 시간을 보내며 가족보다 또래에 집중하기 때문에 학교폭력에서 학교적 특성을 이해하는 것은 매우 중요하다. 현대 산업사회에 들어와 인간은 물질적으로는 더 풍족해졌지만 정신적으로 더 황폐화되고 있는 것 같다. 교육현장 또한 입시 위주의 주입식 교육, 무한경쟁, 학업만이 평가의 전부인 풍조가 만연해져 있음으로 인해 학교폭력을 발생하는 유발요인으로 작동되고 있기도 하다.

학교폭력과 관련해 학교의 물리적 환경이 학교폭력과 관련 있다는 논의는 여전히 논쟁 중이다. 즉, 학교폭력은 학급이나 학교의 규모와는 큰 상관이 없다는 것이다. 그럼에도 교육부(2013)의 전국 학교폭력 실태조사를 살펴보면, 폭행이나 감금 등의 신체적 폭력이나 강제적인 심부름 등은 소규모 학교에서 심각한 반면, 집단따돌림 같은 경우는 대규모 학교에서 심각한 것을 알 수 있다.

이렇게 지나치게 경쟁적인 사회 환경에서 살고 있는 학생, 부모, 교사는 배려와 존중보다는 '나만 살고 보면 돼'라는 이기적인 마음이 앞설 수밖에 없다. 그 속에서는 우리는 책임을 회피하려는 가해학생의 부모를 만나게 되고, 사건을 축소화시키고자 하는 학교를 보게 되며 만사가 귀찮기만 하는 교사를 목도하게 된다. 우리 모두 사회병리에 의해 영향을 받고 있는 것이다.

그런 가운데에서도 교사는 피해학생의 피해 사실과 고통에 우선적으로 초점을 두어야 한다. 억울하게 고통을 당한 피해자를 위해 책임을 물어야 할 곳(학교, 교사, 가해자와 부모, 경우에 따라서는 피해자의 부모)에 책임을 묻고 촉구해야 한다. 교육적으로 바람직하고 정신건강에 도움이 되는 학교폭력 해결 방식은 가해자와 피해자 쌍방 간에 책임질 것은 책임을 지고, 사과하고, 서로를 이해하는 것일 것이다. 모두가 자기 행동에 책임을 지고 역지사지(易地思之)와 배려하는 마음을 갖는다면 학교폭력은 점차 줄어들 것이다. 따라서 교사는 사회와 폭력 관련자들의 병리적 요소를 이해하고 있으면서도 모두의 정신건강을 위한다는 자세로 임하는 것이 필요하다. 이러한 자세를 굳건히 할 때 피해자뿐 아니라 가해자에도 적절히 개입하고 교육할 수 있고, 상대적으로 약한 피해학생을 온전히 보호하고 교실에서 잘 생활할 수 있도록 조력할 수 있다(이규미 외, 2022).

3. 학교폭력의 후유증

1) 외상후스트레스장애와 급성스트레스장애

신체폭력, 정신적 따돌림 정도가 심각한 경우 외상후스트레스장애 또는 급성스트레스장애와 같은 심한 정신과 질환을 남길 수 있다. 외상후스트레스장애(Post Traumatic Stress Disorder: PTSD)와 급성스트레스장애(acute stress disorder)는 인간의 생명 혹은 신체적 통합성에 위협을 줄 만한 외상(예: 전쟁, 강간, 폭력, 지진 등)을 당한 후 발생하는 정신과적 장애이다. 우선 DSM-5(APA, 2015)의 외상후스트레스장애 진단기준을 살펴보자.

표 6-1 │ 외상후스트레스장애의 DSM-5 진단기준

A. 실제적 죽음 혹은 죽음의 위협, 심각한 부상 또는 성폭행에 노출되었을 때 다음 식들 중 하나를 경험한다.
　① 외상을 직접 경험
　② 타인에게 그 사건이 일어나는 것을 개인적으로 목격
　③ 외상이 가까운 가족 또는 친구에게 일어났다는 것을 알게 됨. 가족 또는 친구가 죽거나 혹은 죽음의 위험을 당한 경우, 그 사건은 폭력적이거나 돌발적인 것이어야 한다.
　④ 외상의 혐오적인 세부사항들에 대해 반복적 또는 극단적인 노출을 경험(예: 인간의 유해를 수집하는 긴급구조원, 아동학대의 세부사항들에 반복적으로 노출되는 경찰관)

B. 외상과 연관된 다음의 침습 증상들 중 하나(이상)가 있으며, 이것은 외상이 발생한 이후에 시작된 것이다.
　① 반복적, 불수의적 그리고 침습적인 외상에 대한 괴로운 기억
　② 반복적인 괴로운 꿈, 이것의 내용과 정서는 외상과 연관되어 있다.
　③ 해리성 반응(예: flashback)을 경험하는데, 그 개인이 마치 외상이 재발하는 것처럼 느끼거나 행동함(이 반응들은 하나의 연속선상에서 나타날 수 있는데, 가장 극단적으로는 현재 주변의 일을 전혀 자각하지 못하는 것으로 표현될 수도 있음)
　④ 외상의 어떤 측면을 상징하거나 유사한 내적 혹은 외적 단서들에 노출될 때 겪는 집중적 또는 지속적인 심리적 고통

⑤ 외상의 어떤 측면을 상징하거나 유사한 내적 또는 외적 단서들에 노출될 때 겪는 현격한 생리적 반응성

C. 다음 중 하나 혹은 두 가지 증상으로 나타나는, 외상과 관련된 자극에 대한 지속적 회피
  ① 외상과 밀접하게 연관된 기억, 사고, 느낌을 회피하거나 피하려고 노력
  ② 외상과 밀접하게 연관된 괴로운 기억, 사고, 혹은 느낌을 상기시키는 외부자극(사람, 장소, 대화, 활동, 대상, 상황)을 회피하거나 피하려고 노력

D. 외상과 연관된 인지와 기분에서의 부정적 변화, 이것은 외상 발생 후 시작하거나 악화되며, 다음 중 둘(이상)로 나타난다.
  ① 외상의 중요한 측면을 회상할 수 없음(전형적으로는 해리성 기억상실에 기인하며, 뇌손상, 알코올, 혹은 약물과 같은 요소에 기인한 것이 아님)
  ② 자신, 타인, 혹은 세상에 대한 부정적 믿음, 혹은 기대가 지속되고 과장됨(예: '나는 악하다', '아무도 믿을 수 없다', '세상은 정말로 위험하다', '내 신경계는 완전히 엉망이 되었다')
  ③ 외상의 원인 혹은 결과에 대한 지속적이고 왜곡된 인지, 이로 인해 그 개인은 스스로 또는 타인을 비난한다.
  ④ 지속적인 부정적 정서상태(예: 공포, 분노, 죄책감 혹은 수치심)
  ⑤ 중요한 활동에 대한 흥미 또는 참여의 뚜렷한 감소
  ⑥ 다른 사람에게서 격리되거나 동떨어진 느낌
  ⑥ 긍정적인 감정을 경험할 수 없음(예: 행복감, 만족 혹은 사랑의 느낌을 경험할 수 없음)

E. 외상과 연관된 각성과 반응성에서의 뚜렷한 변화, 이것은 외상 후에 시작되거나 악화되며 다음 중 두 가지(이상)에서 나타난다.
  ① (촉발요인이 없는 상황에서) 자극과민성과 분노의 폭발, 전형적으로 사람 혹은 대상에 대해 언어적 · 물리적 공격
  ② 무모한 혹은 자기-파괴적인 행동
  ③ 과도한 경계심
  ④ 과도한 놀람 반응
  ⑤ 집중의 곤란
  ⑥ 수면의 장해(예: 수면에 들거나 유지하는 것의 곤란 혹은 제대로 숨을 쉬지 못하는 수면)

F. 장해의 기간(준거 B, C, D, E)이 1개월 이상이다.

G. 장해로 인해 임상적으로 심각한 고통 또는 사회적 · 직업적 또는 기타 중요한 기능 영역에서의 저해가 초래된다.

H. 장해는 약물(예: 약품, 알코올) 혹은 다른 의학적 상태의 생리적 효과에 기인한 것이 아니다.

외상이란 자신이나 다른 사람의 생명, 신체적 안전에 위협을 느끼는 사건을 듣거나 목격하거나 경험하는 것을 의미한다. 학교폭력은 피해자뿐만 아니라, 가해자, 주변인 모두에게 다양한 신체적 · 정신적 후유증을 남긴다. 학교폭력 후유증은 피해의 기간과 심각성, 피해학생이 갖고 있는 정신과적 장애의 유무, 부모의 조리 유무에 따라 치료의 기간과 예후가 달라진다. 학교폭력은 신체적 손상뿐만 아니라, 우울, 불안, 분노 폭발 등 심리적인 측면에도 강한 후유증을 남긴다. 분노에 압도당하게 되면 분노를 적절히 조절하는 긍정적 경험의 기회를 잃어버리게 된다. 만성화되게 되면 다양한 정신질환이 발생할 가능성이 있고 이러한 분노감정은 청소년기 자살충동의 요인으로도 작동된다.

외상후스트레스장애의 특징은 재경험, 회피반응, 과도한 각성 등이 있다.

첫째, 피해자는 반복해서 그 사건을 재경험하게 된다. 이러한 재경험으로 인해 학교폭력에 대한 기억이 계속 또는 갑자기 떠오르게 되고, 외상을 경험할 때와 동일한 불안과 두려움을 느끼게 된다. 반복되고 침습적으로(intrusive) 사건을 회상하는 것, 반복적으로 악몽을 꾸는 것, 사건을 암시하는 단서들에 의해 당시에 경험한 고통을 다시 느끼는 것, 당시에 경험한 생리적 반응을 다시 보이는 것 등이 있다.

둘째, 피해자는 이러한 외상과 관련된 자극을 회피한다. 회피는 외상 반응 중 가장 흔하고 본능적인 반응으로 외상을 떠올리는 피해자는 외상과 관련된 사고, 느낌, 대화를 피하고, 외상과 관련된 장소, 사람, 활동을 피한다. 학교폭력 피해학생이 피해 장소나 피해 경험과 관련된 것들을 회피하려 하는 것은 전형적인 회피반응일 것이다.

셋째, 외상 이후의 기분과 인지기능에서의 현격한 변화가 있는데, 학교폭력 피해자는 외상의 중요 부분을 기억하지 못하거나 자신과 타인 혹은 세상에 대해 부정적으로 생각한다. 또한 외상의 원인과 결과에 대해 자신이나 타인을 비난한다. 정서적으로도 분노,

공포, 죄책감이 심해지는 반면 행복감이나 만족을 느끼지 못한다.

넷째, 과도한 각성이 일어난다. 각성은 생존을 위한 분노 반응으로서 근육의 긴장이 증가되고 주변에 대한 경계가 일어나며, 자신을 지키기 위한 공격적 행동으로 볼 수 있다. 학교폭력 피해 경험의 과도한 각성이 증가되었을 때 피해학생은 짜증을 내거나, 분노가 폭발하거나, 집중을 못하고 과도하게 경계하며 잘 놀란다.

2) 학교 적응의 어려움

학교폭력을 경험한 피해자들은 학교폭력을 당하지 않은 청소년들에 비해 낮은 자아존중감을 갖는다고 일관되게 보고하고 있다(김혜원, 2014). 초등학생을 대상으로 한 연구(김정옥, 2009; 이은주, 2004; 정유진, 2009)에서는 학교폭력 피해 경험이 이들의 자아존중감 하락에 유의미한 영향을 미쳤다고 보고한다. 뿐만 아니라 국내외 연구에서도 동일하게 학교폭력 피해 경험은 청소년들의 자아존중감을 낮추는 중요한 요인으로 나타났다(Austin & Joseph, 1996; Graham et al., 2006; Slee, 1994).

집단 괴롭힘이나 따돌림을 당한 이후 피해학생 대부분은 자존감이 낮아진다. 친구들이 보는 앞에서 가해학생에게 굴복하고 굴욕적인 모습을 보인 것, 혼자 당하고 있는데 친구들이 방관하고 있는 장면은 마치 모든 사람이 자기를 도와주지 않고 구경했다는 배신감에 휩싸이게 한다. 피해학생들은 가해자들을 원망하고 분노하지만, 속으로는 이러한 피해를 피하지 못한 자기 자신에 대한 원망과 책임이 더 크게 작동한다. 자기는 보잘 것 없고 아무도 구해 주지 않을 만큼 존재 가치가 없는 사람, 친구들이 싫어하는 사람, 이상하게 생긴 사람이라 스스로를 낙인찍는다. 이러한 학교폭력 피해 경험은 또래, 교사와 좋은 관계를 맺지 못하게 한다.

학교폭력 피해 경험은 청소년들의 학교적응에도 심각한 영향을 미친다. 송혜리(2010)의 연구에 의하면, 학교폭력 피해 수준이 높을수록 피해 청소년들은 학교만족도와 학업성취가 낮아지고, 친구 관계가 부정적으로 되는 것으로 나타났다. 뿐만 아니라, 양계민과 정현의(1999)에 따르면 학교폭력 피해자는 일반학생에 비해 교우관계와 학교 교사와의 관계에 대한 스트레스가 높았다. 이것은 학교폭력 피해로 인해 또래와의 정상적인 교우관계가 힘들고, 피해에 무심했던 교사와의 관계에서 스트레스를 많이 받고 있다는 것을 보여 준다. 사실 폭력 피해가 또래관계에 미치는 영향은 상당하다. 놀랍게도 한 번의 집단따돌림과 괴롭힘에도 또래관계는 상당히 오랫동안 회복되지 못한다.

학교폭력 피해 경험이 초등학교 저학년 때 한 번만 있었음에도 불구하고 중·고등학교 시절을 거치는 동안까지 친구들을 믿지 못하는 경우도 많고, 대학생 중에서도 학창시절 당했던 학교폭력으로 인해 정상적인 사회관계 유지가 안 되는 경우도 많다. 이들은 공통적으로 학교폭력 이후 친구들을 믿지 못하고, 뒤에서 자기 욕을 할 것 같은 느낌을 갖는다. 이러한 불신 때문에 피해학생은 자기 속마음을 친구에게 이야기할 수도 없고, 친구들의 요구를 거절하기도 어려워한다. 결국 친밀감을 느끼지 못하고 혼자인 느낌, 소외감을 갖고 살게 되는 것이다.

교사와의 관계도 피상적으로 되기 쉽다. 특히 도와주길 기대했지만 그런 기대가 좌절된 경우 피해학생은 교사를 믿지 않게 된다. 평소 학생이 교사와 좋은 관계를 맺고 있다면 이것은 학교폭력의 예방에도 도움이 된다. 하지만 교사들은 일반적으로 부모나 학생에 비해 학교폭력을 덜 심각하게 인식하는 경우가 있으며, 학교폭력의 발생비율도 낮게 인식한다(박종효, 2007).

이를 종합해 볼 때, 학교폭력 경험에 따라 피해 청소년들은 학교생활 참여도와 학업성취도가 낮아지기 쉬운데, 이로 인해 교사나 또래와의 관계가 더욱 소원해지고 학업성취가 낮아지거나 학교중퇴 위험이 높아지는 악순환이 이어질 수도 있다.

1. 학교폭력은 우리 사회가 당면한 문제, 즉 무한경쟁 사회, 입시 위주의 교육, 인격교육의 부재, 물질만능주의가 낳은 결과물이다. 더불어 가족의 와해, 부모-자녀의 무대화, 관심 부족, 방치와 학대가 빚어낸 가족 파괴의 산물이다.

2. 피해학생들은 우울, 불안 등과 같은 내적 문제를 겪고 있으며, 가해학생들에 비해 불안 우울 등의 정서적 문제를 더 많이 겪고 있음이 보고되고 있다.

3. 학교폭력 피해행동에 영향을 주는 환경적 요인으로는 가정, 학교 요인을 들 수 있다.
   • 가정에서 편안함과 만족감을 느끼는 학생은 학교에서도 친구들과 좋은 관계를 맺는다. 반면, 가정에서 소통되지 않고, 좌절되고, 비난받고, 방치되는 아이는 이러한 대우에 과민하여 친구들에게 화풀이하거나, 혹은 친구들이 이런 방식으로 자기를 대할 것이라 추측하여 미리 접촉을 피하기, 속마음을 비추지 않기, 거짓으로 말하기, 집요하게 자기주장하기, 도와주지 않을 것이라 미리 예견하기 등의 행동을 하게 되는 것이다.
   • 교육현장 또한 입시 위주의 주입식 교육, 무한경쟁, 학업만이 평가의 전부인 풍조가 만연해져 있어 학교폭력을 발생시키는 유발요인이 되고 있다.

4. 학교폭력은 신체적 손상뿐만 아니라, 우울, 불안, 분노 폭발 등 심리적인 측면에도 강한 후유증을 남긴다. 분노에 압도당하게 되면 분노를 적절히 조절하는 긍정적 경험의 기회를 잃어버리게 된다. 만성화되게 되면 다양한 정신질환이 발생할 가능성이 있고 이러한 분노감정은 청소년기 자살충동의 요인으로도 작동된다.

5. 학교폭력 경험에 따라 피해 청소년들은 학교생활 참여도와 학업성취도가 낮아지기 쉬운데, 이로 인해 교사나 또래와의 관계가 더욱 소원해지고 학업성취가 낮아지거나 학교중퇴 위험이 높아지는 악순환이 이어질 수도 있다.

수업활동

1. 학교폭력 피해행동에 영향을 주는 개인적 요인에는 어떤 것들이 있으며, 이러한 문제에 대해 어떤 개입이 이루어져야 할지 조별로 논의해 보자.

2. 학교폭력 피해행동에 영향을 주는 환경적 요인에는 어떤 것들이 있으며, 이러한 환경적 요인의 문제에 대해서는 어떤 개입이 이루어지면 좋을지 논의해 보자.

제7장

학교 및 교사 차원의 학교폭력 예방 방안

앞의 장에서는 일반 청소년들의 이해를 넘어 피해학생 및 가해학생의 징후에 대한 심도 있는 이해를 통해 학교폭력 관련 학생들을 어떻게 바라보고 대응해야 하는지 기술하였다. 그들을 진정으로 이해해야 학교폭력 예방을 위해 어떠한 환경을 마련하고 어떠한 교육이 필요한지 로드맵을 그리는 것이 가능해진다. 또한 교사는 학생들이 보이는 수많은 징후를 조기에 감지하고 인지함으로써 피해 및 가해 징후를 보이는 학생들이 학교폭력 관련자로 연루되는 것을 막을 수 있다.

이 장에서는 학교폭력을 예방하고 재발을 방지하기 위해 학교 차원 및 교사 차원에서 할 수 있는 일은 무엇인지 탐구해 볼 것이다.

1. 학교 차원의 예방 방안

1) 안전하고 따뜻한 학교 환경 조성

학교는 '훈육'이 아닌 '교육'을 통해 학생들의 잠재력 발현을 돕고 자존감을 키워 주어야 한다. 또한 학생들이 배려, 공감 그리고 사회적 도덕적 정의가 무엇인지 판단하고 실천할 수 있는 공동체 일원이 되도록 가르쳐야 한다. 이를 위해 학교는 안전하고 따뜻한 교육 환경을 마련해야 한다.

안전하고 따뜻한 교육 환경을 정착화하기 위해서 우선 학교는 일관되고 지속적인 생활교육을 핵심적으로 지향해야 한다. 학교폭력을 근본적으로 예방하기 위해서는 학생의 잘못을 처벌하는 인과응보식 생활지도와 문제의 원인을 찾아 적절한 개입을 하자는 문제해결식 생활지도를 넘어, 회복적 생활교육의 관점에서 교육 공동체성을 학생들에게 강조하는 교육이 선행되어야 한다.

생활지도에서 안전한 학교환경을 정비해야 함을 강조하기 위해 자주 논의되는 이론으로 '깨진 유리창 이론'[1]이 있다. 깨진 유리창 하나, 즉 문제가 발생하는 곳을 그대로 방치하면 계속 문제가 발생하기에 원인을 제공하는 문제 자체를 해결해야 한다는 이론으로, 문제가 되는 행동의 사전 예방과 동시에 계기 교육의 중요성을 강조한다. 문제점을 사전에 분석하고 대처하여, 더 큰 문제의 발생을 예방해야 한다는 의미이다. 이 이론은 학생들에게 기본적인 바른 생활 습관의 지도, 질서교육, 인성교육을 탄탄히 실시하는 것이 학교폭력 예방의 최선임을 시사한다. 또한 사소한 문제라도 바로 대처하는 작은 행동으로 더 큰 문제행동을 막아 학생들이 바람직한 행동을 하도록 하여 '나비효과'[2]를 불러올 수 있음을 강조한다. 이런 점에서 학교폭력 발생 비율이 높은 시간대(하교 시간 및 점심시간 등)와 장소(운동장, 화장실, 특별 활동실 등)의 감독을 강화할 필요가 있다. 학교 내와 주변의 어둡고 후미진 공간의 접근을 막고 폭력 발생이 가능한 사각지대를 미리 파악하여 안전한 시설을 구축해야 한다. 학교 내 외부인의 출입 통제, 주변 CCTV 설치 및 모니터

---

1) 미국의 범죄학자인 제임스 윌슨(James Wilson)과 조지 켈링(George Kelling)이 1982년 3월에 공동 발표한 「깨진 유리창(Fixing broken windows: Restoring order and reducing crime in our communities)」이라는 글에 처음으로 소개된 사회 무질서에 관한 이론이다(위키피디아).

2) '나비효과(butterfly effect)'는 나비의 작은 날갯짓처럼 미세한 변화, 작은 차이, 사소한 사건이 추후 예상하지 못한 엄청난 결과나 파장으로 이어지게 되는 현상을 말한다. 나비효과라는 용어가 처음으로 등장한 것은 1952년 브래드버리(Bradbury)가 쓴 소설 「천둥소리(A Sound of Thunder)」이고, 로렌즈(Lorenz)는 1961년 컴퓨터로 기상 모의실험을 하던 중 초기 조건 값의 미세한 차이가 엄청나게 증폭되어 판이한 결과가 나타나는 것을 발견하였다. 그 결과를 발표하면서 나비효과라는 말을 사용하였고 이후 학회에서 이 용어를 사용함으로써 널리 알려지게 되었다(위키피디아).

링도 게을리 해서는 안 된다.

　그러나 이 이론은 '무관용 원칙'[3]을 잘 반영하는 인과응보식 생활지도에 머문다. 「학교폭력예방법」에 따른 가해학생 대상 1~9호 조치(제10장 참조)는 가해학생들이 다시는 학교폭력 행동을 하지 말라는 경고성 법적 처분이다. 단지 내려진 조치에만 따르게 되면 가해학생들은 차가운 법적 처분 속에서 오히려 반성의 기회를 충분히 가지지 못하고 본인의 죗값을 다 치뤘다는 생각에 더 이상 가해행동에 대한 책임을 지지 않으려 한다. 학교폭력 관련 학생들 간의 충분한 대화의 과정이 없이 내려진 조치는 가해학생에게 자신의 잘못을 돌아보고 피해학생의 아픔에 공감할 수 있는 충분한 시간을 주지 못하고 오히려 처벌에 대한 억울함을 호소하게 만든다. 학교폭력을 대하는 이러한 접근은 학교폭력의 예방 및 재발 방지를 위한 근원적인 대응이라고 볼 수 없다.

　학교 차원에서 학생들의 바람직한 행동을 동기화하기 위해 일반적으로 실시하는 상 · 벌점제(그린마일리지제)도 인과응보식 생활지도의 또 다른 예이다. 상 · 벌점제란 지난 2009년부터 '체벌 없는 인권, 친화적 학교문화 조성'을 위해 시범적으로 도입한 생활평점제이다. 2010년 11월, 전국적으로 체벌이 금지되면서 학교에서 체벌 대신 도입하게 된 대안이었다. 이는 학교생활규정을 모범적으로 준수하는 학생이나, 봉사 및 선행 활동이 돋보이는 학생에게 상점을 부여하여 그 누계에 따라 각종 표창을 함으로써 바람직한 행동 변화를 유도하는 상점제와 학교생활규정을 위반하는 학생에게 벌점을 부여하고 그 누계에 따라 단계별 선도교육을 실시함으로써 학생들 스스로가 자신의 행동에 책임질 수 있도록 하는 벌점제를 통합한 생활지도 방안이다(김만태, 2012, p. 24). 상 · 벌점제는 '점수'로 학생의 행동을 통제하거나 특정한 방향으로 유도하려 한다는 점에서 교육적 효과에 대한 논쟁과 문제가 끊임없이 제기되어 왔다. 생활지도는 당근과 채찍에 의해 말을 잘 듣는 학생으로 훈육하는 것이 아니라 교육 공동체 속에서 상호 존중하며 타인과 공존할 수 있는 일원으로 키우는 것을 목적으로 해야 한다.

---

3) 무관용 원칙(無寬容 原則) 또는 제로 톨러런스 폴리시(zero-tolerance policy)는 사소한 규칙 위반에도 관용을 베풀지 않는 원칙 혹은 정책을 말한다(위키피디아).

인과응보식 생활지도를 넘어 문제해결식 생활지도로 학교폭력을 예방할 수도 있다. 이는 학생이 문제행동을 일으킨 원인을 찾아보고 적절한 교육과 상담으로 개입해야 한다는 관점이다. 학생의 개인적 환경적 특성을 심도 있게 이해하고 문제해결의 원인을 찾아 개입 방안을 마련하고자 한다는 점에서 교육적이고 전략적이며 변화 지향적이다. 이러한 접근은 한 학생도 포기하지 않고 긍정적 변화를 위해 다양한 자원을 연결 짓는다는 점에서 훌륭한 관점이다. 그러나 가해학생의 재범 방지에만 초점을 두기 때문에 피해학생에게 저지른 행동에 대하여 진정한 반성과 책임을 질 기회를 제공하지 못하고 주변 학생들에게는 침묵을 강요하여 교육 공동체 속의 관계가 끊어지는 한계점이 있다(이보경, 2020). 현재까지 우리나라는 「학교폭력예방법」에 따라 학교폭력을 예방하고 대응하기 위한 정책들을 실행하고 있으나, 여전히 응보적이고 문제해결식 접근을 넘어서지 못하고 있는 실정이다.

학교는 이 문제해결식 방법에서 나아가 피해학생의 진정한 치유와 공동체 내 관련 학생들의 깨진 관계를 회복하도록 '회복적 생활교육'의 관점을 기본적으로 유지하고 지향해야 한다. 회복적 생활교육은 학생들이 학교생활을 해 가며 구성원 모두의 가치관과 욕구를 공유하고 상호 존중, 공감, 조율, 화해하는 데 초점을 두고 있으며 구성원 간의 자존감, 책임감 그리고 공동체성을 회복하는 데 그 목적이 있다.

회복적 생활교육의 실천으로 회복적 서클이 있다. 이는 인디언 서클 대화모임이나 우리나라의 화백회의에서 유래한 것으로 학교에서 갈등 발생 시 소통, 책임, 참여 등의 방식으로 해결함으로써 평화로운 학교, 공동체를 만들어 가려는 대화방식이다. 원으로 둘러앉아 모든 일원이 돌아가며 발언할 기회가 주어지는데, 타인이 하는 말을 경청하면서 서로가 연결된 존재라는 것을 깨닫고 스스로 돌아보는 기회를 가지게 할 수 있다. 갈등 발생 시에만 적용하는 것이 아니라 평소 주기적으로 학생들이 토론하고자 하는 일상의 고민 등을 주제로 마련될 수 있다. 서클 대화의 장은 학생들을 이해하고 그들이 보이는 이상행동 징후를 예견하기 위해서도 좋은 과정이 될 수 있다.

회복적 생활교육의 관점을 토대로 학교는 학생, 학부모, 교사의 의견을 적극적으로 수렴하여 학생생활 및 학교운영에 관한 사항을 정하고 학생 자율적 징계 방법 등을 포함한 다양한 생활지도 방안을 함께 모색하여 일관되게 실천해야 한다. 교사는 학생 한 명 한

명을 애정 어린 관심으로 바라보고, 학생은 교사를 신뢰하며 지지하는 따뜻한 학교 분위기를 조성해야 한다. 더불어 전교생이 참여하는 교내 축제, 체육대회를 포함해 다양한 자율적 동아리 활동과 소집단 활동을 활성화하여 개개인의 잠재력과 함께 서로의 응집력과 협동력을 키울 수 있는 교육의 장을 마련해 주어야 한다.

2) 학교폭력 예방교육

학교의 장은 「학교폭력예방법」 제15조에 따라 학생, 교사, 학부모 등 학교 구성원을 대상으로 학교폭력에 대한 책임을 인식하고 실천할 수 있도록 필요한 사항을 정하여 학교폭력 예방교육을 학기별 1회 이상 실시하여야 한다. '제4차 학교폭력 예방 및 대책 기본 계획안'(교육부)에 따라 교육부가 '모두가 함께 만드는 행복한 학교'라는 비전 아래 제시한 학교폭력 예방 5대 정책과 추진 과제는 〈표 7-1〉과 같다. 추가된 과제로는 일회성이 아닌 교과수업 시간에 실시할 수 있는 예방교육('교과연계 어울림') 확대, 초등 학년군별(초1~2/초3~4/초5~6) 맞춤형 예방교육 프로그램('어울림') 및 '사이버 어울림' 확산, 학교급·폭력유형별 맞춤형 '관계회복 프로그램' 보급 및 프로그램 활용 전문가 양성, 피해학생 전담지원기관 이용만족도 조사 등 피해학생 의견수렴·환류체계 구축추진, 가해행위 재발방지를 위한 '특별교육 프로그램' 보급 등 가해학생 조치 내실화 그리고 부모교육 참여 활성화를 위한 인센티브 제공 등이 있다.

학교폭력 예방교육은 학생과 교직원, 학부모를 대상으로 따로 하는 것을 원칙으로 하나 내용에 따라 함께 교육할 수도 있다(「학교폭력예방법 시행령」 제17조 제2항-3). 학교 구성원들의 학교폭력 예방역량 강화를 내실화하기 위해 단위학교에서 예방교육을 기획·운영할 수 있도록 학교별로 예방교육 전담교사를 지정하고 전문 연수를 제공한다(제4차 학교폭력 예방 및 대책 기본 계획안, 교육부).

교육부는 학생, 교사, 학부모 등 학교 구성원의 학교폭력 예방 문화를 함양하고 역량 강화를 위해 국가수준 학교폭력 예방 프로그램인 '어울림 프로그램'과 '사이버 어울림 프로그램'을 단위학교에 제공하고 있는데, 학교의 여건 및 상황에 따라 선택하여 예방역량 강화교육에 활용할 수 있다. 어울림 프로그램은 초등학교 저학년, 고학년, 중학교, 고등

「학교폭력예방법」 제15조

① 학교의 장은 학생의 육체적 · 정신적 보호와 학교폭력의 예방을 위한 학생들에 대한 교육(학교폭력의 개념 · 실태 및 대처방안 등을 포함)을 학기별로 1회 이상 실시해야 함 〈개정 2012. 1. 26.〉

② 학교의 장은 학교폭력의 예방 및 대책 등을 위한 교직원 및 학부모에 대한 교육을 학기별로 1회 이상 실시해야 함 〈개정 2012. 3. 21.〉

③ 학교의 장은 학교폭력을 예방하기 위하여 교사 · 학생 · 학부모 등 학교 구성원이 학교폭력에 대한 책임을 인식하고 실천할 수 있도록 필요한 사항을 정하여 운영 가능 〈신설 2023. 10. 24.〉

④ 학교의 장은 제1항에 따른 학교폭력 예방교육 프로그램의 구성 및 그 운용 등을 전담기구와 협의하여 전문단체 또는 전문가에게 위탁 가능 〈개정 2023. 10. 24.〉

⑤ 교육장은 제1항, 제2항 및 제4항에 따른 학교폭력 예방교육 프로그램의 구성과 운용계획을 학부모가 쉽게 확인할 수 있도록 휴대전화를 이용한 문자 메시지 전송, 인터넷 홈페이지 게시 및 그 밖에 다양한 방법으로 학부모에게 홍보하여 참여가 활성화될 수 있도록 노력하여야 함 〈개정 2012. 1. 26., 2023. 10. 24.〉

⑥ 교육부장관은 학교폭력 예방 및 대책 등에 관한 홍보영상을 제작하여 「방송법」 제2조 제3호에 따른 방송 사업자에게 배포하고 송출을 요청 가능 〈신설 2023. 10. 24.〉

⑦ 그 밖에 학교폭력 예방교육의 실시와 관련한 사항은 대통령령으로 정함 〈개정 2011. 5. 19., 2023. 10. 24.〉 [시행일 2024. 3. 1.]

※ 출처: 교육부(2024a).

「학교폭력예방법 시행령」 제17조 제2항

② 학교의 장은 법 제15조 제7항에 따라 학생과 교직원 및 학부모에 대한 학교폭력 예방교육을 다음 각 호의 기준에 따라 실시한다. 〈개정 2024. 2. 27.〉

1. 학기별로 1회 이상 실시하고, 교육 횟수 · 시간 및 강사 등 세부적인 사항은 학교 여건에 따라 학교의 장이 정한다.

2. 학생에 대한 학교폭력 예방교육은 학급 단위로 실시함을 원칙으로 하되, 학교 여건에 따라 전체 학생을 대상으로 한 장소에서 동시에 실시할 수 있다.

3. 학생과 교직원, 학부모를 따로 교육하는 것을 원칙으로 하되, 내용에 따라 함께 교육할 수 있다.

4. 강의, 토론 및 역할연기 등 다양한 방법으로 하고, 다양한 자료나 프로그램 등을 활용하여야 한다.

5. 교직원에 대한 학교폭력 예방교육은 학교폭력 관련 법령에 대한 내용, 학교폭력 발생 시 대응요령, 학생 대상 학교폭력 예방 프로그램 운영 방법 등을 포함하여야 한다.

6. 학부모에 대한 학교폭력 예방교육은 학교폭력 징후 판별, 학교폭력 발생 시 대응요령, 가정에서의 인성교육에 관한 사항을 포함하여야 한다.

※ 출처: 교육부(2024a).

표 7-1 **학교폭력 예방 5대 정책영역과 추진과제**

	5대 정책목표	14개 추진과제
1	학교공동체 역량제고를 통한 학교폭력 예방 강화	• 학교 · 학급 단위의 학교폭력 예방교육 내실화 • 학생참여 · 체험 중심의 학교폭력 예방활동 확대 • 학교폭력유형 추세 대응 예방활동 강화 • 전사회적 협력을 통한 학교폭력 예방문화 조성
2	학교폭력에 대한 공정하고 교육적인 대응 강화	• 학교폭력 조기 감지 및 대응체계 강화 • 학교의 교육적 해결역량 제고 • 사안체계의 공정성 · 전문성 확보
3	피해학생 보호 및 치유 시스템 강화	• 피해학생 맞춤형 보호 지원체계 강화 • 사후지원 강화 및 학교 안팎 협력체계 구축
4	가해학생 교육 및 선도 강화	• 가해학생 교육선도 내실화 • 중대한 학교폭력 가해학생에 대한 엄정대처
5	전 사회적 학교폭력 예방 및 대응 생태계 구축	• 가정의 교육적 역량 강화 • 지역사회의 역할 및 책무성 강화 • 전사회적 대응체계 강화 및 대국민 인식제고

※ 출처: 교육부(2020~2024).

학교별로 구분되어 개발되었으며, 학교폭력 예방에 도움이 되는 심리적 특성인 공감, 의
사소통, 갈등해결, 감정조절, 자기존중감, 학교폭력 인식 및 대처를 강화할 수 있도록 구
성되었다. 학교와 교사는 수업이나 창의적 체험활동 시간을 활용하여 학생들에게 학교
폭력 예방 프로그램을 운영할 수 있다(자세한 내용은 한국청소년정책연구원 학교폭력예방연
구지원센터 사이트 https://www.stopbullying.re.kr 참조).

(1) 학생 대상 교육

학교폭력의 예방을 위한 학생 대상 교육은 학교에서 자체적으로 진행 또는 학교폭력
전문기관과 연계하여 실시한다. 학교폭력의 개념, 실태 및 대처방안을 포함하여 교육내
용을 구성하고 교육 횟수, 시간 및 강사 등 세부적인 사항은 학교장이 정할 수 있다. 학교
여건에 따라 전체 학생을 대상으로 강당이나 체육관 등에서 동시에 교육하는 것도 가능
하나 학급 단위로 실시하는 것이 원칙이다. 단순 전달식이 아닌 강의, 토론 및 역할연기
등 다양한 방법과 다양한 자료나 프로그램 등을 활용하여 교육의 효과를 높이고자 노력
하여야 한다(「학교폭력예방법 시행령」 제17조 제2항 참조).

학교는 교육부(검사 주체: 학교장)가 매년 실시하고 있는 학생정서 · 행동특성검사(초등
학교: CPSQ-II, 중 · 고등학교: AMPQ-III)를 통해 학생의 성격특성과 긍정적 자원을 파악
해야 한다. 학생정서 · 행동에서 예상되는 문제의 조기 발견 및 조치, 학생이 경험할 수
있는 학교생활 및 학습의 어려움을 예방하고 관리하기 위한 정보 등을 얻을 수 있다. 학
생의 정서 · 행동문제, 학교폭력 피해, 자살 징후 등에 관한 정보를 토대로 이에 초점을
맞춘 학교폭력 예방 프로그램을 적용할 수 있다(학생정신건강지원센터). 학교폭력의 징후
를 미리 발견하고 대응하는 것은 더 큰 폭력으로의 진행을 막을 수 있는 최선의 예방 방
안이다. 즉, 학교가 학생들의 피해 및 가해 징후를 미리 감지하고 인지하기 위해서는 평
소 지속적이고 주의 깊은 관찰이 필요하며 징후를 점검하기 위한 질문지법, 일상의 감
정 및 정서상태 파악을 위한 다양한 심리검사 등이 이루어지도록 적극적으로 지원해야
한다.

또한 교육부 제공 어울림 및 사이버 어울림 프로그램도 학생의 발달 단계에 따라 필요
한 역량을 강화하기 위해 교육 영역을 선택하여 맞춤형으로 제공할 수 있다. 더불어 학교

폭력 유형별 사이버폭력, 성폭력 등을 예방하고 대응할 수 있는 구체적 지도가 요구되고 있다.

(2) 교직원 대상 교육

교직원 대상의 학교폭력 예방교육은 학교폭력 관련 법령에 대한 내용, 학교폭력 발생 시 대응요령, 학생 대상 학교폭력 예방 프로그램 운영방법 등을 포함하여 교육내용을 구성해야 하며 교육 횟수, 시간, 강사 등 세부적인 사항은 학교장이 정한다(「학교폭력예방법 시행령」 제17조).

구체적으로 교원 직위별 맞춤형 학교폭력 예방역량 강화연수를 실시한다. 교장·교감을 포함한 관리자에게는 학교폭력 예방 및 대응방법, 학생·학부모·교사와의 상호 이해 및 대화방법 등의 연수가 필요하며, 담임 및 교과교사에게는 생활지도 주체로서 활용할 수 있는 관계중심 생활교육, 비폭력대화, 교육과정 내 '교과연계 어울림' 연계방법 등의 연수가 요구된다. 기타 학교 구성원(학생보호인력, 영양사 등)에게도 이미 개발된 학교폭력 예방교육 자료를 활용하여 학교폭력 발생·목격 시 대응방법을 안내하고 교육 내실화를 추진한다. 또한 교대 및 사대 교육과정 개편과 연계하여 예비 교원의 학교폭력 예방역량 강화를 위해 학교폭력 예방 및 대처, 학교생활 문화 이해 등에 관한 내용을 관련 교직과목에 반영한다(제4차 학교폭력 예방 및 대책 기본 계획안, 교육부).

교직원들 특히 학교폭력 업무 전담 교원의 역량강화 지원과 함께 업무 관련 높은 불안감과 스트레스 수준 등으로 인한 심리적 소진을 예방해야 한다. 이를 위해 자존감 회복 프로그램, 갈등 관리 및 치유 프로그램 등도 받을 수 있도록 심리적 경제적 지원도 필요하다. 학교폭력 예방 역량 강화를 위한 교사용 어울림 프로그램도 활용 가능하다.

(3) 학부모 대상 교육

학부모 대상의 학교폭력 예방교육의 내용으로는 학교폭력 징후 판별, 학교폭력 발생 시 대응요령, 가정 인성교육에 관한 사항이 포함되어야 한다(「학교폭력예방법 시행령」 제17조). 학교는 학교폭력 예방교육 프로그램의 구성과 운용계획을 학부모가 쉽게 확인할 수 있도록 휴대전화를 이용한 문자 메시지 전송, 인터넷 홈페이지 게시 및 그 밖에 다양한 방법으로 학부모에게 홍보하여 참여가 활성화될 수 있도록 노력하여야 한다(「학교폭력예방법」 제15조).

학부모의 예방교육 프로그램 수강을 활성화하기 위해 학교운영위원회, 학부모회 등 학교활동 참여 학부모 대상으로 '학부모용 어울림 프로그램' 온라인 연수를 안내하고, 분기별 학교폭력 예방 뉴스레터 보급 등 교육 자료에 대한 학부모의 접근성을 높이고자 노력한다.

학교가 학교폭력을 예방하기 위해서는 우선 안전하고 따뜻한 학교환경을 조성해야 할 의무가 있다. 응보적 생활지도와 문제해결식 생활지도를 넘어서 회복적 생활교육을 토대로 안전하고 따뜻한 학교 분위기 안에서 학교 구성원들에게 상시적으로 학교폭력 예방교육을 실시해야 할 것이다. 이어서 교사 차원의 학교폭력 예방 방안에 대하여 알아보고자 한다.

2. 교사 차원의 예방 방안

1) 학급 운영에서의 학교폭력 예방

학교 차원에서 학생들에게 상담과 생활지도를 실시하는 것만으로는 전문인력 부족과 시간적·공간적 제약이 있어 학교폭력 예방에 한계가 있다(이규미 외, 2022; 정미경, 2007). 학교폭력 행동의 주요 특징인 학생들 간 힘의 불균형과 불평등한 권력 구조가 발생하지 않으려면 학급에서부터 서로 평등한 관계가 형성되고 평화로운 질서가 유지되어야 한다(박종철, 2019; Eggen & Kauchak, 2011; Noddings, 1995). 교실은 학생과 교사가 1년 동안 함께 생활하는 공간이며, 학문적 지식뿐만 아니라 민주 시민으로서 사회 구성원에게 요구되는 구체적인 덕목을 배우는 곳이다. 교사의 학급 운영 철학은 학생의 인지, 사회성, 정서 발달에 도움을 준다(임성택, 이금주, 홍송이, 2023). 교사는 학교폭력 예방을 위해 학생들이 자신과 타인을 존중함으로써 교실에서 발생할 수 있는 갈등을 비폭력적인 방법으로 해결하고 학생과 학생, 학생과 교사가 긍정적으로 상호작용할 수 있도록 이끌어야 한다.

　학급 운영에서 담임교사는 학급 목표 및 규칙 만들기, 역할 분담 및 일상생활 점검, 공감적 소통, 예방 프로그램 등을 활용하여 학교폭력 예방을 위해 노력할 수 있다(유형근 외, 2019). 함께 생활하는 동안 평화로운 교실을 유지하겠다는 목표를 세우고, 타인에게 언어적·비언어적·신체적 폭력을 가하지 않으며 공격적인 표현을 하지 않겠다는 규칙을 준수하기 위해 구체적인 전략과 예방 활동을 전개해야 한다. 특히 3월에 교사가 평화 규칙 제정의 자리를 마련하고 목표 달성에 필요한 학급 조직과 역할을 학생과 함께 구성하는 것이 필수적이다. 이는 학기 초 학생들의 긴장을 감소시키고 새 학기 적응에 도움을 주며, 교실의 질서 유지에 합의하여 학교폭력에 선제적으로 대응하는 데 효과적이다.

　학급 규칙은 합리적이면서 학생들이 지킬 수 있는 수준의 내용으로 구성되어야 한다(Eggen & Kauchak, 2011). 제3장 '학생발달의 이해'에서 다룬 청소년의 인지, 도덕성, 정체성, 친사회성, 조망 수용, 친사회성, 공감 그리고 자기통제의 특징을 이해하고 반영하는 것이 좋겠다. 초등학교 저학년은 인지발달 단계상 전조작기나 구체적 조작기에 머물러 있을 수 있으므로 규칙과 절차를 이해하지 못할 수 있다. 도덕적 인지 추론에서도 콜버그의 1, 2단계일 가능성이 높으므로 학급 규칙에 의한 처벌과 보상이 무엇인지 명확하게 이해할 수 있도록 구체적인 지침을 제공한다. 중학생은 또래의 영향력과 소속감, 사회적 수용, 독립성에 대한 요구가 증가하므로 학급 구성원들 간 협력을 통해 학급 규칙이 유지될 수 있도록 규정을 제정한다. 고등학생은 추상적인 개념의 이해가 가능하고 타인의 감정에 대해 알아차리는 기술도 향상되므로 토론과 논의를 통해 합리적인 규칙과 이행 방법을 찾아볼 수 있도록 한다.

　제정된 규칙이 지켜지기 위해 규칙 준수의 방안과 규칙을 어겼을 때 대응하는 방식을 마련해야 한다. 교실 내 평화를 지키는 규칙이 이행되기 위해서는 타인에 대한 공격적이고 폭력적인 표현은 수용될 수 없으며 반드시 책임을 져야 한다는 것을 이해시키고 학급 구성원 전체가 합의하도록 지도한다(Evertson & Emmer, 2009). 행동 지침의 구체화가 서로를 통제하기 위해서가 아니라 평화로운 질서 유지에 필요함을 가르쳐 주고, 학급 내에서 누구든 자발적으로 참여하는 것이 의무이며 책임이라는 것을 알려 준다. 학생들의 발달적 특징을 고려하여 초등학생에게는 과도한 비난이나 질책보다 칭찬이나 보상을 자주 사용하고 중학생에게는 친구들 간의 신뢰감의 중요성, 규칙과 개인적 책임감의 관련성을 설명해 주며 구체적인 지침을 알려 준다. 고등학생들은 성인으로 대해 주는 것이 자율성과 책임감에 도움이 되므로 자신의 행동이 타인에게 미치는 영향력을 생각해 보게 한 후 원칙을 세우고 스스로 통제할 수 있도록 지도한다(Eggen & Kauchak, 2011).

규칙 준수의 자발적 참여가 효율적으로 이루어지도록 하기 위해 교사는 학급 조직과 구성을 미리 생각해 두고 수행해야 할 1인 1역할을 학생들이 선택하게 한다. 이때 경쟁보다 협력을, 타율보다 자율을, 소수보다 전체가 참여할 수 있는 학급조직을 만들고 자신이 구체적으로 어떤 활동을 하게 되는지, 맡은 일이 무엇인지 인지하고 수행할 수 있도록 지도한다(임성택, 이금주, 홍송이, 2023). 규칙을 어겼을 때의 대응 방안과 행동 수칙이 정해지고 나면 교실에 게시하고 명시함으로써 목록화한 규칙이 습관이 될 수 있도록 연습시킨다. 또한 주기적인 학급 회의를 통해 학급 규칙과 절차에 수정이 필요하지는 않은지 점검하고, 규칙 개정의 요청이 있으면 토론을 통해 학생들의 의견 개진과 참여가 가능하도록 한다.

평화로운 학급 운영은 학급 규칙의 제정과 역할 부여 이외에도 구성원들에게 자신과 타인을 존중하려는 동기가 지속될 수 있을 때 효과적이다(Evertson & Emmer, 2009). 교사는 학급에 평화 유지의 문화가 정착될 수 있도록 장기 프로젝트를 운영하여 규칙 준수에 대한 책임감과 협동심을 높이고 효과적인 의사소통과 갈등 해결에 필요한 사회적 기술과 바람직한 행동을 가르쳐야 한다(박종철, 2019; 유형근 외, 2019; Eggen & Kauchak, 2011). 제3장의 학생발달 이론이 주는 시사점에서 진술한 바와 같이 친구들 간의 믿음과 우정, 정의감과 배려, 타인의 관점 이해, 친사회성, 도움 요청과 도움 제공 그리고 공감적 이해 등을 목표로 교실 생활 속에서 학교폭력 예방이 자연스럽게 스며들 수 있도록 지도할 수 있다. 예를 들어, 학급 신문 만들기나 학급 홈페이지 운영을 통해 의사소통 기회 확대하기, 학급만의 놀이문화를 만들어 구성원들 간 응집력 높이기, 공개 토론회나 역할극을 실시하여 학교폭력 가해학생과 피해학생, 주변 학생의 입장에 대해 생각해 보기 등이 있다(유형근 외, 2019).

교사는 담당하고 있는 학교급과 학년에 따라 적절한 프로그램을 적용하여 교실에서 지켜야 할 예절과 건강한 또래관계 형성에 도움이 되는 사회적 기술을 가르쳐야 한다.

학기 초부터 학기 말까지 적용할 수 있는 학급 단위 예방 프로그램의 운영 사례로 '이야기 학급운영'(박종철, 2019)을 소개하고자 한다. 프로그램의 단계와 단계별 관련 활동의 예시 및 주의 사항은 〈표 7-2〉와 같다[구체적인 내용은 박종철(2019)의 『교실평화프로젝트』 참조].

표 7-2   이야기 학급운영의 단계별 활동과 주의 사항

단계		활동의 예시	교사의 주의 사항
1	학급 목표 공유하기	• 살아 있는 학급 목표 만들기(포스트잇을 활용하여 칠판에 게시)	• 학급 분위기 관찰 후 목표 설정의 가이드 제시
		• 원하는 학급 평화 규칙을 종이에 적어 낸 후, 토론으로 제정	• 필요에 따라 수정 보완
2	평화를 위한 의사소통 구조 만들기	• 교실 평화를 위한 학급 임원 선출 (선거 관리 위원을 뽑아 선거 공고와 투표를 진행하도록 함)	• 선거 절차에 대해 세심하게 지도하기, 서로를 파악할 수 있는 기회 제공
		• 학급 자치 위원회(갈등 발생 시 해결할 수 있는 자치 기구) 구성	• 학생들이 주체적인 역할을 하도록 지도 필요
3	평화로운 관계 맺기 프로그램	• 우정 신문 만들기(편집부 구성과 지도, 신문 내용 구성 및 편집)	• 정규 수업에 방해받지 않도록 조정
		• 관계 증진 프로그램 실시 • 누구나 함께 할 수 있는 놀이문화 만들기, 친구에게 말 걸기	• 경쟁보다 단합에 초점 • 학급 전체가 참여하도록 유도
4	영향력 나누기	• 여러 위원회 만들기 • 1인 1역할 맡기	• 골고루 인정받을 수 있는 기회 제공
5	평화와 우정으로 가는 중간 점검	• 학급 발전 단계 점검하기	• 현재 학급 상황에 집중
		• 학기 · 학년 말, 평화와 우정 결산 (지나온 시간에 대한 설문조사)	• 성찰할 수 있도록 교훈보다는 적절한 질문하기
6	마무리 활동을 통한 비약적 성장	• 학급 문집 만들기 • 이별식 또는 이별 여행하기	• 감춰졌던 갈등과 상처가 있다면 화해하도록 지도

※ 참고: 박종철(2019, pp. 55-121).

2) 수업 활동과 연계한 학교폭력 예방

교사 차원의 학교폭력 예방은 학급 운영뿐만 아니라 교과 수업을 통해서도 가능하다. 예를 들어, 타인에 대한 배려와 돌봄은 교육과정에서 수학, 과학, 영어, 사회, 예술 과목을 통해 효과적으로 가르칠 수 있다(Noddings, 1995). 청소년의 자기 인식, 자기 관리, 사회적 인식, 관계 기술, 책임 있는 의사결정 향상을 목적으로 개발된 사회정서학습(social emotional learning) 프로그램도 교과와 연계하여 적용하였을 때 학교폭력의 예방에 효과적인 것으로 알려져 있다(김윤경, 2020). 이 절에서는 수업 활동과 연계한 학교폭력 예방 방안으로 초등학교 미술 과목과 도덕·국어 통합 수업, 중학교 음악, 미술·도덕 통합 수업을 소개하고자 한다.

(1) 초등학교 저학년 미술 수업과 연계

학교폭력 예방 어울림 프로그램 중 공감 역량 부분을 재구성하여 초등학교 2학년을 대상으로 집단미술치료 프로그램을 실시한 결과, 공감능력과 또래관계 향상에 효과가 있는 것으로 나타났다(이미영, 2020). 초등학교 저학년은 자신의 생각과 감정을 언어로 표현하는 것에 미숙할 수 있으므로 집단 미술 활동을 통해 친구와 상호작용하며 친밀함과 공감을 발달시킬 수 있을 것이다. 이 프로그램은 주 2회씩 8회기 동안 실시하는 것으로, 학교 현장의 담임교사가 활용할 수 있도록 개발되었다.

표 7-3 학교폭력 예방과 초등학교 저학년 미술 수업의 연계

단계		활동명	집단미술치료 요소	활동
초기	1	어, 나도 그래	• 감정과 생각을 나누며 다양한 감정 탐색하기 • 상호 친밀감 쌓기	• 종이 접시에 크레파스, 색연필 등으로 감정에 따른 얼굴 표현
	2	손바닥 하트나무	• 손바닥 하트 활동으로 정서적 공감 경험	• 손바닥에 물감을 묻혀 하트나무를 완성, 공통점이 있으면 하이파이브, 없으면 악수하는 신체활동 병행

중기	3	든든한 내 마음	• 부정적 감정 해소 • 정서적 · 사회적 지지 경험	• 종이를 함께 엮는 집단 미술 작업
	4	귀를 기울이며	• 타인을 배려하며 경청 • 긍정적 상호작용 경험	• 점토로 좋아하는 동물을 만들면서 공통 주제에 대해 이야기를 나눔
	5	마음이 말랑말랑	• 타인 입장 생각하기 • 갈등 표현하고 담기	• 컬러 클레이를 사용한 활동을 하며 공감과 포용 학습
	6	공감 인형극	• 공감적 대화 기술 향상 • 학교폭력 해결 인형극	• 종이컵으로 공감 인형을 만들고 또래와 학교폭력 예방 상황을 연습
종결기	7	꼭 안아 줄래요	• 공감을 통한 치유 경험 • 집단 미술 활동으로 포근하게 안아 주는 환경 조성 • 공감 반응 주고받기	• 『미운 아기 오리』 이야기를 듣고 아기 오리를 안아 줄 수 있는 엄마 날개를 집단원들과 함께 만들어 벽에 붙이기, 공감의 마음을 풍선에 불어 넣어 공감 풍선 만들기, 아기 오리가 되어 빈 의자에 앉아 또래에게 공감 풍선과 응원샤워 받기
	8	공감이 쑥쑥	• 집단 미술 활동으로 공감 내면화하기, 학교폭력 예방 의지 다지기	• 공감 마니또에게 줄 선물로 사탕을 담고 편지 쓰기, 한지를 찢어 파도를 꾸미고 편지로 만든 공감섬 띄우기

※ 참고: 이미영(2020, p. 35).

(2) 초등학교 고학년 도덕 · 국어 수업과 연계

이형순(2023)은 초등학교 고학년을 대상으로 학급단위에서 활용할 수 있는 도덕, 국어 교과융합 학교폭력 예방 프로그램을 개발하여 효과를 검증하였다. 프로그램은 총 12차시와 추수 지도로 설계되어 있으며, 초등학교 6학년 4개 학급에 실시한 결과 학교폭력 태도, 공감, 학교생활 적응 향상에 긍정적인 영향을 주는 것으로 나타났다. 1~3회기는 낯설기/도입 단계이며, 4~9단계는 스며들기/전개 단계, 10~추수단계는 하나되기/정리 단계이다.

표 7-4 학교폭력 예방과 초등학교 고학년 도덕 · 국어 수업의 연계

회기/과목		활동 내용	활동 근거(○ 도덕과 △ 국어과)
1	도덕	활동명: 내 친구들은? • 우리 반 친구들의 장단점 살피기 −나의 타인을 바라보는 시선 알기	○ 도덕적 대화하기, 타인 입장 이해하기, 공감능력 기르기, 다양성 수용하기 △ 타인 이해하기
2	도덕	활동명: 거울을 보아요. • 자신 스스로를 돌아보기 −타인을 통해 나 자신을 돌아보기	○ 도덕적 대화하기, 공감능력 기르기 △ 자기 표현하기

3	도덕+
	국어
		활동명: 내가 주인공이라면
		• 관련 교육 영화 〈원더(Wonder)〉 시청
		  −'공감'을 주제로 한 메시지 주기
		• 영화 감상문 쓰기
		  −극의 주인공이 되어 생각해 보기
			○ 도덕적 민감성 갖기, 공감능력 기르기, 다양성 수용하기
			△ 의사소통 능력, 타인 이해하기

4	도덕+ 국어	활동명: 막을 올리며 • 모둠 운영 기본 원칙 • 연극 주제 정하기 −모둠 구성원 간 이해와 존중 알기	○ 경청하기, 약속 지키기, 다양성 수용하기, 타인 입장 이해하기 △ 의사소통 능력, 학습자 참여형 학습
5	도덕+ 국어	활동명: 나도 배우 • 연습−과정 설계하기 −기본 원칙과 계획을 통해 연습	○ 경청하기, 약속 지키기, 타인 입장 이해하기 △ 의사소통 능력, 학습자 참여형 학습
6	도덕+ 국어	활동명: 잘 하고 있나요? • 성찰 1(학생 및 교사) −연습 과정 중 문제 점검 및 해결	○ 경청하기, 다양성 수용하기, 타인 입장 이해하기 △ 의사소통 능력, 학습자 참여형 학습
7	도덕+ 국어	활동명: 잘 하고 있나요? • 반성하기(학급 회의) −학급 회의를 통해 문제 수정 및 해결	○ 경청하기, 다양성 수용하기, 타인 입장 이해하기 △ 의사소통 능력, 학습자 참여형 학습
8	도덕+ 국어	활동명: 잘 하고 있나요? • 성찰 2(학생 및 교사) −연습 과정 중 문제 점검 및 해결	○ 경청하기, 다양성 수용하기, 타인 입장 이해하기 △ 의사소통 능력, 학습자 참여형 학습
9	도덕	활동명: 우리 보러 오세요. • 연극 홍보 포스터 제작(협동 활동)	○ 경청하기, 다양성 수용하기 △ 의사소통 능력, 학습자 참여형 학습

10, 11	도덕+ 국어	활동명: 우리들의 1막 1장 • 모둠별 연극 공연 및 관람	○ 경청하기, 공감능력 기르기, 다양성 수용하기 △ 의사소통 능력, 학습자 참여형 학습
12	도덕+ 국어	활동명: 막이 내리면 • 연극 활동을 통해 느낀 점 　−마무리 시간을 통한 과정의 내면화	○ 경청하기, 감사하기, 공감능력 기르기, 타인 입장 이해하기 △ 의사소통 능력, 바람직한 인성 함양
추수		활동명: 마음을 나눠요! • 프로그램 과정에 대한 소회 　−정해진 회기 외 탄력적 운영	○ 경청하기, 감사하기, 공감능력 기르기 △ 의사소통 능력, 학습자 참여형 학습

※ 참고: 이형순(2023, pp. 44-47).

(3) 중학생 음악 수업과 연계

중학교 음악 과목과 연계하여 학교폭력을 예방하는 방안으로는 김명은(2022)이 개발한 음악극 창작 활동을 소개하고자 한다. 연구자는 중학교 1학년을 대상으로 8차시 동안 실시할 수 있는 교수−학습지도안을 개발하였고 중학교 교사에게 현장 적합성을 검증받았다. 학생들이 음악극을 이해하고 감상하며 제작 및 발표하는 창작 활동인데, 음악뿐만 아니라 문학, 미술, 체육 과목과도 연계될 수 있다는 특징이 있다.

표 7-5 　학교폭력 예방과 중학생 음악 수업의 연계

	활동 단계	주요 활동	학교폭력 예방 연계 요소
1	• 음악극의 이해 • 음악극 감상	• 뮤지컬, 창극 등의 이미지를 보여 주면서 음악극을 감상해 본 경험이 있는지 발표 • 음악극의 개념과 종류 이해 • 오페라 〈마술피리〉를 감상한 후 등장인물의 심리를 추측하고 공감 • 공감의 중요성에 대해 발표	• 타인에게 공감하기 • 공감의 중요성 인식
2	• 역할 분담 • 주제 선정	• 학교폭력 상황에서 가해자, 조력자, 강화자, 방관자, 보호자, 피해자 역할의 의미를 익히고 음악극 창작을 위해 역할 분담 • 학교폭력의 유형을 알아보고 주제 선정	• 학교폭력 상황에서의 역할, 유형 학습

3	• 장면 구성 • 줄거리 작성	• 선정한 주제에 맞게 학교폭력 상황을 떠올리며 10분 분량으로 3개의 장면을 구성 • 장면에 맞게 줄거리 작성	• 학교폭력 상황에서의 문제해결 찾기
4	• 음악 선정 • 개사	• 줄거리의 분위기와 장면에 맞는 음악 선정 • 선정한 주제에 맞게 개사	
5, 6	• 안무 제작 • 무대 제작 • 소품 제작 • 음악 편집 • 연습	• 개사한 내용에 어울리는 안무 추가 • 선정한 주제에 어울리도록 개사한 노래와 안무, 대사 연습 • 선정된 음악을 장면에 맞게 편집 • 장면에 필요한 무대 배경, 소품 제작	• 협동하며 서로의 의견 존중하기
7	• 발표 및 감상	• 모둠별로 음악극 발표 • 다른 모둠의 발표를 감상하며 활동지 작성	• 학교폭력 상황 간접 경험 • 피해자에게 공감하기
8	• 평가 및 반성	• 지난 7차시의 과정을 떠올리며 음악극과 학교폭력에 관한 내용 복습 • 모둠별로 다른 모둠의 발표를 감상하고 느낀 점 공유 • 모둠별로 지난 7차시의 음악극 활동과정을 돌아보며 좋았던 점과 아쉬웠던 점 공유 • 학교폭력 상황에서 앞으로 방관자가 아닌 '적극적인 보호자'가 되겠다는 서약서 작성	• 지난 나를 반성하며 방관자가 아닌 적극적 보호자가 되기를 다짐하기

※ 참고: 김명은(2022, pp. 31-33).

(4) 중학교 미술·도덕 통합 수업과 연계

김하람(2016)은 학교폭력 예방을 위한 포스터 제작을 주제로 미술과 도덕을 연계한 8차시 통합 수업 프로그램을 개발하였다. 효과를 검증한 결과 학교폭력 허용적 태도와 대처방안, 학교폭력 예방의 필요성 및 예방을 위한 올바른 행동의 중요성 점수가 향상된 것으로 나타났다. 미술 과목과 도덕 과목의 통합 수업은 도덕적 판단을 근거로 창의적으로 문제를 해결하는 데 도움을 주고, 윤리와 같은 추상적인 개념을 시각적으로 표현하게 하며, 창의와 인성이 결합하여 통합적으로 발달하는 데 긍정적 영향을 줄 수 있다(김하람, 2016, pp. 29-30).

표 7-6　학교폭력 예방과 중학생 미술 · 도덕 통합 수업의 연계

차시/과목		PBL	제재	교수-학습 활동	학습 자료
1	미술+도덕	사전 활동	공익광고 포스터를 통해 학교폭력 문제점 인식하기	• 포스터 감상을 통해 학교폭력의 느낌과 그와 관련한 경험 나누기 • 포스터가 전달하는 학교폭력의 의미와 정보를 찾고 이에 대한 문제점 발견하기 • 학교폭력의 정의와 유형 학습하기	• PPT • 활동지
2	미술+도덕	문제 만나기	학교폭력 예방을 위해 공모전 참여하기	• 학교폭력 예방을 위한 포스터 공모전을 통해 상황 확인, 자신의 역할 찾기 • 문제해결을 위한 포스터의 개념 및 특징 학습하기	• PPT • 뉴스 영상 • 공모전 포스터
3	미술	문제해결 계획 세우기	포스터 제작을 위한 PPT 프로그램 활용법	• '과정 따라 하기' 학습을 통해 PPT의 다양한 툴 활용방법을 익히고 화면 구성법과 색상 조합에 대해 학습하기	• PPT • 활동지 • 읽기자료
4	미술+도덕		다양한 입장에서의 학교폭력 예방 노력의 필요성 이해	• 팀 구성 후 주제 선정하기 • 문제해결 계획서 작성하기 • 도덕 교과서에 제시된 다양한 사례를 통해 해결책 구안하기	• PPT • 활동지 • 표현재료
5	미술+도덕	탐색 및 재탐색	포스터 제작을 위한 에스키스	• 브레인 스토밍을 통해 아이디어를 모색하고 포스터 제작 계획서 작성하기	• PPT • 활동지 • 표현재료
6, 7	미술	해결책 고안	포스터 제작	• 포스터 제작하기	• PPT 프로그램
8	미술+도덕	발표 및 평가	발표 및 평가, 수업 정리	• 모둠별 작품 발표 및 감상 • 문제해결 과정 평가 • 수업 활동에 대한 반성과 평가 및 정리	• 형성평가지 • 자기평가지 • 모둠평가지

※ 참고: 김하람(2016, pp. 49-50).

장의 요약

1. 학교 차원에서 학교폭력을 예방하기 위해서는 물리적·심리적으로 안전하고 따뜻한 학교 환경이 정착되어야 한다. 안전한 학교 환경 조성을 위해 시설물 관리 및 안전장치 확인을 위해 노력해야 하며, 정서적 순화 및 안정과 바람직한 행동을 동기화하기 위해 다양하고 적절한 생활지도 방안이 뒷받침되어야 한다. 또한 응보적 생활지도와 문제해결식 생활지도를 넘어선 회복적 생활교육을 통해 교사와 학생, 학생과 학생 간 신뢰를 바탕으로 구성원 모두가 성장할 수 있는 학교 분위기를 조성하여야 한다.

2. 학생, 교직원, 학부모를 대상으로 정기적으로 맞춤형 학교폭력 예방교육을 실시하고, 학교 여건에 따라 수업 및 수업 이외 시간을 활용하여 학교폭력 예방 프로그램 등을 실행함으로써 학교 구성원의 학교폭력 예방 문화를 함양하고 역량을 강화한다.

3. (담임)교사는 평화로운 학급 문화와 질서 유지를 위해 학급 운영에 학교폭력 예방 방안을 적극 도입하여 학급 구성원 전체가 자발적으로 참여하고 실천하도록 독려해야 한다. 학생의 발달적 특징을 고려하여 학교급에 따라 적절한 규칙과 실행 방안을 모색하고, 교사와 학생이 함께 평화로운 학급 분위기를 형성할 수 있도록 노력한다.

4. 교사는 정규교육과정의 수업이나 창의적 체험활동 시간에 교과와 연계된 학교폭력 예방 프로그램을 운영하여 학생들이 학급 내에서 발생할 수 있는 긴장과 갈등을 이해하고, 이를 해결할 수 있는 방안에 대해 학습할 수 있도록 기회를 제공해야 한다.

수업활동

1. 미래의 교사 혹은 상담교사로서 학급운영, 수업 연계, 상담 프로그램을 통해 일상생활 속에서 학교폭력 예방이 자연스럽게 스며들 수 있는 방안을 구상해 보자. 단, 다음의 조건들을 고려하여 구체적인 방안을 계획한다.

   • 프로그램명은?

   • (교사) 적용하고자 하는 학급운영 방식은?

   • (교사) 적용하고자 하는 과목은?

   • (상담교사) 적용하고자 하는 프로그램 형태는(예: 개별상담, 집단상담, 또래상담 등)?

   • 구체적으로 향상시키고자 하는 품성은(3~5가지 기술)?

   • 기간과 주차별 활동 계획, 구체적인 내용은?

   • 효과 확인 방안은?

제8장

학교폭력 예방 프로그램

1. 학교폭력 예방을 위한 인성교육 프로그램

정부는 핵심 교육정책의 하나로 2012년도부터 학교폭력 근절을 위한 창의 인성교육을 확대 및 추진하였다. 관계부처 합동으로 발표한 '제3차(2015~2019년) 학교폭력 예방 및 대책 기본계획'에 따르면, 행복하고 안전한 학교를 만들기 위해 학교폭력 및 학생 위협 제로 환경 조성을 목표로 5대 분야 16개 추진 과제를 제시하였다. 5대 분야에는 인성교육중심 학교폭력 예방 강화, 학교폭력 대응 안전인프라 확충, 공정한 사안처리 및 학교 역량 강화, 피해학생 보호·치유 및 가해학생 선도, 전 사회적 대응체제 구축 등이 포함되어 있다. 그리고 인성교육중심의 학교폭력 예방 추진과제는 인성함양을 위한 학교폭력 사전 예방, 또래활동을 통한 건전한 학교문화 조성, 체험 중심 학교폭력 예방활동 강화, 폭력 유형 및 추세에 따른 대응 강화 등 네 가지이다(관계부처 합동, 2016). 현재 우리나라에서 실행되고 있는 학교폭력 예방 프로그램을 소개하면 다음과 같다(정일환 외, 2024).

우리나라에서 개발 보급되고 있는 학교폭력 예방 프로그램을 내용별로 구분해 보면 학교폭력 예방 및 개입 프로그램, 학교폭력 가해자 프로그램, 학교폭력 피해자 프로그램, 부모교육 및 교사교육 프로그램 등이 있다. 학교폭력 프로그램과 관련된 선행 연구들을 살펴보면 학교폭력을 예방하거나 개입하는 프로그램이 대부분을 차지하고 있고 학

표 8-1 **학교폭력 예방 프로그램과 구성요소**

프로그램명	핵심 구성요소	회기	목적	대상	개발기관
시우보우 프로그램	이타행동, 대인관계, 의사소통, 인권과 평화의식, 폭력문화, 집단따돌림	10회기	예방	초~고	서울대학교 발달심리연구실
청소년 무지개 프로그램	마음의 힘, 관심과 사랑, 친구상담, 학교갈등 통찰, 희망 가꾸기, 선배체험 나누기	10회기	예방 치유	초~고	청소년보호 위원회
내가 바로 지킴이	학교폭력 ○×퀴즈, 예방나무, 으릿차차, 무비오케, 예방교육 강의 등	10회기	예방	초~고	청소년폭력 예방재단
HELP-ING 프로그램	학교폭력 인식, 중재자 역할, 학교폭력 법률과 대처요령	8회기	예방	초~중	서울대학교 발달심리연구실
작은 힘으로 시작해 봐!	폭력개념, 폭력 트라이앵글(가해자, 피해자, 방관자) 대처행동에 대한 이해	10회기	예방	초	사회정신 건강연구소
KEDI 학교폭력 예방 프로그램	공감, 관점 채택, 사회적 문제해결, 의사소통, 안전하고 즐거운 학교	10회기	예방	초	한국교육개발원
한번 더 생각해 봐	학교폭력 개념 이해, 학교폭력 가해자·피해자·방관자 이해, 대처 활동	16회기	예방	초~고	사회정신 건강연구
폭력 및 왕따 예방 교육 프로그램	사회인지적 기술	4회기	예방	초~고	청소년보호 위원회
품성계발 프로그램 (멋진우리)	정직, 배려, 책임감, 자기조절의 덕목 중심 인성교육	6회기	예방	초	한국청소년 상담원
십오통활 프로그램	자기이해, 타인이해, 공감, 소통을 통한 정체감 확립	12회기	예방	중~고	한영주, 채선기, 김수진, 최정호
배려증진 프로그램	조망능력, 공감, 몰입, 동기전환, 타인배려	13회기	예방	초	한국청소년 상담원
친한 친구 프로그램	친구 사귀는 방법, 장점 찾기	10회기	예방	초~고	서울시교육청
학급에서의 집단따돌림 예방 프로그램	친밀감 형성, 의사소통기술, 대인관계 기술, 자기개방, 공동체 의식	4~6회기	예방	초~고	한국교육 학술정보원

| 도담도담
프로그램 | 자존감, 공감, 자기주장행동, 정서인식
및 표현능력 | 10회기 | 예방 | 초~고 | 오인수, 이승연,
이미진 |
| 마음활동(어울림)
프로그램 | 대인관계능력 향상 | 12회기 | 예방 | 초~고 | 한국다움상담
연구소 |

교폭력이 발생된 이후 개입하는 프로그램이나 종합적인 접근을 하는 프로그램은 많지 않다. 이 장에서는 오인수, 이승연, 이미진(2015)이 개발한 도담도담 프로그램, 채선기 (2023)가 개발한 마음활동(어울림) 프로그램, 한영주, 채선기, 김수진, 최정호(2017)가 개발한 십오통활 프로그램 등을 소개할 것이다.

2. 도담도담 프로그램

　도담도담 프로그램은 교육부의 후원으로 오인수, 이승연, 이미진(2015)이 개발한 것으로, 원래 학교폭력의 피해 및 가해학생의 대처 역량을 함양시키기 위한 교육 및 상담적 개입 프로그램이다. 이 프로그램은 자유학기제 선택적 프로그램과 지시적 프로그램의 기능을 동시에 갖고 있다. 또한 학교폭력의 피해 및 가해와 관련이 있는 것으로 확인된 여덟 가지의 변인에 대해 학생의 위험 정도를 측정하는 스크리닝 척도를 제시하고 있다. 여덟 가지 변인은 자존감, 공감, 자기주장행동, 친사회적 행동, 정서인식 및 표현능력, 분노, 공격성, 불안, 우울이다. 이는 학교폭력 가해 · 피해학생을 위한 교육적 개입에 관한 연구(오인수, 이승연, 이미진, 2013)에서 확인된 연구 결과 및 선행연구의 결과를 바탕으로 학교폭력의 피해 및 가해와 관련이 있는 것으로 입증된 변인들을 선별한 것이다. 여덟 가지 변인에 대해 학생의 위험 정도를 파악한 후 위험성이 높은 변인에 개입할 수 있도록 모듈형 프로그램으로 개발되었다.

　여덟 가지의 변인은 크게 다섯 가지의 긍정적 변인(자존감, 공감, 자기주장행동, 친사회적 행동, 정서조절능력)과 세 가지의 부정적 변인(분노, 공격성, 불안 우울)으로 나뉜다. 각 영역별 문항 수는 5개이며 모두 5점 척도[전혀 그렇지 않다(1), 그렇지 않다(2), 보통이다(3), 그렇다(4), 매우 그렇다(5)]로 측정되었기 때문에 5~25점 사이의 분포를 보인다. 5점 척도의 특성상 20~25점은 특정 변인의 정도가 어느 정도 높음을 의미하며 5~10점은 그 반대를 의미한다. 따라서 긍정적 변인이 5~10점이며 부정적 변인이 20~25점이면 우선적으로 개입하는 것이 필요하다고 볼 수 있다.

　구체적인 프로그램의 내용은 '들어가며', '자존감', '공감', '자기주장훈련', '친사회적 행동', '정서 인식 및 표현', '분노 조절', '공격성 조절', '불안 및 우울 조절', '마무리하며'의 열 가지 내용으로 구성되어 있다. 낮은 자아존중감을 향상시키기 위한 자아존중감, 낮은 공감능력을 제고하기 위한 공감, 자기표현 및 주장성의 부족을 개선하고 주장행동을 하기 위한 자기주장훈련, 타인에 대한 배려와 도움 능력을 향상시키는 친사회적 행동, 자신과 타인의 정서를 제대로 인식하고 적절하게 표현하기 위한 정서인식 및 표현, 부적절한 분노 표현 능력을 향상시키기 위한 분노 조절, 가해행동과 매우 관련이 높은 공격성을 다루기 위한 공격성 조절 그리고 불안과 우울을 낮추기 위한 불안 및 우울 조절을 프로그램의 주요한 구성요소로 삼았다. 프로그램의 핵심적인 내용을 정리하면 〈표 8-2〉와 같다.

표 8-2　도담도담 프로그램의 구성 및 내용

주제	제목	내용
들어가며	안녕 친구야	자기소개 활동을 통해 구성원들 간에 마음을 여는 시간을 갖고, 경청하는 태도를 배운다.
	친구야 놀자	집단 규칙을 학생 스스로 정하여 프로그램 참여 동기를 높이고 다양한 게임을 통해 집단 친밀감을 형성한다.
자존감	나의 자존감	자존감의 의미를 이해하고 자신의 자존감을 파악한다.
	나는 특별한 사람	자신의 장점을 인식하고, 단점을 찾은 후 단점을 장점으로 전환한다.
	관계에서 소중한 나	자신에게 의미 있는 사람들을 탐색하면서 관계 속에서 사랑받는 존재임을 알고, 그들에게 더 존중, 수용, 관심을 받기 위한 자신의 역할을 확인한다.
	미래의 나	자신의 미래에 대하여 긍정적인 신념을 갖고, 미래에 대한 구체적인 목표를 세우며, 목표 달성을 위해 노력해야 하는 점들을 구체적으로 설계한다.

공감	나의 감정	감정 상황에 따른 다양한 감정을 파악하고, 자신의 감정을 인식하여 적절하게 표현한다.
	친구 마음 이해하기	상황에 대한 이해와 수용을 통해 상대방의 입장을 이해하고, 공감적 표현을 한다.
	함께 느끼기	공감적 각성을 통해 공감적 대화를 할 수 있안 능력을 기른다.
	너의 마음이 보여	일상생활에서 공감할 수 있는 표현을 연습하고, 역할극을 통해 공감적 표현을 익힌다.
자기주장 훈련	나의 행동 인식	주장행동, 소극적 행동, 공격적 행동의 의미와 특징을 파악하고 자신의 행동을 깨닫는다.
	주장행동을 일으키는 마음	소극적 행동, 공격적 행동을 일으키는 비합리적 사고를 발견하고 논박하며 합리적으로 생각하는 방법을 익힌다.
	주장행동 요소	주장행동의 시기, 요소(내용, 음성, 체언)를 배우고 익힌다.
	다양한 상황에서의 주장행동	주장행동 시 불안을 극복하는 방법을 배우고, 다양한 상황에서 주장행동하는 것을 익힌다.
	특정 상황에서의 주장행동	개별적으로 주장행동이 어려운 상황에 대한 주장행동 연습을 통해 주장행동 방법을 익히고 피드백을 주고받는다.
친사회적 행동	나의 친구관계	자신의 교우관계 특징을 파악하고, 주변에는 다양한 특성의 사람이 다양한 관계를 맺고 있음을 이해한다.
	진정한 우정	친구와의 관계에서 힘든 점을 알고, 우정을 키우기 위해 필요한 행동을 배우고, 우정을 키우는 데 필요한 행동을 익힌다.
	칭찬합시다!	칭찬을 통해 자신의 장점을 인식하고, 칭찬을 바로 하는 방법을 배우며, 칭찬하는 방법을 익힌다.
	도움의 손길	도움과 배려의 중요성을 인식하고, 친구의 고민 상담을 통해 친구들을 돕는 방법을 익힌다.
정서 인식 및 표현	다양한 정서와 감정단어의 이해	다양한 정서의 신체적 반응과 이를 표현하는 감정단어에 대해 학습하고, 자신의 감정 상태를 확인한다.
	특정 상황에서의 감정	특정 상황에서 자신의 생각–감정–행동의 연결을 이해하고, 생각 바꾸기를 통해 감정을 조절하는 법을 배운다.
	감정의 표현	자신의 부정적 마음과 감정을 효과적으로 표현할 수 있도록 I-message의 사용을 학습한다.
	감정의 정화	학교폭력 경험에서 느꼈던 분노와 우울, 불안, 두려움 등을 표출하고, 가족이나 친구에게 말하고 싶은 것을 표현한다.

불안 및 우울 조절	불안의 조절: 편안해지기!	다양한 이완법을 익히고, 불안을 일으키는 부정적 생각을 긍정적 생각으로 바꾸는 방법을 학습한다.
	불안의 조절: 생각 바꾸기	불안을 일으키는 부정적인 생각을 보다 긍정적인 생각으로 바꿀 수 있는 방법을 학습한다.
	우울의 조절	우울의 다양한 특징을 이해하고, 우울을 야기하는 자신의 부정적 생각을 확인하여 이를 조절할 수 있도록 한다.
	자살의 신호와 대처	자살의 경고신호와 위험요인, 대처방법에 대해 학습한다.
분노 조절	내 마음의 화	분노의 의미와 특징을 파악하고 분노 상황을 맥락적으로 이해한다.
	화를 일으키는 마음	마음 감정과 생각의 관계를 이해하고 분노를 일으키는 비합리적 생각을 발견한다.
	화를 다스리는 마음	분노를 일으키는 비합리적인 생각을 논박하고 합리적으로 생각한다.
	화를 다스리고 풀어내기	효과적인 분노 조절 및 표현 활동을 통해 감정을 정화하고 다양한 분노 조절 및 표현 활동을 익힌다.
공격성 조절	나라면 어떻게?	공격적 행동을 유발하는 상황에서 공격행동이 어떠한 문제를 일으키는지 배운다.
	이럴 땐 이렇게	공격적 행동을 유발하는 상황에서 효과적인 반응 행동 전략을 배운다.
	왜 그럴까요?	공격적인 행동의 이면에 숨겨진 네 가지 동기(관심 끌기, 힘겨루기, 보복하기, 부족감 표현하기)의 관점에서 자신의 행동을 이해한다.
	진정한 용기	주변인 중에서 가해동조자(가해조력자 혹은 가해강화자) 학생이 바람직한 행동 전략을 배운다.
마무리하며	변화된 내 모습	프로그램을 통해 변화한 자신의 모습을 재인식하고 변화를 이어 가기 위한 방법을 습득하며 프로그램 이후의 어려움을 극복하는 방법을 학습한다.

3. 마음활동(어울림) 프로그램

최근에는 청소년들의 대인관계 부적응 문제가 많이 일어나고 있는 편이다. 청소년 상담복지센터에 찾아오는 청소년들의 상담 주제를 보면, 대인관계(23.4%), 진로 및 학업 문제(20.4%), 우울 불안과 같은 정신건강(11.9%), 비행 및 일탈(11.3%), 컴퓨터 과다사용

(8.7%) 순으로 나타났다. 또한 2018년도 통계청 청소년 통계의 '중학생의 상담 지원 현황'을 살펴보면, 대인관계가 상담 주제에서 1위를 차지했다. 청소년기 중 중학생 시기는 대인관계가 부모나 가족 중심에서 벗어나 동성 및 이성 친구 중심으로 변화되는 시기이므로, 이때의 관계 경험은 개인의 전반적인 삶에 지대한 영향을 미친다.

관련 선행연구에 따르면 대인관계 스트레스가 불안 및 신체화 증상, 학교생활 부적응, 자살 생각, 우울 증상, 내재화 및 외현화 문제행동, 사회적 유능감, 학업 수행 등 다양한 영역에서 문제가 되며, 청소년의 정신건강을 심각하게 해친다. 따라서 이 시기의 대인관계를 증진할 수 있는 상담개입이 필요하다.

마음활동(어울림) 프로그램은 청소년 집단상담에서 필수적인 신체활동을 포함하여 집단활동들 위주로 구성되어 있다. 신체활동은 비언어적인 의사소통 능력 습득뿐만 아니라 신체적·정서적 발달을 돕고 다소 지루할 수 있는 집단상담 과정을 청소년들이 흥미롭게 경험할 수 있도록 돕는다. 신체활동이란 인간으로서 건강한 삶을 살아가기 위한 종합적인 행동으로, 근육활동과 에너지를 소비하는 육체적 활동 등 모든 움직임을 말한다. 신체활동은 신체의 움직임에 국한된 개념이 아니라 지적·심리적·정서적·사회적 요소를 포함한 폭넓은 의미를 가지고 있다. 학생들이 몸소 체험하고 활동함으로써 몸이 기억하는 프로그램을 활용하면 청소년들의 대인관계 능력 향상에 도움이 될 것으로 생각된다. 중학생들의 발달적 특성을 고려하여 대인관계 증진을 위한 활동중심으로 개발된 마음활동 프로그램은 개발 및 효과성 검증 연구를 통해 중학생들이 대인관계 증진을 넘어 전반적인 학교생활에 안정적으로 적응하게 하며, 다양한 문제행동의 예방 및 치료에 효과적일 것이다.

이 프로그램은 아동·청소년들의 마음건강을 위해 신체활동과 마음활동으로 나눠 대인관계가 향상되도록 프로그램을 실시하는 것이 바람직하다. 이를 위해 신체활동 부분을 전면에 배치하여 친구들과 어떻게 관심을 가져야 하는지를 몸으로 익히고, 친구들에게 관심을 가졌다면 배려는 어떻게 해야 하는지와 친구들과 왜 협동을 해야 하는지를 다양한 신체활동 프로그램으로 익힌다. 이후에 마음활동 프로그램에서는 친구관계에서 어떤 감정을 느끼는지, 감정이 왜 중요한지와 내가 느낀 감정을 어떻게 소통하는지를 익힌 다음, 친구들에게 진심 어린 격려를 해 줌으로써 프로그램을 마무리한다.

표 8-3 **마음활동 프로그램의 구성 및 내용**

일차	교시	파트		흐름	세부 활동
1일	1~2교시	신체활동	관심	끌림	• 오리엔테이션 • 어울림 다이어리 만들기 • 규칙 정하기 • 뒤죽박죽 내 자리
	3~4교시			설렘	• 어울림 미션 • 짜짜짜 • Pick me up
				울림	• 어울림 다이어리 '관심' 편 작성
	5~6교시		배려	끌림	• 배려맨을 찾아라
				설렘	• 네모 안에서 • 내발네발 • 배려 a care
				울림	• 어울림 다이어리 '배려' 편 작성
2일	1~2교시	마음활동	협동	끌림	• 붉은 실 헹가래
				설렘	• 교실로…… • Play ball • Top together • Air racing
	3~4교시			울림	• 어울림 다이어리 '협동' 편 작성
	5~6교시		감정	끌림	• 감정 이목구비
				설렘	• 감정 오락관 • 감정 극장 • 감정 선물
				울림	• 어울림 다이어리 '감정' 편 작성

3일	1~2교시	마음 활동	소통	끌림	• 속닥속닥
				설렘	• 어울림 미로 • 지뢰밭 대탈출 • 완성 맞춤
	3~4교시			울림	• 어울림 다이어리 '소통' 편 작성
			격려	끌림	• 하지 못한 말 듣고 싶은 말
	5~6교시			설렘	• 토닥토닥 괜찮아 • 나도 오늘은 주인공
				울림	• 어울림 다이어리 '격려' 편 작성 • 마무리

4. 십오통활 집단상담 프로그램

현재 우리나라에서 청소년 시기는 '빨리 지나가야 할 시기', '대학진학'이라는 절체절명의 목표를 달성하기 위해 학습 외의 헛된 것에 신경 쓰지 않도록 특별히 단속해야 하는 시기쯤으로 간주되는 것으로 보인다. 인생의 어느 시기보다 과중한 학습이 강요되고, 청소년들이 경험하는 내적 혁명이나 뇌의 변화로 인한 다양한 경험은 학습을 저해하는 방해물, 그러므로 빨리 치워야 할 '문젯거리'에 불과하다. '나는 누구인가?', '나는 어떤 삶을 살 것인가?' 등 새로운 자아정체성을 형성하려는 필사적인 질문들은 비현실적인 고민일 따름이고, 어느 곳에서도 청소년이 자신의 정체성을 고민하면서 세워 갈 기회를 제공하고 있지 못하다.

'십오통활(十五通活)'은 사춘기의 정점에 있는 청소년들에게 정체감 형성의 기회를 제공하고자 우리나라 현실에 적합하게 개발된 프로그램이다. 청소년기를 중2병이나 해결할 문제로 보는 병리적 관점을 지양하고, 청소년들이 인생의 정상적 발달과정을 잘 경험하여 성숙한 성인으로 진입하도록 돕는 것이 이 프로그램의 궁극적 목표이다. 특히 심리적 과도기에 서 있는 청소년들이 자신의 잠재능력을 개발하여, 원하는 성장과 성취를 향해 나아갈 근본적 토대인 건강한 정체감 형성에 초점을 두고 있다. 청소년은 오롯이 자기 자신만이 겪어 내야 하는 '자아 리모델링' 과정을 치열하게 겪어 내고 있으며, 이러한 경험을 마음껏 나누고 격려받을 기회를 절실히 필요로 하고 있다. 청소년에게는 진학과 학습이라는 유일한 목표성취, 정글 같은 학교에서 살아남기에 전력해야 하는 강압에서 벗어나 자신 안에 일어나고 있는 변화 경험을 충분히 나누고 수용 받으며 그 의미를 찾아 자신만의 정체성을 세워 나갈 수 있는 기회가 꼭 제공되어야 한다. 인생의 다음 단계로 진입하기 전에 잠시 동안이라도 '자신만의 세계' 속에서 새로운 세계 적응을 위해 '자아 리모델링'에 몰입할 수 있는 장(場)을 제공하는 것이 청소년을 위한 집단상담 프로그램인 십오통활이다.

십오통활은 청소년의 가능성에 주목하는, 성장 패러다임에 근거한 프로그램이다. 15(十五)세는 본격적인 사춘기의 정점, 즉 어린이에서 어른으로 진입해 가는 청소년기의 초입을 아우르는 상징적 나이이다. 공자는 『논어(論語)』의 「위정편(爲政篇)」에서 자신의 인생 발달과정을 언급하면서, "나는 나이 열다섯에 학문에 뜻을 두었다(吾十有五而志于學)."라고 하여 15세를 인생의 첫 번째 중요한 전환기로 언급한 바 있다. 눈에 띄는 신체적·인지적·정서적 변화를 겪게 되는 청소년들은 더 이상 '어린아이'라 부를 수 없이 확연히 달라진 모습을 보이지만, 무언가 불안정하고 예측이 안 되는 과도기적 특성을 갖는다. 그러나 요즘의 청소년들이 유독 문제 있는 병리적 집단인 것이 아니라 청소년이라는 시기 자체가 인생의 첫 번째 전환기로서 위험(危)과 기회(機)를 동시에 갖는 발달상의 위기(危機)임은 역사와 문화를 막론하는 보편적 사실이다.

이 프로그램에서는 청소년을 병리적 시선으로 바라보지 않는다. 이 프로그램에서는 청소년 시기는 가족이라는 1차 사회를 넘어 더 넓은 사회로 진입할 준비를 해야 하는 정상적 발달의 시기, 모든 사람이 오롯이 겪어 내야 하는 인생의 중요하고 치열한 시기라는 성장 패러다임을 견지한다. 이 프로그램을 통해 이 시기에 개인의 내·외적 성장에 유익하고 알찬 교육적인 경험, 또래 아이들이나 좋은 어른과의 유대 관계 체험, 창작 활동과 예술 체험과 같은 창의적 경험들이 적절하게 주어진다면 이후의 인생을 넓고 깊게 살아갈 수 있도록 촉진할 수 있을 것이다.

이 프로그램은 그동안 병리적 관점에서 간과되어 왔던 청소년의 가능성에 초점을 맞추고 있다. 이들이 인생의 첫 번째 전환기를 긍정적으로 통과하며, 건강한 청소년성(youth spirit)을 확립하여 건강하게 성장할 수 있도록 돕는 것이 십오통활의 최우선 목표이다. 건강한 청소년성이란 건강한 자아정체성을 가진 청소년들의 특징이라고 할 수 있으며, 구체적으로 자기 수용, 성숙한 관계 맺기, 건강한 성 의식, 미래 계획이라는 네 가지 요소를 포함한다. 즉, 자신을 잘 이해하고 사랑하며, 주변 사람들과 참다운 관계를 맺고, 성과 가정에 대한 건강한 태도를 확립하고, 자신의 미래를 선택하고 책임질 수 있는 능력을 개발하는 기회를 제공할 것이다.

십오통활은 뇌의 발달을 고려한 전성기(전두엽까지 성장하는 기회)를 위한 프로그램이다. 청소년들의 급격한 변화와 특징은 사춘기를 가져오는 성호르몬의 왕성한 분비에 의한 것으로 알려져 왔다. 그러나 청소년들을 더욱 정확히 이해하기 위해서는 청소년기의 뇌에 대한 연구들을 주목할 필요가 있다. 인간의 행동과 정서, 사고를 관장하는 뇌에 대한 지식은 개인의 발달적 변화를 예측하는 중요한 열쇠이며, 특히 청소년들의 이해하기 어려운 행동들을 설명할 결정적 단서가 되기 때문이다. 뇌의 변화를 측정하는 자기공명장치(Magnetic Resonance Imaging: MRI)가 개발되면서 미국 국립정신건강연구소(National Institute of Mental Health: NIMH)에서는 1991년부터 개인의 성장에 따른 뇌 변화를 20년 이상 종단적으로 추적하는 대단위 연구를 진행하여 유아기부터 성인기까지의 뇌 발달에 대한 자료를 축적했다. 연구 결과에서 가장 주목할 만한 부분은 10대의 뇌가 다른 시기에 비해 놀라운 변화를 보인다는 사실이다. 신경세포가 모여 있는 대뇌피질의 두께가 10대 중반에 놀랄 만큼 두꺼워졌다가 그 시기가 지나면 얇아지는 현상을 발견한 것인데, 쉽게 말해 10대 중반의 뇌는 성인의 뇌보다 더 크다는 이야기이다. 우리가 살아가는 집도 10여 년 지나면 여기저기 보수할 곳이 생기면서 리모델링을 해야 할 시점이 오는 것처럼 개인이 전 인생을 살아갈 뇌의 구조가 청소년기를 기점으로 대대적인 리모델링 공사를 진행한다는 말이다. 그 정점에 있는 청소년은 온갖 전선과 재료들이 엉켜 있는 공사 현장과 같으며, 발달의 차이가 있는 부분들이 불균형적으로 부딪히며 남겨야 할 구조와 그렇지 않은 구조를 테스트하면서 정리해 가는 와중에 있기 때문에 예측하기 어렵고 비일관적인 행동을 하는 것이다. 특히 뇌의 다양한 부분 중에서 청소년기를 전후하여 대대적 변화를 겪는 곳은 '전두엽'이라는 부위이다.

이 프로그램은 대대적 공사를 진행하고 있는 청소년 뇌 발달의 특징을 충분히 감안하고, 이를 기반으로 청소년들의 전두엽이 적절하고 충분한 성장을 하도록 촉진하는 다양한 기회를 제공하고자 하는 전성기(전두엽까지 성장하는 기회) 프로그램이다. 이 프로그램에서는 몸의 감각과 정서 그리고 의미를 통합적으로 활용할 수 있는 다양하고 창의적 방법을 탐구하고 개발하였으며, 그 구체적 방법으로 각 주제와 관련된 메시지를 담은 '체험적 예식 활동(들머리, 갈무리)'을 회기마다 제공한다. 전달하고자 하는 주제와 의미를 설명이나 교육 자료 제공과 같이 일방적으로 제시하는 것이 아니라, 프로그램의 주제를 담고 있으며 오감과 정서를 통합적으로 활용하여 체험하도록 고안된 특수한 '들머리 의식'을 먼저 경험하는 것이 이 프로그램의 특징이다.

따라서 각 부의 대주제가 시작되고, 마무리되는 시기에 개괄적 의미를 담은 '체험적 예식 활동(들머리, 갈무리)'이 제공되며, 각 회기의 시작과 마무리 또한 각 주제에 적합하게 고안된 활동들로 구성되어 있다.

십오통활은 청소년과 '통(通)'하기 위한 '활(活)'동 중심의 프로그램이다. 청소년들과 소통하기 위해서는 다양하고 창의적인 소통 방식이 필요하다. 특히 어린아이 시기를 벗어나면서 자신만의 정체성을 세워 가야 하는 청소년들은 부모나 교사를 비롯한 기존의 어른 세대를 '무조건' 비판적으로 바라보는 경향을 가진다. 기존에 살아온 세계를 벗어나서 새로운 기준을 테스트하며 새로운 도전을 해 보는 것은 오롯이 자신만의 세계를 만들어 가야 하는 청소년들에게 필연적인 과정이라 할 수 있다. 지금까지 주어졌던 가치와 기준을 의심하고 무조건 배격하는 것 같지만, 실제로는 아직 자신만의 확고한 생각이나 근거가 없기 때문에 내면의 불안을 행동으로 표출하고 있는 것이 현실이다. 따라서 '아무도 나를 이해하지 못한다'라고 외치는 청소년들은 자신과 '통'한다고 느낄 수 있는 사람, 특히 유사한 경험을 하고 있기에 서로 이해하기 쉬운 또래나 집단들과의 연결을 매우 중시하게 되는 것이다. '나와 통하는 집단'의 기준, 가치, 선호가 마치 자신의 것인 양 생각하고 행동하며, '나와 통하지 않는 집단'은 무조건 배격하는 일종의 폐쇄집단을 형성하면서 새로운 정체성을 실험하고 형성해 가고 있다고 볼 수 있다.

청소년들에게 필요한 것은 진정으로 '통'하는 사람들, 즉 나를 이해해 주고받아 주는 사람들과의 관계 경험이다. 또한 그들은 나와 유사한 점을 갖고 있으면서 진심으로 나에게 관심 있는 누군가, 특히 자신의 방향을 지도해 줄 믿을 수 있는 어른인 멘토(mentor)와의 연결을 갈구하고 있다. 십오통활은 궁극적으로 프로그램의 내용과 형식을 통해 청소년들에게 '통'하는 친구, '통'하는 어른과의 관계 경험을 제공하고자 한다. 구조화된 절차가 제공되지만, 관계 경험을 통한 성장과 변화를 추구하는 '상담 프로그램'이기 때문에 리더와 집단원, 집단원과 집단원들이 서로 진실한 관계를 경험할 수 있도록 지향한다. 인간의 변화는 오로지 '진정한 관계 경험' 속에서만 가능하기 때문이다.

따라서 이 프로그램은 가능한 한 활발하고 적극적인 신체활동을 포함하고 있으며, 이는 남녀반의 특성을 고려하여 적합한 신체활동들로 구분되어 제시된다. 십오통활 프로그램은 들은 것은 잊어버리지만 본 것은 기억한다는 점에 기반하여 각 회기별 활동 요소를 구체적으로 선정하여 가능한 한 신체를 많이 움직일 수 있도록 개발되었다. 이는 정적이고 일방적인 교육방식이 아니라 프로그램의 진정한 주인이자 수혜자인 청소년들이 적극적으로 참여하는 방식으로 살아 있는 지식과 지혜를 습득하는 것을 목표로 한 것이다. 이 프로그램은 신체활동을 통해 자신의 몸에 대한 인식과 수용을 높일 뿐 아니라 또래들과 함께하는 신체활동을 통해 실질적인 협업과 정서적 교류, 몸과 마음이 부딪히는 공동체 경험을 하도록 돕는다.

프로그램의 구체적 내용은 나, 너, 성, 꿈 파트로 구성되었으며, 청소년들의 자아정체감 형성과 건강한 청소년성을 회복할 수 있는 것을 목표로 구성되었다.

표 8-4 십오통활 프로그램의 구성 및 내용: 1부-나 파트

차시	시간	단원명	주제 및 목표	세부활동
1	1교시	들머리 의식: 촛불길 통과식		
2	2교시	오리엔테이션과 나의 상징은?	• 집단원 간의 응집력 형성하기 • 자신의 과거 정리하기	• 상징 그리기, 규칙 정하기 • 이야기보따리 소개
3	3교시	뿌리를 찾아서	• 나 자신에 대해 이해하기 • 어른들에게 받은 영향 생각해 보기	• 나를 맞혀 봐 활동 • 뿌리 작업
4	4교시	열매를 찾아서	• 나의 긍정적인 특성 찾기 • 나의 긍정적인 특성 강화하기	• 자신의 장단점 찾기 • 친구 장점 찾아 주기 • 장점 나무 작업하기
		갈무리 의식: 과거유산 버리기		

표 8-5　**십오통활 프로그램의 구성 및 내용: 2부-너 파트**

차시	시간	단원명	주제 및 목표	세부활동
			들머리 의식: 관계 고리 만들기	
5	5교시	진정한 친구는 누구?	• 친구의 의미와 협동의 중요성 알기 • 친구관계의 다양한 역할과 자신의 모습 점검하기	• 엉킨 실타래 • 절벽에서 살아남기
6	6교시	우정의 레시피	• 다양한 감정이 있음을 이해하고 공감을 연습하기 • 좋은 관계를 맺기 위해 필요한 의사소통 방식 점검하기	• 감정스피드퀴즈 • 통통활동
			갈무리 의식: 붉은실	

표 8-6　**십오통활 프로그램의 구성 및 내용: 3부-성 파트**

차시	시간	단원명	주제 및 목표	세부활동
			들머리 의식: 알性달똴	
7	1교시	알性달똴	• 성에 대한 자신의 태도 점검하기 • 올바른 성 지식 갖기	• 솔 · 까 • 임신, 출산, 낙태 동영상 시청
8	2교시	너랑 나랑은	• 나만의 스킨십 가이드라인 정하기 • '사랑과 성'에 대한 미래계획 세우기	• 스킨십 가이드라인 • 사랑과 성지도 • 자기 서약서
			갈무리 의식: 성수식	

표 8-7　**십오통활 프로그램의 구성 및 내용: 4부–꿈 파트**

차시	시간	단원명	주제 및 목표	세부활동
9	3교시	들머리 의식: 꿈노트		
10	4교시	가치 보물찾기	• 가치의 중요성에 대해서 생각해 보기 • 자신의 가치관을 탐색하고 알기	• 가치관 경매
11	5교시	나의 꿈을 향하여	• 나의 꿈에 대해서 생각해 보기 • 꿈을 이루기 위해 필요한 과정 계획하기	• 꿈 목록 만들기 • 4컷 만화
12	6교시	장애물을 넘어라	• 장애물 극복 체험해 보기 • 꿈을 이루기 위해서 지지와 도움이 필요하다는 것 깨닫기	• 장애물 목록 써 보기 • 자기선언문 작성
		갈무리 의식: 장애물을 넘어라		

🎓 **장의 요약**

1. 우리나라에서 개발 보급되고 있는 학교폭력 예방 프로그램을 내용별로 구분해 보면 학교폭력 예방 및 개입 프로그램, 학교폭력 가해자 프로그램, 학교폭력 피해자 프로그램, 부모교육 및 교사교육 프로그램 등이 있다.

2. 도담도담 프로그램은 오인수, 이승연, 이미진(2015)이 개발한 프로그램으로 학교폭력의 피해 및 가해학생의 대처 역량을 함양시키기 위한 교육 및 상담적 개입 프로그램이다.

3. 마음활동(어울림) 프로그램은 청소년 집단상담에서 필수적인 신체활동이 포함된 집단활동 위주로 구성되어 있다. 신체활동은 비언어적인 의사소통 능력 습득뿐만 아니라 신체적·정서적 발달을 돕고 다소 지루할 수 있는 집단상담 과정을 청소년들이 흥미롭게 경험할 수 있도록 도울 것이다.

4. 십오통활 프로그램은 사춘기의 정점에 있는 청소년들에게 정체감 형성의 기회를 제공하고자 우리나라 현실에 적합하게 개발된 프로그램이다. 청소년기를 중2병이나 해결할 문제로 보는 병리적 관점을 지양하고, 청소년들이 인생의 정상적 발달과정을 잘 경험하여 성숙한 성인으로 진입하도록 돕는 것이 이 프로그램의 궁극적 목표이다.

✏️ **수업활동**

1. 학교폭력 예방 프로그램을 검토한 후 각 조별로 초·중·고등학교에 맞는 프로그램을 재구성하여 발표해 보자.

제4부

학교폭력의 대처

School Violence Prevention by Understanding Students...

제9장

학교폭력 사안처리

학교폭력 문제에 있어서 예방은 무엇보다 중요한 과제이다. 하지만 만약 사건이 발생하였다면 2차 피해로 이어지기 전에 신속하게 대응할 필요가 있다. 학교폭력 사안이 발생했을 때 교사는 사안처리 지침에 따라 신속하게 대응해야 하며, 이를 위해 매년 갱신되는 학교폭력 사안처리 가이드북을 숙지할 필요가 있다. 교사는 사안처리 가이드북을 참조하여 학교폭력 사안처리 과정의 단계별 절차와 유의 사항을 사전에 파악함으로써 효과적이고 신중하게 사건을 해결하는 데 만전을 기해야 한다. 이 장에서는 학교폭력 사안처리 과정의 흐름과 각 단계에서 유의할 점, 학교폭력 사안처리 과정에서 학교 구성원들의 역할에 대해 자세히 살펴보고자 한다.

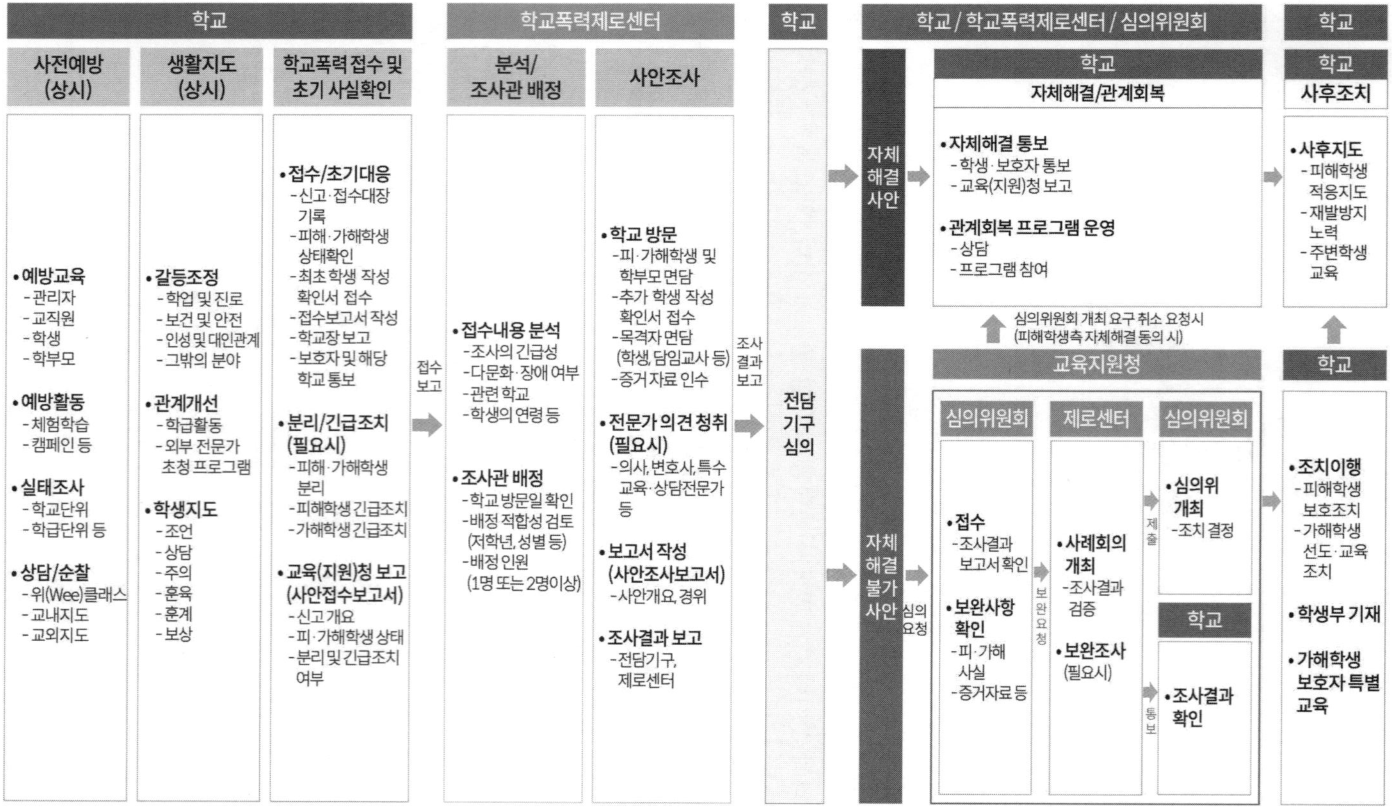

학교

학교 / **사후조치**

- **사후지도**
  - 피해학생 적응지도
  - 재발방지 노력
  - 주변학생 교육

학교

- **조치이행**
  - 피해학생 보호조치
  - 가해학생 선도·교육 조치
- **학생부 기재**
- **가해학생 보호자 특별교육**

학교 / **학교폭력제로센터** / **심의위원회**

학교 / **자체해결**(관계회복)

자체해결 통보
- 학생, 보호자 통보
- 교육(지원)청 보고

관계회복 프로그램 운영
- 상담
- 프로그램 참여

심의위원회 개최 요구 취소 요청시
(피해학생측 자체해결 동의시)

교육지원청

심의위원회
- **심의위 개최**
  - 조치 결정

제로센터
- **사례회의 개최**
  - 조사결과 검증
- **보완조사**(필요시)

심의위원회
- **접수**
  - 조사결과 보고서 확인
- **보완사항 확인**
  - 피·가해 사실
  - 증거자료 등

학교
- **조사결과 확인**

학교 / **자체해결 불가 사안 심의 요청**

학교

전담기구 심의

학교폭력제로센터

사안조사
- **학교 방문**
  - 피·가해학생 및 목격자 면담
  - 추가 학생 면담
  - 확인서 작성
  - 목격자 면담
  - (학생·담임교사 등)
  - 증거자료 인수
- **전문가 의견청취**(필요시)
  - 의사, 변호사, 특수교육 상담전문가 등
- **보고서 작성**(사안조사보고서)
  - 사안개요 경위
- **조사결과 보고**
  - 전담기구, 제로센터

조사 결과 보고

분석/조사관 배정
- **접수내용 분석**
  - 조사의 긴급성
  - 다문화·장애 여부
  - 관련학교
  - 학생의 연령 등
- **조사관 배정**
  - 학교 방문일 확인
  - 배정 적합성 검토 (저학년, 성별 등)
  - 배정 인원 (1명 또는 2명 이상)

접수 보고

학교

학교폭력 접수 및 초기 사실확인
- **접수/초기대응**
  - 신고 접수대장 기록
  - 피해·가해학생 상태확인
  - 최초 학생 접수
  - 접수부 교사 작성
  - 학교장 보고
  - 보호자 및 예방 학교통보
- **분리/긴급조치**(필요시)
  - 피해·가해학생 분리
  - 피해학생 긴급조치
  - 가해학생 긴급조치
- **교육(지원)청 보고**(사안접수보고서)
  - 신고개요
  - 피·가해학생 상태
  - 분리 및 긴급조치 여부

생활지도(상시)

- **갈등조정**
  - 학업 및 진로
  - 보건 및 안전
  - 인성 및 대인관계
  - 그 밖의 분야
- **관계개선**
  - 학급활동
  - 외부 전문가
  - 초청 프로그램
- **학생지도**
  - 조언
  - 상담
  - 주의
  - 훈계
  - 훈육
  - 보상

사전예방(상시)

- **예방교육**
  - 관리자
  - 교직원
  - 학생
  - 학부모
- **예방활동**
  - 체험학습
  - 캠페인 등
- **실태조사**
  - 학교단위
  - 학급단위 등
- **상담/순찰**
  - 위(Wee)클래스
  - 교내지도
  - 교외지도

[그림 9-1] 학교폭력 사안처리 과정

※ 출처: 교육부(2024a).

1. 학교폭력 사안접수 및 초기대응

1) 학교폭력 신고 접수

「학교폭력예방법」 제20조 제4항에 따르면, 학교폭력을 인지한 자는 누구든 해당 사실을 학교의 장 또는 교육청 소속 심의위원회에 신고할 수 있다. 특히 교원이 학교폭력 사실을 인지한 경우, 학교장에게 즉시 보고하고 피해학생의 보호자에게 통보해야 한다.

학교폭력 사건이 신고되면 신고 접수자는 이를 수리한 후 신고 대장에 반드시 기록해야 한다. 신고 내용은 학교폭력 은폐 여부를 판단하는 중요한 자료가 되기 때문에 정확하게 작성하여 보관해야 한다. 이후 업무 담당자는 학교장에게 신고 접수 사실을 즉시 보고하고 담임교사와 보호자에게도 통보한다. 이를 통해 학생과 학부모가 상황을 파악하고 필요한 초기대응을 할 수 있도록 조치한다. 필요시 가해학생과 피해학생을 분리 조치하고 만약 해당 사건이 다른 학교와 관련되었다면 관련 학교에도 이를 통보하여 협력체계를 구축한다. 더불어, 학교는 사안 인지 시점으로부터 48시간 이내에 교육지원청에 이를 보고함으로써 사건 처리 절차가 지연되지 않도록 해야 한다. 긴급하거나 중대 사안(성폭력 사안 등)일 경우는 유선으로 별도 보고해야 한다. 아동·청소년 대상 성범죄 사안은 반드시 수사기관에도 신고한다. 구체적인 학교폭력 신고 접수 절차는 [그림 9-2]에

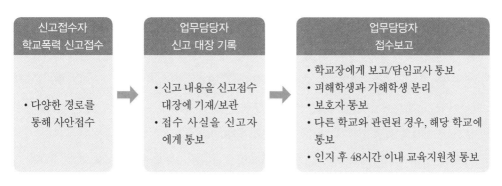

[그림 9-2] 학교폭력 신고 및 접수 절차

※ 출처: 교육부(2024a).

제시된 바와 같다.

2) 학교의 초기대응

학교폭력 신고는 누구나 가능하다. 피해학생이 직접 신고하거나 피해 사실을 알게 된 주변 학생이 신고할 수도 있다. 또는 보호자가 신고할 수 있다. 학교의 초기대응은 신고자가 누구냐에 따라 달라진다.

피해학생이 직접 신고한 경우, 피해 상황을 인지한 교사는 우선 피해학생의 상태와 신변 보호에 집중해야 한다. 학교폭력으로 인해 신체적인 부상이 있는지 확인하고 심리적·정서적 상태도 점검해야 한다. 이때 학교폭력의 내용이 경미하게 보일지라도 피해학생을 지지하고 공감해 주는 태도가 중요하다. 아울러 사건을 객관적으로 파악하여 문제해결의 방향을 설정하는 역할도 수행해야 한다. 이때 유의할 점은 피해학생의 주관적 진술에만 의존해 사건을 확대하거나 축소하지 않도록 해야 한다는 것이다. 이야기를 듣고 서둘러 가해학생과 피해학생을 대면시키는 것은 금물이다. 이러한 부적절한 대면은 피해학생이 더 이상 피해 사실을 진술하기 어렵게 만들고, 보복으로 인해 폭력의 강도가 심화될 가능성도 있다.

한편, 주변 학생이 신고한 경우, 익명으로 신고 접수가 가능함을 안내하여 보복에 대한 불안감을 가지지 않도록 격려해 주어야 한다. 책임교사는 신고를 한 학생과 연락처를 공유하여 비상시에 대비하고 다른 목격 학생이 있는지 확인하여야 한다.

학교폭력에 대해 보호자가 신고한 경우, 교사는 심리적으로 혼란스러울 수 있는 보호자를 우선 안심시켜야 한다. 이후, 보호자에게 학교폭력 사안처리 절차에 대해 충분히 설명해 줄 필요가 있다. 학교가 사안처리에 있어 비협조적이거나 미온적이라고 생각하면 사안처리 과정에서 보호자와 학교 측 간에 분쟁이 일어날 수 있으므로 신고 및 접수 시부터 보호자와 협력관계를 잘 유지하는 게 중요하다.

학교의 장은 학교폭력 사안을 인지한 후, 필요하다고 판단되면 가해학생과 피해학생을 즉시 분리 조치할 수 있다. 즉시분리 조치는 최대 7일까지 가능하다. 만약 피해학생이 긴급보호를 요청할 때에는 피해학생 보호를 위해 학교장 자체해결 혹은 심의위원회 개최 요청 전에 다음과 같은 범위 내에서 피해학생에 대해서 긴급 보호조치를 내릴 수도 있다. 피해학생에 대한 즉시분리 조치나 긴급조치가 이루어진 경우, 학교장은 심의위원회에 이 사실을 즉시 보고하여야 한다. 피해학생 보호를 위한 긴급보호조치 범위는 〈표 9-1〉과 같다.

표 9-1 **피해학생에 대한 긴급보호조치 범위**

학교의 장은 피해학생이 긴급보호를 요청하는 경우 제1호부터 제3호까지 및 제6호의 조치를 할 수 있다(「학교폭력예방법」제16조).

1호: 학내외 전문가에 의한 심리상담 및 조언
2호: 일시보호
3호: 치료 및 치료를 위한 요양
6호: 그 밖에 피해학생의 보호를 위하여 필요한 조치

※ 출처: 교육부(2024a).

2. 학교폭력 전담기구

1) 전담기구 구성

학교에는 학교폭력을 예방하고, 학교폭력 사안을 신속하게 처리하기 위해 학교폭력 전담기구가 설치되어 있다. 이 기구는 학교폭력 예방 활동을 수행하고 학교에서 발생하는 폭력 문제를 체계적이고 전문적으로 다루기 위해 운영된다.

학교폭력 전담기구의 구성 권한은 학교장에게 있으며 대체로 교감, 전문상담교사, 보건교사, 책임교사 그리고 학부모 등이 전담기구의 구성원으로 참여한다. 이때 학부모는 전담기구 구성원의 1/3 이상이어야 하며, 전담기구를 구성하는 학부모는 학교운영위원회에서 추천한 사람 중에서 학교장이 위촉한다.

학교장은 학교폭력 사안을 인지한 즉시, 전담기구로 하여금 가해 및 피해 사실 여부를 확인하도록 하여야 한다. 교감은 전담기구의 총 책임자로서, 학교폭력 사안의 전반적인 관리와 조정을 담당한다. 전문상담교사는 피해학생과 가해학생 모두에게 심리상담을 제공하여 정서적 안정을 도모하며 사안조사 시 학생들의 심리적 상태를 평가하고 필요한 경우 외부 전문기관과 연계하는 역할을 한다. 보건교사는 학교폭력으로 인한 신체적 피해를 확인하고 응급 처치를 제공하며 필요시 의료기관과의 연계를 지원한다. 책임교사(학교폭력 문제를 담당하는 교사)는 학교폭력 예방 교육 프로그램을 기획하고 실행하며 사안 발생 시 사실 확인을 위해 초기 조사를 수행하고 관련 자료를 수집하며 전담기구에 보고하는 역할을 한다. 전담기구의 구성원인 학부모는 학부모의 시각에서 학교폭력 사안을 검토하고 의견을 제시할 수 있다.

2) 전담기구의 역할

학교폭력 전담기구는 학교폭력 문제를 예방하고 해결하기 위해 각급 학교에 설치된 중요한 기구이다. 이 기구는 학교 내외의 다양한 자원과 협력하여 폭력 없는 안전한 학교 환경을 조성하는 역할을 한다. 전담기구의 구성원들은 학생, 교사, 학부모와 협력하여 학교폭력을 예방하기 위한 교육 및 캠페인 활동을 주도적으로 운영하고, 학교폭력 사안이 발생했을 때 신속하고 체계적으로 사건을 처리하며, 피해학생과 가해학생의 권익을 보호한다. 피해학생에게는 심리적 안정과 학습 지원을 제공하며, 가해학생에게는 교정과 재교육 기회를 제공하여 행동 개선을 유도한다. 아울러, 사건이 재발하지 않도록 지속적인 관리와 모니터링을 수행한다. 전담기구의 구체적인 역할은 다음과 같다.

(1) 사안접수 및 보호자 통보

전담기구는 학교폭력 신고 접수 대장을 비치하고 117 신고센터, 교사, 학생, 보호자 등 학교폭력 현장을 보거나 그 사실을 알게 된 자 및 기관으로부터 신고받은 사안에 대해 기록하고 관리한다. 학교폭력 신고 접수 대장은 학교장이나 교원의 학교폭력 은폐 여부를 판단하는 중요한 기초자료로 활용되므로 사소한 폭력이라도 신고한 사안은 모두 접수하여야 한다. 접수한 사안에 대해서는 즉시 관련 학생과 그 보호자에게 통보한다. 이때 담당자는 통보 일자, 통보 방법 등을 기록한다.

(2) 학교폭력 사실 확인

학교폭력을 인지한 경우, 전담기구는 그 즉시 피해 및 가해 사실에 대하여 확인해야 한다(「학교폭력예방법」 제14조 제4항).

(3) 교육(지원)청 보고

전담기구는 학교폭력 사안 인지 후 48시간 이내에 교육지원청에 사안을 보고해야 한다. 아동·청소년 대상 성범죄 사안의 경우, 교육청 보고 이외에도 반드시 수사기관에 신고해야 한다. 여기서 수사기관은 경찰청(112), 학교폭력 신고센터(117) 등을 말하며 학교전담경찰관(SPO)을 통한 '상담'은 신고로 볼 수 없다.

(4) 학교장 자체해결 부의 여부 심의

전담기구에서는 발생한 학교폭력 사안에 대해 학교장 자체해결의 요건 충족 여부를 심의해야 한다. 이때 전담기구는 피해학생과 그 보호자에게 학교폭력대책심의위원회 개최 요구 의사를 반드시 확인하여야 한다.

(5) 학교장 긴급조치 여부 심의

전담기구는 피해학생 측의 요청이 있는 경우, 긴급조치로 가해학생에게 제6호(출석정지) 또는 제7호(학급교체) 조치를 내릴지 심의한다.

(6) 즉시분리 여부 심의

전담기구는 피해학생 측이 즉시 분리를 요청하는 경우, 심의를 거쳐 가해학생과 피해학생을 즉시 분리해야 한다. 즉시 분리는 최대 7일까지 가능하며 그 분리 기간은 학교장이 정한다.

(7) 졸업 전 가해학생 조치사항 삭제 심의

전담기구는 졸업 전 학교생활기록부에 기재된 가해학생 조치사항 제4호(사회봉사), 제5호(학내외 전문가, 교육감이 정한 기관에 의한 특별교육 이수 또는 심리치료), 제6호(출석정지), 제7호(학급교체)에 대해 심의 대상자 조건을 만족하는지 확인하여 졸업과 동시에 삭제 가능 여부를 심의한다.

(8) 집중보호 또는 관찰 대상 학생에 대한 생활지도

전담기구는 학교폭력 관련 학생에 대해 담임교사와 함께 지속적인 상담과 생활지도를 진행한다. 또한 학교폭력 가해학생 조치 기재 유보 사항이 있을 시, 이를 기재 유보 관리대장에 기록하고 관리한다.

(9) 학교폭력 실태조사

전담기구는 학교폭력에 대해 매년 실태조사를 실시하며 학교폭력 예방을 위한 교육 및 캠페인 활동을 기획하고 실행한다. 이에 학교장은 행정적 재정적 지원을 하여야 한다.

3. 학교폭력 사안조사

학교폭력 사안이 발생했을 때, 피해 사실과 가해 사실 여부를 정확히 확인하기 위해서는 구체적인 조사가 이루어져야 한다. 이러한 조사는 교육지원청 내 학교폭력 전담조사기구인 '학교폭력제로센터'에서 담당한다. 학교폭력제로센터는 학교폭력 사안에 대한 조사를 전문적으로 수행하며, 학교폭력으로 인한 피해 회복과 관계 개선 지원, 피해학생 법률 자문 등의 종합적인 지원을 제공하는 기구이다.

학교폭력이 발생하면, 학교가 자체적으로 조사하지 않고 교육지원청 소속의 학교폭력 전담 조사관이 파견 나와 조사를 진행한다. 이러한 제도는 객관성과 공정성을 확보하여 학교폭력 문제를 보다 효과적으로 해결하고 피해학생의 안전과 권익을 보호하기 위한 것이다.

　　학교폭력 전담조사관은 학교폭력제로센터로부터 사안을 배정받은 학교폭력 사건의 피해, 가해 사실에 관해 조사를 진행한다. 먼저 피해학생과 가해학생 면담을 진행하고 사건의 객관성을 확보하기 위해 주변 학생 면담을 진행한다. 필요시 담임교사 면담도 진행할 수 있다. 그 외에 설문조사 등 다양한 방법으로 자료를 수집한다. 조사관은 보호자와의 면담을 통해 그들의 요구사항을 파악할 수도 있다. 보호자 면담 시 조사관은 사안과 관련된 조사 내용을 보호자가 충분히 이해할 수 있도록 상세히 안내한다. 이후 수집된 자료를 바탕으로 사안조사 보고서를 작성하고 학교장에게 보고한다. 이러한 절차는 피해학생과 가해학생 그리고 보호자의 입장을 고려하여 학교폭력 사건을 보다 공정하고 효과적으로 해결하기 위함이다.

　　학교는 학교폭력 전담조사관이 사안을 원활히 조사할 수 있도록 협조하고 지원하는 역할을 해야 한다. 이를 위해 조사관에게 필요한 자료(예: CCTV, 학생 명단, 관련 기록 등)를 제공하고, 조사과정에서 학생과 교직원의 협력을 독려하며, 조사관이 학교 시설을 자유롭게 활용할 수 있도록 지원한다. 또한 조사 결과를 기반으로 후속 대책을 마련하는 데 적극 참여해야 한다. 전담조사관 사안조사 시 구체적인 학교의 역할은 〈표 9-2〉와 같다.

| 표 9-2 | 전담조사관 사안조사 시 구체적인 학교의 역할 |

- 피해 · 가해학생 분리 실시, 필요시 긴급보호조치 또는 가해학생 긴급조치
- 피해학생 면담을 통해 피해학생의 어려움과 필요한 도움을 파악하여 즉각적이고 안전한 보호 방안 마련
- 피해 · 가해학생 간 관계 개선 · 회복에 집중
- 교육(지원)청에 사안접수 보고 시, 관련 학생의 조사가 가능한 시간과 장소 등을 기입
- 조사관의 사안조사 시 책임교사 등 학교 관계자는 조사관의 사안조사 준비 지원
- 조사관이 학부모 면담 요청 시, 장소 제공
- 조사관이 접수한 학생 확인서 원본 및 증빙자료 관리 및 조사관에게 사본 및 스캔본 제공(관련 문서에 암호를 설정하고나 보안문서로 저장하는 등 보안에 유의)
- 담당교사는 '학교폭력 전담조사관 자료 관리대장'을 작성 · 관리

※ 출처: 교육부(2024a).

4. 학교폭력 사안심의

학교는 전담조사관이 보고한 조사 내용을 바탕으로 해당 사건이 학교 자체해결 사안인지 심의하게 된다. 이 심의는 학교 내 학교폭력 전담기구가 담당한다. 심의 결과 학교 자체해결이 어려운 사안으로 판단되면, 조사 내용의 객관성을 확보하기 위해 교육지원청 내 학교폭력제로센터에서 사례회의를 진행하고 조사 내용을 재검토한다. 이후 필요에 따라 학교폭력대책심의위원회를 개최하여 사안을 심의한다. 학교는 학교폭력 사건을 인지한 후 14일 이내에 사안조사, 전담기구 심의, 학교장 자체해결 여부 결정 및 시행 그리고 심의위원회 개최 요청(학교장 자체해결 사안이 아닌 경우)까지 완료해야 한다. 단, 필요한 경우 학교장은 해당 절차 완료를 7일 이내에서 연기할 수 있다.

1) 학교장 자체해결 사안

학교폭력 문제를 교육적으로 해결하기 위해 경미한 학교폭력 사건은 학교장이 자체적으로 처리할 수 있다. 이를 위해서는 다음 네 가지 요건을 모두 충족해야 한다. ① 2주 이상의 신체적, 정신적 치료가 필요한 진단서를 발급받지 아니한 경우, ② 재산상 피해가 발생하지 않았거나, 피해가 발생했더라도 즉각적으로 복구된 경우, ③ 학교폭력이 지속적이지 아니한 경우, ④ 학교폭력에 대한 신고, 진술, 증언, 자료 제공 등에 대한 보복행위가 아닌 경우이다. 학교장 자체해결 사안에 해당하는 구체적인 네 가지 요건은 〈표 9-3〉과 같다.

앞의 네 가지 사항을 모두 충족하는 경우, 학교는 피해학생과 그 보호자에게 학교장 자체해결 사안에 해당하는 객관적인 판단 기준을 잘 설명하고 피해학생과 그 보호자의 동의 여부를 확인하여 사안을 종결할 수 있다. 다만, 전담기구의 심의 결과, 자체해결 요건을 모두 충족하였더라도 피해학생이나 그 보호자가 심의위원회 개최를 요구할 경우에는 반드시 심의위원회를 개최해야 한다. 하나의 학교폭력 사건에 대해 가해학생이 여러 명인 경우, 가해학생 모두가 학교장 자체해결 요건에 해당해야만 학교장 자체해결이 가

표 9-3	학교장 자체해결 사안

- 2주 이상의 신체적 · 정신적 치료를 요하는 진단서를 발급받지 않은 경우
  - 전담기구 심의일 이전에 진단서를 제출하지 않은 경우에는 자체해결 요건을 충족하는 것으로 봄
- 재산상 피해가 없는 경우 또는 재산상 피해가 즉각 복구되거나 복구 약속이 있는 경우
  - 전담기구 심의일 이전에 재산상 피해가 복구되거나 가해 관련 학생 보호자가 피해 관련 학생 보호자에게 재산상 피해를 복구해 줄 것을 확인해 주고 피해 관련 학생 보호자가 인정한 경우, 여기서 재산상 피해는 신체적 · 정신적 피해의 치료비용을 포함함
- 학교폭력이 지속적이지 않은 경우
  - 지속성의 여부는 피해 관련 학생의 진술이 없을지라도 전담기구에서 보편적 기준을 통해 판단
- 학교폭력에 대한 신고, 진술, 자료 제공 등에 대한 보복행위가 아닌 경우
  - 가해 관련 학생이 조치받은 사안 또는 조사과정 중에 있는 사안과 관련하여 신고, 진술, 자료 제공 등을 한 학생에게 학교폭력을 행사하였다면 보복행위로 판단할 수 있음

※ 출처: 교육부(2024a).

능하며 이때에도 피해학생이 각각의 가해학생에 대해 학교장 자체해결에 동의하는 경우에만 자체해결이 가능하다. 참고로 학교폭력 관련 학생의 소속 학교가 다른 경우, 학교장 자체해결 여부는 피해학생 소속 학교의 전담기구에서 심의 후 해당 학교장이 결정한다. 이때 정확한 사안조사를 위하여 가해학생 소속 학교에서는 조사한 사안 내용이 공유될 수 있도록 협조한다.

학교는 사안처리 과정에서 학교폭력 피해 · 가해학생과 그 보호자에게 관계회복 프로그램을 안내하여 양측이 동의할 경우, 언제든 관계회복 프로그램을 운영할 수 있다. 종결에 앞서 학교장 자체해결로 처리된 사안에 대해서는 피해학생 및 그 보호자가 학교폭력대책심의위원회 개최를 요청할 수 없다는 사실도 안내해야 한다. 학교장 자체해결로 사안이 종결되었더라도 학교는 피해학생 상담, 피해학생의 학습 및 학교생활 지원 노력, 가해학생 상담, 캠페인 활동 등 다양한 교육 프로그램을 통해 학교폭력 재발 방지를 위해 노력해야 한다.

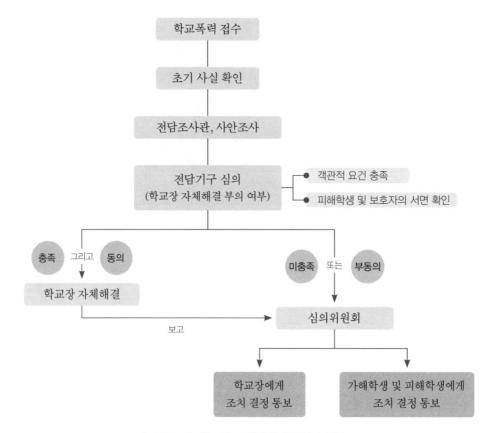

[그림 9-3] 학교장 자체해결 사안처리 흐름도

※ 출처: 교육부(2024a).

2) 관계회복 및 분쟁조정

「학교폭력예방법」 제13조 제3항에 따라 학교의 장은 학교폭력 사건을 자체적으로 해결하는 경우 피해학생과 가해학생 간에 학교폭력이 다시 발생하지 않도록 노력해야 한다. 필요한 경우에는 피해 · 가해학생 및 그 보호자 간의 관계회복을 위한 프로그램을 운영할 수 있다.

　관계회복이란 학교폭력으로 인해 영향을 받은 당사자들이 대화를 통해 서로의 상황을 이해하고 원래 상태나 일상으로 복귀하도록 노력하는 과정을 의미한다. 학교는 피해학생과 가해학생의 동의를 얻어 관계회복 프로그램을 진행할 수 있다. 관계회복 프로그램을 진행할 때 학교는 사안에 따라 누가 어떠한 역할을 수행할 것인지 충분히 논의하고 학교의 사정에 맞게 가장 적합한 교사에게 역할을 배정할 수 있다. 필요시 외부 전문기관과 연계하여 관계회복 프로그램을 진행할 수도 있다.

관계회복 프로그램은 피해학생과 가해학생의 화해를 종용하기 위한 절차가 아니라 양측 학생이 자신의 감정과 욕구를 솔직하게 표현하고 상대의 이야기를 듣는 경험을 통해 관련 학생의 회복과 성장을 도모하기 위한 것이다. 관계회복 프로그램을 진행했다고 하여 학교장 자체해결에 동의하는 것은 아니며 심의위원회 조치 경감 등의 조건부로 관계회복 프로그램을 진행할 수는 없다. 관계회복 프로그램 진행 시 유의사항은 〈표 9-4〉와 같다.

표 9-4   관계회복 프로그램 진행 시 유의사항

- 관계회복 프로그램은 양측 학생이 동의할 경우에만 진행할 수 있다.
- 관계회복 프로그램은 한 명이 중단하고 싶으면 중단될 수 있다.
- 관계회복 프로그램을 했다고 해서 갑자기 사이가 좋아지거나 개선이 되지 않을 수도 있다.
- 학교 및 교사는 사전에 가급적 보호자와 면담을 진행하여 프로그램 취지를 잘 이해시킬 수 있도록 한다.
- 서로 소통함으로써 안전한 학교생활을 할 수 있도록 하는 것임을 안내한다.
- 관계회복 프로그램은 양측 학생이 학교 및 일상생활과 또래와의 관계에 잘 적응할 수 있도록 돕는 것임을 안내한다.
- 모든 단계 시작 시 관계회복 프로그램 진행이 강제적인 것이 아닌 피해학생 의사를 우선으로 고려하여 진행됨을 확인시켜 주는 것이 중요하다.

※ 출처: 교육부, 푸른나무재단(2020).

만약 피해학생과 가해학생 간 손해배상에 관련된 합의 조정이 필요할 때는 분쟁조정도 가능하다. 예를 들어, 피해학생 측에서 가해학생 측에 치료비, 위자료 등 금전적 손해에 대한 배상을 요구하는 경우나 가해학생 측에서 피해학생과의 합의를 위해 치료비나 위자료 등 금전적 손해배상을 제안하는 경우, 기타 심의위원회의 조치만으로는 해결이

어려운 갈등이 있는 경우, 학교폭력 피해학생과 가해학생 측은 모두 분쟁조정을 신청할 수 있다. 분쟁조정은 교육지원청 내 심의위원회에서 할 수 있다. 이에 따라 학교는 피해학생과 가해학생 측에 분쟁조정 제도가 있음을 알리고 그 절차와 내용을 안내할 필요가 있다.

교육감은 분쟁조정 신청을 받은 날로부터 5일 이내에 분쟁조정을 시작해야 하며 분쟁조정 기간은 1개월을 초과할 수 없다. 단, 다음과 같은 경우에는 분쟁조정을 개시하거나 계속 진행하지 않을 수 있다. ① 분쟁당사자 중 어느 한쪽이 분쟁조정을 거부한 경우, ② 분쟁조정 신청 내용이 거짓이거나 정당한 이유가 없다고 인정되는 경우, ③ 피해학생이 가해학생을 고소 또는 고발한 경우나 민사소송을 제기한 경우이다. 이와 같은 기준은 학교폭력 문제해결 과정에서 분쟁조정이 효과적으로 작동할 수 있도록 하기 위한 것으로 볼 수 있다.

3) 학교폭력대책심의위원회 심의 사안

학교폭력이 학교 자체해결 사안에 해당하지 않거나 피해학생 측이 학교장의 자체해결에 동의하지 않는 경우, 학교폭력대책심의위원회 개최가 요청된다. 이 경우, 사안은 교육지원청 내 학교폭력 전담조사기구인 '학교폭력제로센터'로 이관된다. 학교폭력제로센터에서는 전담 조사관의 조사를 바탕으로 학교폭력 사례회의가 열린다. 사례회의에서 조사 내용을 재검토하여 조사 결과가 미흡하다고 판단되면 보완조사를 지시해 추가 자료를 확보한다. 사례회의에는 학교폭력제로센터장, 장학사, 학교전담경찰관, 해당 사안의 전담조사관 등이 참석하는데, 성폭력 등과 같은 중대 사안의 경우, 외부 전문가도 참여할 수 있다. 사례회의 결과는 학교에 통보되며, 필요한 경우 학교폭력대책심의위원회(이하 '심의위원회')가 개최된다. 구체적인 심의위원회 심의 절차는 [그림 9-4]와 같다.

심의위원회는 해당 지역에서 발생한 학교폭력 사안을 조사하고 심의하는 기구로 ① 학교폭력 예방 및 대책, ② 피해학생 보호, ③ 가해학생 교육, 선도 및 징계, ④ 피해학생과 가해학생 간의 분쟁조정, ⑤ 그 밖에 대통령령으로 정하는 사항을 심의한다.

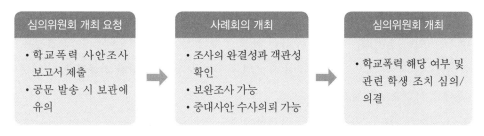

[그림 9-4] 심의위원회 심의 절차

※ 출처: 교육부(2024a).

심의위원회의 구성은 10명 이상 50명 이내의 위원으로 구성하되, 전체 위원의 1/3 이상을 학부모로 위촉하여야 한다. 심의위원회 회의는 재적 위원 과반수 출석으로 개의하며, 출석위원 과반수의 찬성으로 의결된다(「학교폭력예방법 시행령」 제14조 제5항).

심의는 학교폭력제로센터에서 제출한 사안조사 보고서를 바탕으로 진행하며, 피해·가해학생 및 그 보호자와의 대면 심의를 원칙으로 한다. 다만, 피해·가해학생 측의 요청이나 도서지역 등 특별한 여건을 고려해야 할 경우, 전화나 화상, 서면 등의 방식을 활용할 수도 있다. 대면 심의 시에는 피해학생과 가해학생의 학습권 침해를 최소화하고 불필요한 접촉을 방지하기 위해 대기실을 분리 운영한다. 심의 중 필요하다고 판단되면 사안의 유형에 따라 전문가나 관련 학교 교원의 의견을 청취할 수 있다. 예를 들어, 장애학생이나 다문화학생이 관련된 사안인 경우, 특수교사 또는 관련 분야 전문가를 참석시켜 의견을 들을 수 있다.

심의위원회는 개최 요청서 접수일로부터 21일 이내에 회의를 개최하는 것을 원칙으로 한다. 그러나 시험 등 학사 일정이나 새로운 증거 발견, 관련 학생 및 그 보호자의 의견 진술 기회 부여 등 특별한 이유가 있는 경우, 최대 7일 이내에서 연장할 수 있다.

4) 조치 결정 이후의 절차

심의위원회의 심의를 통해 결정된 조치는 피해학생과 가해학생에게 각각 서면으로 통보한다. 만약 가해학생이 여러 명일 경우에는 각각의 학생에게 개별적으로 조치 내용을 통보해야 한다. 사안이 복잡하거나 여러 학교가 관련되어 있어 심의가 어려운 경우, 감염병 등 전염이 우려되는 경우처럼 관련 학생 진술이 불가능할 경우에는 조치 결정을 유보할 수도 있다. 이 경우 조치 결정이 유보된 사실과 사유 등에 대해 피해학생 및 가해학생 측에게 서면으로 통보해야 한다.

조치 권한을 가진 교육장은 해당 학교장에게도 조치 결정 내용을 통보해야 한다. 이에 학교장은 결정에 따라 신속히 조치를 이행할 수 있도록 협조해야 한다. 학교장은 가해학생 측이 조치 결정을 통보받은 후 이를 이행할 수 있도록 지원하며, 조치 이행이 완료되면 그 결과를 교육지원청에 보고해야 한다. 만약 가해학생이 통보받은 날로부터 3개월 이내에 조치를 이행하지 않을 경우, 학교장은 미이행 학생 명단을 심의위원회에 보고해야 한다. 학교장의 보고를 받은 교육장(심의위원회)은 21일 이내에 해당 가해학생과 그 보호자에게 1개월 이내에 조치를 조속히 이행할 것과 조치 미이행 시 추가 조치가 있을 수 있음을 서면으로 통보한다.

장의 요약

1. 학교폭력은 사전 예방이 가장 중요하지만, 사건이 발생하면 신속하고 적절한 대응이 필요하다. 이를 위하여 교사는 매년 갱신되는 학교폭력 사안처리 가이드북을 숙지하여 사건 발생 시 단계별로 효과적으로 대응해야 한다. 사건이 발생하면 학교폭력 신고를 접수하고 피해학생과 가해학생을 분리하는 것이 초기대응의 핵심이다. 교사는 학교장에게 사건을 즉시 보고하고 피해학생 보호자에게 알리며, 신고 내용을 정확히 기록하고 관리해야 한다. 학교폭력 신고 대장은 사건 은폐 여부 판단 및 후속 조치의 근거 자료로 활용된다.

2. 학교장 자체해결 사안은 피해학생과 가해학생 간 경미한 폭력 사건을 교육적으로 해결하기 위해 도입된 제도로, 피해자가 심각한 신체적·정신적 피해를 입지 않았고 재산 피해가 없으며 보복행위가 아닌 경우 적용된다. 이 과정에서 학교는 피해학생과 가해학생의 동의를 얻어 관계회복 프로그램을 운영할 수 있으며, 이를 통해 양측이 서로의 입장을 이해하고 신뢰를 회복하도록 지원한다. 관계회복 프로그램은 화해를 강요하지 않고 학교폭력 피해학생과 가해학생이 감정과 욕구를 솔직히 표현하고 성장하도록 돕는 데 중점을 둔다.

3. 학교폭력 사안이 학교장 자체해결 기준을 충족하지 못하거나 피해학생 또는 보호자가 심의위원회 개최를 요구하는 경우, 해당 사안은 학교폭력대책심의위원회를 통해 심의된다. 심의위원회는 사건의 사실관계와 조사 내용을 검토하며, 객관성과 공정성을 확보하기 위해 사례회의 등 추가적인 절차를 진행할 수 있다. 이 과정에서 피해학생의 권익 보호와 재발 방지 대책을 최우선으로 고려하며, 가해학생에 대한 교육적 조치와 피해학생의 회복 지원 방안을 함께 논의한다. 심의 결과에 따라 학교는 후속 대책을 마련하고, 관계 개선과 학교폭력 재발 방지를 위한 종합적인 노력을 이어 가야 한다.

수업활동

1. 다음 제시된 학교폭력 관련 사례를 읽고 내가 만약 교사라면 어떻게 사안처리를 할 것인지 논의해 보자.

초등학교 6학년인 동하와 서진이는 같은 반 친구이자 같은 아파트에 산다. 두 친구는 평소 사이가 좋지 않아 학교에서 종종 말다툼을 하는 등 갈등을 겪곤 했다.

그러던 어느 날, 아파트 놀이터에서 친구들과 놀던 동하가 서진이 앞에서 서진이 부모님은 이혼했고 아빠랑 살고 있다고 놀렸다. 이 말에 서진이는 동하에게 심한 욕설을 하였고 동하와 친구들은 서진이를 놀이에 끼워 주지 않았다. 이에 화가 난 서진이는 집으로 들어가 주방에서 사용하는 칼을 가지고 나왔다. 서진이는 놀이터로 가서 동하와 친구들을 향해 칼을 휘두르고 욕을 하였다.

이 모습을 본 주변 친구들이 아파트 경비실에 알렸고, 아파트 보안요원이 빠르게 대처하여 다행히 동하와 친구들은 다치지 않았다. 다음 날, 동하 부모님은 담임선생님에게 이 일을 알렸다.

학교폭력 피해학생 및 가해학생 조치 방안

학교폭력은 학생의 신체적·정신적 건강과 안전을 위협하며 건전한 학습 환경을 해치는 심각한 문제이다. 따라서 학교는 학교폭력 사안을 철저히 조사하여 공정하고 신속하게 조치 결정을 내려야 하며 피해학생의 권리를 보호하고 가해학생에게는 교육적 개입을 제공해야 한다. 이 장에서는 학교폭력대책심의위원회의 심의 과정을 통해 피해학생과 가해학생에게 내려지는 조치 결정과 그 이행 절차를 다루고자 한다. 이를 통해 조치가 어떤 기준과 원칙에 따라 이루어지는지, 그리고 각 조치가 학교폭력 예방 및 재발 방지에 어떠한 도움이 되는지 구체적으로 살펴보고자 한다.

1. 피해학생 보호조치

1) 피해학생에 대한 조치

학교폭력 사안처리 과정에서 가장 우선시되어야 할 것은 피해학생 보호이다. 심의위원회는 피해학생 보호를 위하여 필요하다고 판단되는 경우, 다음 각 호의 어느 하나의 조치 또는 여러 개의 조치를 동시에 부과할 수 있다. 심의위원회에서 피해학생 보호를 위해 조치를 결정할 때는 피해학생 및 그 보호자의 의견이 충분히 반영되도록 해야 한다. 「학교폭력예방법」 제16조 제2항에 따라 심의위원회 측은 조치를 결정하기 전 피해학생 및 그 보호자에 대한 의견 진술 기회를 부여해야 한다. 이는 심의위원회 의결 절차 중 중요한 부분이다. 학교장은 심의위원회 조치 결정에 따라 피해학생 보호를 위해 다음과 같은 조치를 이행할 수 있다.

제1호: 학내외 전문가에 의한 심리상담 및 조언

제2호: 일시보호

제3호: 치료 및 치료를 위한 요양

제4호: 학급교체

제5호: 삭제(전학권고)

제6호: 그 밖에 피해학생의 보호를 위하여 필요한 조치

※ 출처: 교육부(2024a).

(1) 제1호: 학내외 전문가에 의한 심리상담 및 조언

피해학생이 입은 정신적 · 심리적 상처를 회복할 수 있도록 하기 위한 조치이다. 피해학생은 학교 내 상담교사나 지역의 위(Wee) 센터, 정신건강복지센터, 청소년상담복지센터, 기타 전문상담기관에서 상담 및 조언을 받을 수 있다.

(2) 제2호: 일시보호

가해학생으로부터 지속적 폭력이나 보복이 염려되는 경우, 피해학생을 교육감이 정한 일시보호 시설이나 집, 학교 상담실 등에서 보호할 수 있는 조치이다. 피해학생을 위한 일시보호 장소로 학교 내 위(Wee) 클래스가 있고 지역 내 청소년쉼터, 지역아동센터, 기타 지자체와 연계된 보호 시설 등의 기관이 있다.

(3) 제3호: 치료 및 치료를 위한 요양

피해학생의 신체적 · 정신적 상처를 치유하기 위해 일정 기간 학교에 출석하지 않고

집이나 의료기관에서 치료 및 요양을 받을 수 있도록 하는 조치이다. 학교는 피해학생이 가정이나 요양기관에서 치료 및 요양을 받고자 할 때 치료 기간이 명시된 진단서 및 증빙자료를 학교에 제출할 수 있도록 보호자에게 안내해야 한다. 또한 치료와 요양을 받는 동안 피해학생이 학습 결손을 겪지 않도록 적절한 학습 방법을 안내하거나 필요한 학습 자료를 제공해야 한다.

(4) 제4호: 학급교체

피해학생의 심리적 안정을 위해 다른 학급으로 소속을 옮겨 주는 조치이다. 그러나 이 조치는 피해학생의 입장에서 새로운 학급에 적응해야 하는 부담이 있다. 따라서 학급교체 조치를 결정할 때는 피해학생 및 그 보호자의 의견을 충분히 반영하는 것이 바람직하다.

(5) 제5호: 삭제(전학권고)

피해학생에 대한 제5호 조치는 기존 학교폭력 조치 규정에서 삭제되었다. 그러나 학교장은 피해학생의 안정적이고 건강한 교육 환경을 위해 전학을 추천할 수 있다. 다만, 전학은 강제적인 조치가 아닌 추천의 형태로 이루어지며, 피해학생과 그 보호자의 의견이 반드시 존중되어야 한다. 피해학생 및 그 보호자가 전학을 원치 않거나 다른 대안을 원할 경우, 학교는 추가적인 보호조치(심리상담, 가해학생과의 접촉 차단 등)를 마련하여 피해학생의 안전을 보장해야 한다.

(6) 제6호: 그 밖에 피해학생의 보호를 위하여 필요한 조치

학교폭력 피해 유형과 피해 특성을 고려하여 필요시 의료기관 연계나 법률 구조기관 등에 협조와 지원을 요청할 수 있는 조치이다. 학교는 피해학생 보호를 위해 필요하다면 해바라기센터 지정 병원 연계, 대한법률구조공단, 기타 학교폭력 관련 기관 등의 협조와 지원을 요청할 수 있다.

이와 같이 심의위원회로부터 피해학생 보호조치가 결정되면, 학교는 보호자의 동의를 받아 7일 이내에 조치를 이행해야 한다. 이때 학교는 피해학생의 상담, 치료, 일시보호

등에 필요한 비용을 가해학생 보호자가 부담한다는 점을 명확히 안내해야 한다. 단, 피해학생의 신속한 치료를 위해 해당 비용은 학교안전공제회에서 우선 부담할 수 있으며, 이후 가해학생 측에 상환을 요구할 수 있다(「학교폭력예방법」 제16조 제6항).

추후, 학교는 피해학생의 치료와 지원이 지연되지 않도록 관련 기관과 협력해야 하며 피해학생과 그 보호자의 심리적 안정을 위해 맞춤형 상담 프로그램을 제공할 필요가 있다. 피해학생 보호를 위한 구체적인 치료비 지원 범위와 내용은 〈표 10-1〉과 같다.

표 10-1 **피해학생 치료비 지원 범위**

구분	내용	인정 가능 기간
제1호	학내외 전문가에 의한 심리상담 및 조언	교육감이 정한 전문상담기관에서 심리상담 및 조언을 받는 데 드는 비용	2년(필요시 심의 후 1년 연장 가능)
제2호	일시보호	교육감이 정한 기관에서 일시보호를 받는 데 드는 비용	30일
제3호	치료 및 치료를 위한 요양	의료기관에서 치료 및 치료를 위한 요양을 받거나 의약품에 드는 비용	2년(필요시 심의 후 1년 연장 가능)

※ 출처: 교육부(2024a).

2) 피해학생 조치 시 유의사항

만약 피해학생이 학교폭력으로 인해 출석하지 못한 경우, 학교는 가정학습 지원, 온라인 학습 등 교육적으로 필요한 조치를 마련해야 한다. 피해학생이 전문가의 상담 또는 치료를 목적으로 결석한 경우, 학교는 학교장이 인정한 범위 내에서 해당 결석을 출석으로 인정할 수 있다. 또한 보호조치로 인해 피해학생이 성적평가를 위한 시험에 응시하지 못한 경우, 불이익이 없도록 대체 평가 방안이나 학업 성과를 반영할 수 있는 유연한 방법을 고려하여 적절히 조치해야 한다. 이 외에도 피해학생이 다시 학교생활에 적응할 수 있도록 지속적인 모니터링과 사후 지원을 제공해야 한다. 더불어 학교는 피해학생이 가해학생과 물리적·심리적으로 접촉하지 않도록 분리 조치를 철저히 이행해야 한다. 이를 통해 추가 피해를 방지하고 피해학생에게 안정감을 줄 수 있도록 노력할 필요가 있다.

학교는 학교폭력 피해학생이 전학이나 진학을 원할 시 당사자의 동의를 얻어 피해학생 보호를 위한 최소한의 정보를 전학학교나 상급학교에 제공할 수 있다. 피해학생이 장애학생이고 가해학생이 일반학생인 경우, 해당 가해학생에 대하여 보다 엄격하게 심의하여 조치해야 하며 해당 가해학생이 특별교육 이수를 할 때에는 장애 인식 개선이 가능한 특별교육 프로그램을 이수하도록 해야 한다. 피해학생이 다문화학생 또는 탈북학생이고, 가해학생이 일반학생인 경우, 특별교육 이수 조치를 할 때는 다문화학생 또는 탈북학생에 대한 이해가 가능한 내용을 포함한 특별교육 프로그램을 이수하도록 하는 것이 바람직하다.

2. 가해학생 선도조치

1) 가해학생에 대한 조치

심의위원회는 피해학생 보호조치와 함께 가해학생에게 다음 각 호의 조치 중 하나 또는 여러 개를 동시에 부과할 수 있다. 심의위원회는 가해학생에게 조치를 부과할 때 학교폭력 사안의 심각성·지속성·고의성을 비롯해 가해학생의 반성 정도, 선도 가능성, 피해학생 측과의 화해 정도, 피해학생이 장애학생인지 여부 등을 종합적으로 고려하여 결정을 내려야 한다. 조치가 확정되면 학교장은 그 결과를 가해학생 측에 통보하고, 가급적 학기 중에 조치가 이행되도록 노력해야 한다.

제1호: 서면사과
제2호: 피해학생 및 신고 고발 학생에 대한 접촉, 협박 및 보복행위 금지
제3호: 교내봉사
제4호: 사회봉사
제5호: 특별교육 또는 심리치료

제6호: 출석정지
제7호: 학급교체
제8호: 강제전학
제9호: 퇴학처분

※ 출처: 교육부(2024a).

(1) 제1호: 서면사과

피해학생에게 그동안의 폭력행위에 대해 단순히 말로 사과하는 것이 아니라 진정성을 담아 서면으로 사과하는 조치이다. 이 조치는 가해학생에게 자신의 학교폭력 행동에 대해 반성할 기회를 제공함과 동시에 피해학생의 심리적 상처를 치유하고 신뢰를 회복하는 과정을 돕기 위해 마련된 것이다. 따라서 서면사과 조치가 단순히 형식적으로 이루어지지 않도록 해야 한다. 담임교사나 책임교사는 가해학생이 충분히 고민하고 성찰한 내용을 서면에 담을 수 있도록 지도해야 한다.

(2) 제2호: 피해학생 및 신고, 고발 학생에 대한 접촉, 협박 및 보복행위 금지

피해학생이나 신고 학생에 대한 가해학생의 접근이나 보복을 막기 위한 조치이다. 여기서 접촉이란 전화나 문자, SNS 메시지 등을 통한 의도적 접촉도 포함된다. 만약 가해학생이 우연을 가장하여 피해학생에게 접촉한다면 이는 의도적 접촉으로 볼 수 있고 이경우 제2호 조치 위반이라 판단할 수 있다. 가해학생이 제2호 조치를 위반한 경우, 학교장은 새로운 학교폭력 사안으로 접수하여 사안을 처리할 수 있다. 심의위원회는 제2호조치를 결정할 때 그 기간을 명시하는 것이 바람직하다. 만약 기간을 정하지 않은 경우, 졸업 시점까지 접촉 및 금지가 유효하다.

(3) 제3호: 교내봉사

가해학생이 교내봉사활동을 통해 학교폭력 행동을 반성할 수 있도록 하는 조치이다. 심의위원회는 이 조치를 결정할 때 봉사 시간을 함께 명시해야 한다. 학교는 가해학생에게 학교폭력 예방 홍보 및 캠페인 활동, 장애학생 등교 도우미 활동, 학교 내 환경 정화 활동 등을 수행하게 할 수 있다. 이때 봉사활동은 가해학생의 학습권을 침해하지 않는 범위 내(휴식시간, 점심시간, 방과 후 시간 등)에서 이루어져야 한다.

(4) 제4호: 사회봉사

행정 및 공공기관 등 학교 밖 봉사활동을 통해 가해학생이 자신의 행동을 반성하고 사회적 책임감을 기를 수 있도록 하는 조치이다. 제4호 조치에 따라 가해학생은 환경미화, 우편물 분류, 도서관 업무 보조, 노인정 봉사, 사회복지관 봉사 등 다양한 공공 봉사활동에 참여할 수 있다. 그러나 가해학생들이 조치를 이행하는 과정에서 사회봉사 기관에 문제를 일으키는 경우가 종종 있어 일부 기관에서는 이 조치에 대해 부정적으로 인식하기도 한다. 따라서 학교는 가해학생이 사회봉사를 성실히 수행할 수 있도록 해당 기관과의 협력을 긴밀히 유지하며 봉사활동의 진행 상황을 주기적으로 점검할 필요가 있다. 또한, 봉사활동이 형식적으로 끝나지 않도록 지도하고, 활동 종료 후에는 가해학생이 성찰 내용을 정리한 보고서를 제출하도록 할 수 있다.

(5) 제5호: 특별교육 또는 심리치료

가해학생의 선도 및 교육이 필요하다고 판단되는 경우, 전문가의 도움을 받아 폭력에 대한 인식을 개선하고 스스로 반성할 수 있도록 하는 조치이다. 특별교육이나 심리치료는 위(Wee) 센터, 청소년꿈키움센터, 청소년상담복지센터, 푸른나무재단, 대안 교육기관 등에서 이루어진다.

가해학생 특별교육은 '조치로서의 특별교육'과 '부가된 특별교육'으로 구분된다(「학교폭력예방법」 제17조 제1항). 제5호 조치에 대해 유의할 점은 '조치로서의 특별교육'인 경우 해당 조치사항이 학교생활기록부에 기재되지만 '부가된 특별교육' 조치는 학교생활기록부에 기재되지 않는다는 것이다. 특별교육이나 심리치료의 시간은 심의위원회에서 결정하며, 가해학생이 특별교육과 치료를 통해 행동을 교정하고 반성할 수 있도록 세심한 지도가 필요하다.

(6) 제6호: 출석정지

가해학생을 일정 기간 동안 수업에 출석하지 못하도록 하여 피해학생을 보호하고, 가해학생에게 자신의 행동을 반성할 기회를 제공하기 위해 마련된 조치이다. 가해학생은 출석정지 기간 동안 학교에 나오더라도 수업에 참여할 수 없으며 이 기간은 출석 일수에 포함하지 않는다. 즉, 제6호 조치에 따른 출석정지는 미인정 결석으로 처리된다. 반면, 제3호(교내봉사), 제4호(사회봉사), 제5호(특별교육) 조치의 경우에는 해당 기간 동안 학교에 출석하지 못하더라도 출석으로 인정된다. 학교장은 출석정지 기간에 가해학생이 방치되지 않도록 지도 계획을 세우고 필요한 교육 방법을 마련해야 한다. 학교는 가해학생에게 온라인 학습자료 제공, 반성문 작성, 학교폭력 예방과 관련된 학습자료를 활용한 교육을 진행할 수 있다.

(7) 제7호: 학급교체

가해학생을 학교 내 다른 학급으로 옮기는 조치이다. 그러나 학급교체 조치는 수업 시간 외에 피해학생과 가해학생이 마주칠 가능성이 있어 실효성이 낮은 조치로 평가된다. 고등학교의 경우, 선택과목에 따라 완전 분리가 불가능할 수 있다. 또한 가해학생이 새로 배정된 학급 입장에서도 이 조치가 긍정적으로 받아들여지지 않을 수 있다. 그럼에도 불구하고 학급교체 조치는 피해학생이 가해학생과 같은 교실 공간에서 생활하지 않게 됨으로써 심리적 안정감을 가질 수 있다는 점에서 의미가 있다.

(8) 제8호: 강제전학

가해학생이 피해학생에게 더 이상 폭력을 가하지 못하도록 가해학생의 소속을 다른 학교로 옮기는 조치이다. 전학 조치가 결정된 가해학생에게는 전학을 갈 때까지 피해학생과의 접촉을 방지하기 위해 제6호(출석정지), 제2호(접촉 및 협박, 보복행위 금지)조치가 병과되기도 한다.

가해학생이 전학을 갈 경우, 피해학생의 보호를 위해 두 학교 간의 충분한 거리를 고려해야 하며, 전학 간 학교에서 다시 원래 학교로 돌아오는 것은 허용되지 않는다. 심의위원회에서 전학 조치를 결정하고 이를 학교에 통보하면, 학교장은 7일 이내에 교육장에게 전학할 학교의 배정을 요청해야 한다. 교육장은 전학 조치 된 가해학생과 피해학생이 상급학교에 진학할 때 각각 다른 학교로 배성받을 수 있도록 조치해야 한다. 이때 피해학생이 진학할 학교를 우선 배정한다.

(9) 제9호: 퇴학처분

피해학생을 가해학생으로부터 보호하기 어렵고, 가해학생을 선도하거나 교육하는 것이 불가능하다고 판단될 때 취하는 조치이다. 단, 퇴학처분은 의무교육 과정에 있는 초등학생과 중학생에게는 적용할 수 없다. 가해학생에게 퇴학처분을 내릴 때, 학교는 가해학생과 그 보호자와의 충분한 상담을 통해 대안학교 입학, 직업교육 전문기관 연계 등 학생의 학습권을 보장하고 재사회화를 지원할 수 있는 대책을 마련해야 한다. 퇴학처분이 단순히 처벌에 그치지 않고 가해학생이 자신의 미래를 잘 준비할 수 있도록 실질적인 지원 방안이 필요하다.

2) 가해학생 조치 시 유의사항

가해학생이 제2호 조치(접촉 및 보복행위금지)부터 제9호 조치(퇴학)까지의 조치를 거부하거나 기피하는 경우, 심의위원회는 추가로 다른 조치를 할 수 있다. 단, 제1호 조치의 경우에는 가해학생이 이행하지 않더라도 교육장이 추가 조치할 수 없다. 교육장은 심의위원회 조치 후 14일 이내에 가해학생 및 그 보호자에게 해당 조치를 서면으로 통보한다. 이에 따라 학교장은 가해학생이 해당 조치를 잘 이행할 수 있도록 협조하여야 한다. 가해학생이 조치를 통보받은 날부터 3개월 이내에 미이행할 경우, 학교장은 미이행 학생 명단을 심의위원회에 보고해야 한다. 이러한 사항을 확인한 교육장(심의위원회)은 21일 이내에 해당 가해학생 및 그 보호자에게 1개월 이내에 조치를 신속히 이행할 것과 미이행 시 추가 조치가 있을 수 있다는 것을 서면으로 안내해야 한다. 조치사항을 미이행한 가해학생이 전학 또는 상급학교에 진학 시 이전 학교가 전학 간 학교 또는 상급학교에 조치 이행 협조를 요청하여야 한다.

3) 가해학생 보호자 특별교육

「학교폭력예방법」제17조에 따라 학교폭력 가해학생이 특별교육을 받게 되는 경우, 가해학생의 보호자도 특별교육을 이수해야 한다. 만약 가해학생의 보호자가 조치 통보를 받은 날로부터 3개월 이내에 특별교육을 이수하지 않을 경우, 교육감은 최대 300만 원의 과태료를 부과할 수 있으며, 특별교육 이수를 다시 통보할 수 있다. 이에도 불응할 경우, 「학교폭력예방법」제23조 제2항에 따라 과태료를 부과하고 이를 징수할 수 있다. 단, 생계가 어려운 경우 등 정당한 사유로 의견을 제출한 보호자에 대해서는 그 타당성을 검토하여 과태료 부과 여부를 재결정할 수 있다.

가해학생 보호자에 대한 특별교육은 위(Wee) 센터, 위(Wee) 클래스, 또는 기타 위탁기관에서 대면 연수를 원칙으로 실시한다. 다만, 보호자들의 참여율을 높이기 위해 주말이나 야간 교육을 권장하고 있다. 교육 내용은 학교폭력 예방 및 대처 방안, 바람직한 부모 역할 교육, 자녀 이해 교육, 가해학생의 심리 이해 등으로 구성된다. 가해학생 보호자 특별교육의 이수 시간은 〈표 10-2〉와 같다.

표 10-2 **가해학생 보호자 특별교육 이수 시간 부과 기준**

교육대상 처분	이수 시간	교육 운영	비고
보복행위 금지, 교내봉사	4시간 이내	교육감 지정기관 프로그램 및 개인상담 이수	보호자, 학생 공동교육 가능
사회봉사, 특별교육, 출석정지, 학급교체, 전학	5시간 이상		

※ 출처: 교육부(2024a).

3. 조치사항 학교생활기록부 기재 방법

1) 가해학생 조치사항 조건부 기재 유보

학교폭력 가해학생에 대한 조치 결정 통보 공문이 접수되면 학교는 그 즉시 학교생활기록부의 '학교폭력 조치 상황관리'란에 기재한다. 학교폭력 관련 조치사항을 학교생활기록부에 기록할 때 유의해야 할 점은 피해학생에 대한 조치사항은 기재하지 않는다는 것이다. 만약 가해학생이 전학이나 자퇴를 할 때에는 학교폭력 조치사항을 입력한 후 학적 처리를 해야 한다. 행정심판이나 행정소송이 청구된 경우에도 기재된 사항은 삭제하지 않으며, 조치가 변경되거나 취소되면 그때 수정하되, 조치 결정 일자는 변경하지 않는다. 심의위원회에서 여러 조치를 동시에 부과한 경우, 모든 조치를 학교생활기록부에 기재하지만 '부가조치로서 특별교육'은 기재하지 않는다. 제1호(서면사과), 제2호(접촉 및 보복행위금지), 제3호(교내봉사)는 이행이 완료되면 1회에 한하여 조건부로 학교생활기록부 기재를 유보할 수 있다. 다만, 이행하지 않거나 동일 학교급 재학 중에 다른 학교폭력으로 추가 조치를 받을 경우 이전 조치까지 모두 기재해야 한다.

가해학생 조치의 학생생활기록부 기재 유보 사례

사례 1.

고등학교 1학년 은재는 학교폭력으로 '제1호: 서면사과' 조치를 받았지만 이행 기간이 지나도록 서면사과를 하지 않았다. 결국 은재는 학교생활기록부에 '제1호: 서면사과' 조치를 받은 내용이 기재되었다.

사례 2.

중학교 2학년 때 석영이는 학교폭력으로 '제3호: 교내봉사 6시간' 조치를 받고 이행 기간 내에 충실히 이행하여 학교생활기록부에 기재되지 않았다. 하지만 중학교 3학년 때 또 다른 학교폭력 사건으로 '제1호: 서면사과' 조치를 받게 되었다. 결국 석영이는 '제1호: 서면사과' 조치와 함께 중학교 2학년 때 유보되었던 '제3호: 교내봉사' 조치도 학교생활기록부에 함께 기재되었다.

2) 가해학생 조치 기록 삭제

다음은 학교생활기록부 조치 기록 및 삭제에 대한 사항이다. 학교폭력 가해학생 조치

기록을 영구적으로 보존하지 않고 일정 조건을 충족하면 삭제하도록 하는 것은 학교폭력의 재발을 방지하고 학생이 사회적 낙인에서 벗어나 학업과 사회생활을 원활히 할 수 있도록 돕기 위한 취지이다.

「학교폭력예방법」 제17조 제1항에 따라, 학교장은 학교생활기록부의 기록 사항 중 제1~3호의 조치를 졸업과 동시(졸업식 이후부터 2월 말 사이)에 삭제할 수 있다. 제1호(서면사과), 제2호(접촉 및 보복행위 금지), 제3호(교내봉사)는 상대적으로 경미한 조치로 간주되어 졸업과 동시에 삭제된다. 다만, 해당 조치를 충실히 이행하지 않았거나 동일 학교급에서 추가적인 학교폭력 조치를 받은 경우에는 삭제가 제한될 수 있다.

제4호(사회봉사), 제5호(특별교육 및 심리치료), 제6호(출석정지),제7호(학급교체) 조치는 졸업하기 직전에 해당 학생의 반성 정도와 긍정적 행동 변화를 고려하여 졸업과 동시에 삭제할 수 있다. 제4호(사회봉사)부터 제7호(퇴학처분)까지는 보다 중대한 조치로 간주되며, 졸업 전 전담기구에서 심의를 통해 삭제 여부를 결정한다. 이 과정에서 전담기구는 가해학생의 반성 여부, 긍정적인 행동 변화, 피해학생과의 관계 회복 시도 등 다양한 요소를 종합적으로 고려한다. 심의를 통과하면 졸업과 동시에 삭제될 수 있지만, 그렇지 않을 경우, 기록이 유지될 가능성도 있다.

제8호(강제전학) 조치는 졸업일로부터 4년 후에 삭제할 수 있다. 제8호 전학 조치는 다른 학교로 이동을 강제하는 조치로, 졸업과 동시에 삭제되지 않는다. 이는 기록이 유지됨으로써 학생에게 책임감을 느끼게 하고, 재학 기간 동안 행동을 더욱 주의하도록 하는 의미를 담고 있다. 다만, 졸업일로부터 4년이 지나면 삭제할 수 있도록 규정하고 있어 장기적으로 학생의 사회 복귀와 재활 가능성을 열어 둔다. 심의위원회에서 결정된 가해학생 조치사항에 대한 학교생활기록부 기록 및 삭제는 〈표 10-3〉과 같다.

표 10-3　가해학생 조치사항에 대한 학교생활기록부 기록 및 삭제

학생부 영역	가해학생 조치사항	삭제 시기(신고일 기준)
학교폭력 조치사항 관리	제1, 2, 3호	졸업과 동시 삭제
	제4호	졸업일로부터 2년 후 졸업 직전 심의를 통해 졸업과 동시 삭제 가능
	제5호	졸업일로부터 4년 후
	제6호	졸업 직전 심의를 통해 졸업과 동시 삭제 가능
	제7호	졸업일로부터 4년 후 졸업 직전 심의를 통해 졸업과 동시 삭제 가능
	제8호	졸업일로부터 4년 후
	제9호	삭제 대상 아님

※ 출처: 교육부(2024a).

4. 조치에 대한 불복

1) 행정심판

　행정심판이란 행정청의 부당한 처분이나 부작위로 권리나 이익이 침해된 국민이 이를 바로잡아 달라고 행정기관에 요청하는 권리구제 제도를 말한다. 학교폭력 피해학생과 가해학생 그리고 그 보호자는 교육장의 조치에 대하여 교육청 내 '행정심판위원회'에 행정심판을 청구할 수 있다.

　학교폭력 피해학생이나 가해학생은 처분이 있음을 알게 된 날부터 90일 이내, 또는 처분이 있었던 날부터 180일 이내에 행정심판을 청구할 수 있다. 만약 이 두 기간 중 어느 하나라도 기간이 지나면 행정심판 청구는 불가능하다. 여기서 '처분이 있음을 알게 된 날'이란 교육장의 조치가 있음을 '학교로부터 전해 들은 날'을 의미하며 '처분이 있었던 날'이란 조치 결정 통지서를 '당사자나 그 보호자가 직접 받아 확인한 날'을 의미한다. 조치가 있었다는 것을 알게 된 날과 공식적인 통지서를 받아 확인한 날은 다를 수 있으니

학교폭력 관련 행정심판 사례(머니투데이, 2023. 5. 28.)

학교폭력대책심의위원회 처분에 반발해 행정심판을 제기하는 사례가 잦아지고 있는데, 많은 사례가 시간 끌기용으로 심판을 남발하는 경우가 많아 보인다. 2023년 국가수사본부장으로 임명되었다가 사퇴한 정○○ 변호사 아들 정 모 군은 고등학교 시절 학교폭력으로 2018년 3월 전학처분을 받았다. 같은 해 6월부터 ○○고등학교 학교법인을 상대로 집행정지 신청·행정심판·행정소송 등을 제기했다. 이후 소송을 대법원까지 끌고 갔다. 이 과정에서 소송 결론이 날 때까지 심의위원회 처분의 집행을 정지해 달라는 집행정지 신청을 내 받아들여졌다. 정 군은 2019년 1월 대법원에 상고를 제기한 뒤 20여 일 뒤인 같은 해 2월 다른 학교로 전학을 갔다. 학교폭력대책심의위원회가 전학처분을 내린 지 약 8개월이 지난 시점이었다.

정○○ 아들 학교폭력 사건 이후, 행정심판 및 행정소송 절차가 신속화되었다. 재판 시한이 1심은 90일 이내, 2심과 3심은 각각 60일 이내에 판결을 내리도록 규정해 소송 지연을 방지하게 되었다. 또한 가해자가 집행정지 신청을 할 경우, 피해학생의 진술권이 보장되었다.

피해학생과 가해학생은 이 점을 유의해야 한다.

행정심판을 청구했다고 해서 조치의 집행이 자동으로 정지되는 것은 아니다. 만약 가해학생과 그 보호자가 조치의 집행을 멈추고 싶다면 행정심판을 청구하면서 '집행정지' 요청도 함께 해야 한다. 행정심판위원회가 집행정지를 결정할 때에는 반드시 피해학생이나 그 보호자의 의견을 들어야 한다. 이 과정에서 피해학생과 그 보호자는 피해의 정도와 결과, 가해학생 조치에 대한 의견, 사건과 관련된 기타 의견 등의 내용을 진술할 기회가 주어진다.

2) 행정소송

행정소송이란 행정청의 위법한 처분으로 인해 국민의 권리 또는 이익의 침해를 구제하고자 법원이 행하는 재판절차를 말한다. 학교폭력과 관련하여 대부분의 학생은 심의위원회의 조치 결정을 따르지만 일부는 법원에 행정소송을 제기하기도 한다. 교육장의 조치에 이의가 있는 피해학생이나 가해학생은 행정심판을 거치지 않고 행정소송을 제기할 수도 있다(「행정소송법」 제18조 제1항). 행정소송은 심의위원회 치분이 있음을 안 날부터 90일 이내에 제기하여야 하며, 처분이 있는 날로부터 1년이 경과하면 제기할 수 없다. 처분의 취소를 요구하는 학생이 원고가 되고 교육장이 피고가 된다. 행정소송도 행정심판과 마찬가지로 소송을 제기했다고 하여 조치의 집행이 자동으로 정지되는 것은 아니므로 조치의 집행을 멈추고 싶다면 법원에 '집행정지'를 함께 신청하여야 한다. 법원이 집행정지 결정을 하려는 경우에는 피해학생 또는 그 보호자의 의견을 반드시 청취하여야 하는데, 이때 특별한 사정이 있는 경우에는 기한을 정하여 피해학생에게 의견서를 제출하게 할 수도 있다.

학교폭력 관련 행정소송 사례(연합뉴스, 2024. 12. 5.)

친구 험담하고 따돌려 징계…… 교육장 상대 소송 냈으나 패소

친구를 험담하고 따돌렸다가 학교폭력으로 징계받은 고등학생이 억울하다며 교육장을 상대로 행정소송을 냈으나 패소했다. A 양은 친구 8명과 함께 지난해 10월 학교폭력 가해자로 신고되어 교육지원청 학교폭력심의위원회에 회부됐다. 피해학생 2명 가운데 1명은 A 양이 험담하면서 자신을 따돌렸다고 주장했고, 또 다른 피해학생은 비방하는 말을 쓰면서 괴롭혔다고 학교에 신고했다. 당시 피해학생들은 우울증이나 적응장애 진단을 받는 등 정신적 고통을 호소했다. 학교폭력심의위원회는 A 양의 행위가 학교폭력에 해당한다고 판단하고 서면사과 후 피해자들에게 따로 연락하거나 보복행위를 하지 말라고 조치했다. 또 A 양과 그의 부모가 특별교육 2시간씩을 이수하라고 결정했다. 그러나 A 양은 지난 1월 억울하다며 부모를 법정 대리인으로 내세워 교육지원청 교육장을 상대로 행정소송을 제기했다. 그는 소송에서 "친구들을 상대로 학교폭력이라고 할 만한 행위를 하지 않았다."며 "만약 학교폭력이라고 해도 대학 입시를 준비 중인 상황인데 너무 가혹한 처분을 해 위법하다."라고 주장했다. 그러나 법원은 A 양이 학교폭력으로 받은 처분 수위가 적절해 위법하지 않다고 판단했다. 재판부는 교육장이 처분한 특별교육과 서면사과 등 처분을 취소해 달라는 A 양의 청구를 기각하고, 소송 비용도 모두 부담하라고 A 양에게 명령했다.

장의 요약

1. 학교폭력대책심의위원회는 학교폭력 사안에 대해 피해학생 보호와 가해학생 선도를 위해 필요한 조치를 내릴 수 있다. 피해학생 보호조치는 심리상담, 일시보호, 치료 및 요양, 학급교체 등 피해학생의 심리적·신체적 회복과 안전을 위해 결정된다. 보호조치 비용은 원칙적으로 가해학생 보호자가 부담하되, 긴급 시 학교안전공제회가 선부담할 수 있다. 가해학생에게는 서면사과, 접촉 금지, 봉사활동, 특별교육, 출석정지, 학급교체, 강제전학, 퇴학 등 아홉 가지 조치가 사건의 심각성, 반성 정도 등을 고려해 부과된다.

2. 가해학생에 대한 조치는 학교생활기록부에 기록되며, 서면사과, 접촉 금지, 교내봉사 등 경미한 조치는 이행 완료 후 1회에 한해 조건부로 기재가 유보될 수 있다. 단, 이행하지 않거나 추가적인 학교폭력 조치가 부과될 경우 기재된다. 졸업과 동시에 삭제 가능한 조치는 서면사과, 접촉 금지, 교내봉사 등 경미한 조치이다. 사회봉사, 특별교육, 출석정지, 학급교체는 원칙적으로 졸업 후 2년 후에 삭제 가능하나 전담기구의 심의를 통해 삭제 여부가 결정될 수 있다. 강제전학은 졸업 후 4년이 지나야 삭제 가능하며, 퇴학처분은 삭제 불가능하다. 삭제 여부는 가해학생의 반성과 행동 변화를 바탕으로 전담기구에서 심의해 결정한다.

3. 학교폭력 조치에 불복할 경우, 피해학생이나 가해학생은 처분 통보 후 일정 기간 내에 행정심판이나 행정소송을 통해 조치의 부당성을 다툴 수 있다. 행정심판이나 행정소송이 진행되는 과정에서 피해학생과 그 보호자의 의견 진술 기회가 반드시 제공되어야 하며 '집행정지'가 필요하면 별도로 신청해야 한다.

수업활동

1. 다음 제시된 학교폭력 관련 사례를 읽고 학교폭력대책심의위원회는 피해학생 보호와 가해학생 선도·교육을 위하여 어떤 조치 결정을 내려야 할지 논의해 보자.

중학생 A 군은 인공지능(AI) 기술을 사용해 같은 반 여학생들의 얼굴 사진에 다른 신체 이미지를 합성한 사진을 만들고 이를 친구들과 함께 공유하였다. A 군은 중학교 2학년 9월에 같은 반 여학생 2명의 얼굴 사진을 이용해 부적절한 이미지를 합성했고, 이를 평소 친하게 지내던 학교 친구 3명과 SNS 대화방을 통해 공유하였다. 이 사실은 익명의 학생이 학교에 신고하면서 드러났다. 학교 측은 A 군의 행위를 심각한 사이버폭력으로 판단하여 교육청의 심의위원회에 사안 심의를 요청한 상태이다.

학교폭력 사후지도 방안

학교폭력은 단순히 가해학생과 피해학생 간의 문제로 끝나는 것이 아니라, 학교 전체의 분위기와 기능에 심각한 영향을 미친다. 학교폭력 사건이 발생하면 가해학생과 피해학생은 물론 이를 목격한 주변 학생, 학부모, 교사까지도 심리적 불안과 고통을 경험하게 된다. 특히 피해학생은 장기적으로 신체적 · 정신적 후유증을 겪을 수 있으며, 가해학생은 폭력행동의 반복과 심화로 인해 사회적으로 부적응할 가능성이 높다. 따라서 학교폭력 사안이 원만히 종결되었다 하더라도, 학교는 관련 학생들이 정신건강을 회복하고 학교생활에 잘 적응할 수 있도록 지속적으로 지원해야 한다. 이 장에서는 학교폭력 사안이 종결된 이후, 학교 차원에서 학교폭력 관련 학생들의 정신건강을 지원하고 학교폭력의 재발을 방지하기 위해 어떤 노력을 기울여야 할지 살펴보고자 한다.

1. 상담 지원

학교폭력으로 인해 피해학생은 신체적 상해를 입을 수 있으며, 이는 단순한 타박상에서부터 중대한 장기적 손상까지 이어질 수 있다. 신체적 상처는 피해학생의 일상생활에 지장을 주고, 심각한 경우 학습 활동과 사회 활동에 큰 제약을 초래한다. 뿐만 아니라 정신적 후유증도 발생할 수 있다. 우울, 불안, 자존감 저하, 외상후스트레스장애(PTSD)와 같은 심각한 정신건강 문제가 나타날 수 있다. 피해학생은 공포감과 무력감에 사로잡혀 대인관계를 회피하게 되고, 이는 학습 저하, 학교 거부, 사회적 위축으로 이어질 수 있다. 가해학생 역시 불안정한 심리 상태로 인해 반성의 기회를 놓치고 자신의 행동을 정당화하는 경향을 보인다. 가해학생은 폭력적 행동을 지속함으로써 법적 처벌의 대상이 될 수 있으며, 또래관계나 교사와의 신뢰를 잃고 학업 중단이나 일탈행동으로 이어질 위험이 있다. 이는 성인기의 범죄 가능성을 높이는 요인이 된다.

학교폭력은 이처럼 개인적인 차원을 넘어 학교공동체의 파괴를 가져온다. 학교폭력은 학교 내 불신과 위기감을 조성하고, 교사와 학부모, 학생 간의 관계를 해치게 되며, 학생들은 학교를 안전하지 않은 장소로 인식하게 된다. 결과적으로 학습 환경의 질이 저하된다. 따라서 학교는 학교폭력 관련 학생들을 대상으로 추수 지도 차원의 상담을 제공해야 한다. 상담 지도를 통해 학교의 전문상담교사나 담임교사는 학교폭력 경험 이후 학교폭력 피해학생과 가해학생이 해결하지 못한 심리적 스트레스, 불안, 적대감 등의 감정에 대해 충분히 이야기하고 이러한 문제를 해결할 수 있도록 도와주는 것이 바람직하다.

1) 학교폭력 상담의 필요성

학교폭력 관련 학생들을 대상으로 한 상담은 다음과 같은 이유로 필수적이다.

첫째, 피해학생과 가해학생의 심리적 지원을 위해 필요하다. 피해학생이 심리적 상처를 치유할 수 있도록 돕고, 가해학생이 자신의 행동을 반성하며 개선할 수 있는 기회를 제공한다. 이를 통해 피해학생에게는 안정감을 제공하고, 가해학생에게는 자기조절능력을 키울 수 있다.

둘째, 폭력의 재발을 방지하기 위해 필수적이다. 상담을 통해 폭력행동의 근본적인 원인을 파악하고, 가해학생과 피해학생 간의 관계를 회복시켜 재발 가능성을 최소화할 수 있다. 이를 위해 교사는 학생들의 감정과 욕구를 정확히 이해하고 적절히 개입해야 한다.

셋째, 가해학생과 피해학생 간의 관계 회복을 위해 필요하다. 두 학생이 서로의 입장을 이해하고 공감할 수 있도록 돕는 과정에서 긍정적인 상호작용을 이끌어 낼 수 있다.

넷째, 학교문화를 개선하기 위해 중요하다. 폭력 없는 학교 환경을 조성하려면 학교

전체가 참여하는 문화가 필요하다. 학생, 교사, 학부모 모두가 폭력 예방에 대한 책임감을 공유하고 이를 실천하도록 돕는 것이 상담의 중요한 역할이다. 학교폭력 상담은 단순히 사건을 해결하는 것을 넘어, 피해학생과 가해학생 모두가 건강한 관계를 형성할 수 있도록 돕고, 학교 구성원 전체가 신뢰와 존중을 바탕으로 성장할 수 있도록 지원하는 과정이라 할 수 있다.

2) 학교폭력 상담의 원칙

학교폭력 관련 학생을 대상으로 상담을 진행할 때는 다음과 같은 원칙을 고려해야 한다.

첫째, 인간 존엄성의 존중이다. 상담은 학생들의 기본적인 가치와 존엄성을 인정하고 존중하는 태도에서 시작해야 한다. 이는 학생들에게 상담 과정에서 안정감을 제공하고, 신뢰를 바탕으로 문제를 해결하는 데 기여한다.

둘째, 근본적 해결을 지향해야 한다. 단순히 사건을 처벌하는 데 그치지 않고, 관계 회복과 심리적 치유를 목표로 한다. 가해학생이 자신의 행동을 이해하고 반성하도록 돕고 피해학생이 심리적 안정을 찾을 수 있도록 지원해야 한다.

셋째, 예방적 접근이 필요하다. 상담 과정에서 문제의 확대를 방지하고, 재발을 예방하기 위해 적극적으로 개입하는 것이 중요하다.

넷째, 종합적이고 중립적인 개입이 이루어져야 한다. 상담은 피해학생과 가해학생뿐만 아니라 학부모, 교사, 주변 환경까지 종합적으로 고려해야 하며, 특정 학생에게 편파적으로 대응하지 않도록 중립적인 입장을 유지하며 진행되어야 한다.

다섯째, 지속적인 지원이 필요하다. 상담은 일회성으로 끝나서는 안 되며 장기적인 모니터링과 사후관리가 병행되어야 한다. 이를 통해 재발 가능성을 최소화하고 긍정적인 변화를 이끌어 낼 수 있다. 이러한 원칙을 바탕으로 한 상담은 학생들의 심리적 치유와 학교폭력 문제의 근본적인 해결에 기여할 수 있다.

3) 학교폭력 관련 학생 상담과정

학교폭력 가해학생은 일반적으로 높은 자기주장성과 공격성을 보이며, 종종 사회적 지위가 높거나 또래들 사이에서 인기를 얻는 경우가 많다. 이들은 충동적이고 반사회적인 행동을 보일 수 있으며, 타인에 대한 공감능력이 부족하고 자신의 행동에 대한 죄책감을 느끼지 않는 경향이 있다. 반면, 피해학생은 낮은 자존감과 우울증을 겪는 경우가 많고, 사회적 지지망이 부족하다. 이들은 대인관계에서 어려움을 겪으며, 공격적인 상황에서 자신을 방어하는 데 어려움을 느끼는 경향이 있다. 또한 피해학생은 내향적인 성격을 가지는 경우가 많고, 정서적으로 불안정한 상태에 놓여 있는 경우가 많다.

이러한 특성 때문에 가해학생은 공격적인 행동을 통해 자신의 힘을 과시하며 상황을 주도적으로 이끌어 가려는 경향이 있다. 이들은 괴롭힘을 목격했을 때도 대체로 거리두기 전략을 사용하며, 도움을 요청하는 행동은 거의 보이지 않는다. 반대로 피해학생은 공격적인 상황에서 회피하거나 숨으려 할 가능성이 높다. 이들은 괴롭힘에 대한 반응으로 우울증이나 불안 같은 내면화 전략을 사용할 수도 있다. 또한 가해학생은 친구들 사이에서의 인기와 사회적 지위를 바탕으로 또래들에게 강한 영향력을 행사하며, 종종 집단 내에서 리더십을 발휘하거나 집단 괴롭힘의 주도적인 역할을 맡는다. 반면에 피해학생은 사회적 지지가 부족하고 친구를 사귀는 데 어려움을 겪어 학교생활에서 고립감을 느끼는 경우가 많다. 이들은 친구와의 유대감이 약하고 학교에 대한 소속감이 낮아지는 경향이 있다. 이와 같은 차이는 학교폭력 문제를 이해하고 해결하기 위한 중요한 요소로 작용하며, 각 집단의 특성에 맞춘 상담 전략이 필요하다는 점을 보여 준다.

(1) 상담의 초기

모든 상담이 그렇듯이, 상담 초기에는 정서적 지지를 통해 학교폭력 가해·피해학생이 안정감을 느끼도록 신뢰감을 형성하는 것에 주안점을 두어야 한다. 피해학생에게는 학교폭력이 종결된 이후에도 해결하지 못한 심리적 두려움, 불안, 분노 등이 있을 수 있다. 교사는 피해학생의 상황을 이해하고 충분한 정서적 지지를 제공할 필요가 있다.

상담 초기에 교사는 안전한 상담환경 조성, 공감적 경청, 감정 표현 훈련, 비밀 유지 약속 등과 같은 활동을 통해 피해학생과의 신뢰감을 형성할 수 있다. 교사는 상담이 진행되는 공간을 학생이 편안하고 안전하게 느낄 수 있도록 조성해야 한다. 또한 공감적 경청을 위해 교사는 피해학생의 이야기를 끊지 않고 주의 깊게 들어 주며, 학생의 감정을 수용하고 공감하는 태도를 보여야 한다. 이를 통해 학생은 자신이 존중받고 있다는 느낌을 받을 수 있다.

신뢰감을 형성하는 단계에서 교사는 학생이 자신의 감정을 자유롭게 표현할 수 있도록 미술활동이나 글쓰기, 게임과 같은 활동을 활용할 수도 있다. 이러한 활동은 학생이 부담 없이 감정을 털어놓는 기회를 제공하며 상담에 대한 거부감을 줄이는 데 도움이 된다. 또한 교사는 상담 초기에 상담 내용이 외부에 공개되지 않을 것임을 분명히 약속해야 한다. 이는 학생이 상담 과정에서 더 솔직하게 참여할 수 있도록 신뢰를 쌓는 데 중요한 역할을 한다.

한편, 가해학생을 상담할 때에는 폭력행동을 탓하기 이전에, 폭력행동을 한 이유에 대해 자세히 경청하고 가해학생의 입장에서 이해하려는 노력을 보여야 한다. 폭력행동 이후, 자신의 행동이 다른 학생에게 일종의 힘을 보여 주었다거나 자신의 행동을 '멋진 행동'으로 인식하기도 하지만, 대부분의 가해학생들은 자신이 저지른 행동을 인식하고 두려움과 미안함을 느낄 수도 있기 때문이다(조정실, 차명호, 2010). 학생 간 다툼 중 일부는 작은 갈등이 계기가 되어 큰 폭력으로 이어지기도 한다. 따라서 가해학생을 상담할 때에는 가해학생이 자신의 폭력행동을 인정하고 자신의 행동을 성찰하는 데 초점을 맞춰야 한다. 상담의 초기 단계에서 가해학생으로 하여금 자신의 행동을 되돌아보게 하는 것은 매우 중요한 과제라 할 수 있다. 이를 위해서 교사는 '폭력은 절대로 용납되지 않는다'는 것을 가해학생에게 분명하게 전달해야 한다.

(2) 상담의 중기

상담의 중기에는 피해학생과 가해학생이 각각 학교폭력 상황을 제대로 이해하고, 행동을 변화시킬 수 있도록 상담 목표를 명확히 설정해야 한다. 학교폭력이 상습적으로 발생한 경우, 피해학생의 심리적 외상이 더 깊을 수 있다. 만약 피해학생이 스스로를 탓하며 자신이 못나서 피해를 당했다는 왜곡된 인식을 가지고 있다면, 교사는 상담을 통해 피해학생이 이러한 피해의식에서 벗어날 수 있도록 돕는 데 주력해야 한다. 또한 피해학생이 또 다른 학교폭력 피해를 당하지 않도록 하기 위해 필요한 대처 방안을 피해학생 스스로 탐색하도록 지원하는 것이 중요하다. 이와 함께 피해학생이 학업이나 개인적인 목표를 설정하며 미래를 계획할 수 있도록 도와주고, 이를 통해 희망과 동기를 갖게 하는 구체적인 전략을 제공해야 한다. 이러한 과정은 피해학생이 자신감을 회복하고, 학교생활에 긍정적으로 적응할 수 있는 기반을 마련하는 데 도움이 된다.

한편, 상담 중기에 교사는 가해학생이 자신의 행동을 반성할 수 있도록 가해학생에 대한 개별상담과 함께 교육, 집단상담, 부모상담 등을 함께 활용하는 것이 효과적이다. 먼저, 가해학생의 심리교육을 다양하게 실시할 수 있다. 예를 들어, 가해학생에게 하고 싶은 말을 역할극으로 해 보기, 안전하게 분노 표출하기, 감정의 쓰레기통 등의 기법 등을 쓸 수도 있다. 가해학생들은 이러한 교육과정을 거치면서 어떠한 이유에서든 자신이 타인을 괴롭히는 상황을 즐기고, 자신의 스트레스를 폭력으로 풀었다는 사실을 인정할 수 있어야 한다.

상담의 중기에서도 초기와 마찬가지로 교사는 어떠한 폭력도 정당화될 수 없음을 알리는 동시에, 장난으로 시작한 일이 상대에게는 큰 상처가 될 수 있음을 인식시켜야 한다. 또한 가해학생이 피해학생에게 용서를 구하는 것과 자신의 행동에 대한 처벌을 수용할 수 있는 용기를 가질 수 있도록 북돋아 주어야 할 것이다. 이후 자신의 분노를 조절하고, 갈등 상황에서 문제를 해결할 수 있는 방법을 함께 모색해야 한다. 구체적으로는 가해학생의 심리적 특성 및 환경적 변인을 고려하여 공감훈련, 분노조절훈련, 역할극, 부정적 신념 바꾸기 등을 사용할 수 있다. 또는 피해학생이 학급의 친구들과 관계를 회복하기 위해서 대인관계 기술을 알려 줄 수도 있다. 자기주장훈련, 나-전달법 등의 대화기술 등이 이에 해당된다.

집단상담을 활용하는 것 또한 학교폭력 피해학생 및 가해학생에게 효과적일 수 있다. 아동ㆍ청소년 중에는 자신이 느끼고 생각하는 것을 항상 분명하게 표현할 수 있는 인지적 발달 단계에 이르지 못한 학생들도 많다. 따라서 다양한 정서를 식별하고 명명하는 훈련을 받을 필요가 있다. 예를 들어, 분노조절 집단상담을 진행하면서 '분노'는 중립적인 정서 중 하나이며 화가 나는 것 자체가 문제가 아님을 알려야 한다. 문제가 되는 것은 분노를 폭력이나 괴롭힘 등으로 표현하는 것임을 분명하게 알려 줄 필요가 있다. 분노를 폭력적이시 않은 말로 표현하고, 관리하는 방법을 알려 주며, 상황에 대해 생각하고 느끼는 방식을 행동하는 데는 책임이 따른다는 것을 이해하도록 도와야 한다.

이와 함께, 부모 역할의 중요성을 고려하여 부모도 상담과 교육에 참여할 수 있도록 유도하는 것이 가해학생 및 피해학생의 치료에 더 많은 도움이 된다(조정실, 차명호, 2010). 가해학생의 부모는 자신의 자녀가 덜 공격적이고 적절한 반응양식과 문제해결 방식을 습득하도록 도울 수 있어야 하는데, 이를 위해 부모로서 폭력문제를 심각하게 취급하고, 앞으로는 어떠한 폭력행동도 용납하지 않을 것이라는 것을 자녀에게 분명히 일러두도록 교육시켜야 한다. 피해학생의 부모도 자녀나 본인이 잘못해서 이 일이 일어난 것이 아님을 인식하고 피해학생의 정서적 안정을 돕기 위해 부모교육이 필요하다.

(3) 상담의 종결

상담의 종결 단계에서는 중재를 마무리하고 추수상담을 계획해야 한다. 모든 학생이 단기간에 눈에 띄는 변화를 보이지 않을 수 있다는 점을 고려하며, 이 단계에서는 재발의 과정을 자연스럽게 받아들이고 후퇴와 진보를 반복하는 과정이 중요하다는 것을 기억해야 한다. 학교폭력 피해학생 상담의 종결 단계에서는 상담 목표 달성 여부를 평가하고 상담 과정을 점검하며, 학생이 상담을 통해 습득한 대처 기술과 긍정적 변화를 일상에서 지속할 수 있도록 구체적인 실행 계획을 수립해야 한다. 또한 학생이 상담 종료를 긍정적으로 받아들일 수 있도록 정서적 지지를 제공하고, 필요할 경우에 추가적인 지원이 가능하도록 학교 내외의 연계 서비스나 자원을 안내하는 것이 중요하다.

가해학생의 경우, 지금까지 자신의 노력을 평가해 보는 시간을 갖게 하는 것이 필요하다. 이는 학교폭력이 자신의 의지에 따라 중단될 수 있다는 사실을 깨닫게 하며, 동시에 자신의 보호요인과 위험요인을 다시 한번 생각하고 정리하는 기회가 될 수 있다. 이 과정에서 심리상담기관, 전문의료기관, 사회복지센터 등과 연계하여 보다 장기적인 상담이나 치료를 권유할 수도 있다.

2. 교육적 지원

학교폭력 재발 방지를 위해 학교의 사후지도는 매우 중요하다. 학교는 학교폭력과 관련된 학생뿐만 아니라 학부모와 교사를 대상으로 다양한 재발 방지 교육이나 프로그램을 실시할 필요가 있다. 특히 학교폭력이 발생한 학급에서는 외부 전문가를 초빙해 학교폭력 예방교육을 실시하는 것이 바람직하다. 또한 학교폭력이 발생한 학급의 담임교사는 학교폭력 문제가 단순히 가해학생과 피해학생 간의 갈등이 아니라 학급 전체가 함께 해결해야 할 문제임을 인식시킬 필요가 있다. 이를 위해 학급 단위의 공동체 활동을 통해 서로 신뢰를 쌓고 갈등 해결 능력을 키울 수 있도록 교육이나 프로그램을 운영하는 것이 효과적이다. 학생들 간의 자연스러운 대화를 통해 갈등을 완화하고, 또래 친구로부터 심리적 지지를 받을 수 있도록 돕는 또래상담 프로그램을 활용하는 것은 안전한 학급 분위기를 조성하는 데 큰 도움을 줄 수 있다.

학교폭력이 발생하면 학부모들도 큰 충격을 받기 때문에, 학교는 학부모를 대상으로 학교폭력 예방과 대응에 대한 체계적인 안내와 교육을 진행할 필요가 있다. 각 가정에 학교폭력 관련 징후와 대처 방법에 대한 안내문을 제공하여 학부모들이 초기 신호를 빠르게 인식하고 대응할 수 있도록 도와야 한다. 또한 전문 강사를 초빙해 학부모교육을 열어 학교폭력의 유형과 심각성을 이해시키고, 가정에서의 예방 방법을 구체적으로 안내하는 프로그램을 마련해야 한다. 특히 최근 학교폭력이 온라인에서 자주 발생하는 만큼 학부모들이 잘 알지 못하는 사이버폭력 문제에 대해서도 교육이 필요하다. 이를 위해 자녀의 디지털 기기 사용 시간과 콘텐츠를 점검하는 방법을 알려 주고, 가정에서 디지털 사용 규칙을 설정하도록 독려할 필요가 있다. 사이버폭력 발생 가능성을 줄이기 위해 자녀와 대화를 통해 온라인에서의 바람직한 언어 사용과 개인정보 보호의 중요성을 교육하는 방법도 포함해야 한다. 또한 사이버폭력 징후를 발견했을 때의 대처 방법에 대해 구체적으로 안내하는 것이 중요하다.

학교폭력 재발 방지를 위해 교사 대상의 체계적인 연수도 필요하다. 이를 통해 교사들은 학교폭력 문제를 깊이 이해하고, 학생들과의 신뢰를 회복하며 효과적인 지도 방안을 마련할 수 있다. 우선, 학교폭력의 원인과 유형, 심리적·사회적 영향을 다루는 전문 교육을 제공해 교사들이 문제를 심각하게 인식하고 다양한 상황에 적절히 대처할 수 있도록 돕는다. 또한 학교폭력 관련 법규와 대응 절차에 대한 교육을 통해 교사들이 적법하고 신속하게 문제를 처리할 수 있는 역량을 갖추게 해야 한다.

학생들과의 관계 회복과 갈등 관리를 위해 비폭력 대화법, 공감적 경청 기법 그리고 학생의 감정과 행동을 이해하고 긍정적으로 변화시키는 피드백 기술 등을 교육하는 것도 필요하다. 또한 학급 운영 측면에서는 신뢰를 높이고 학급 내 협력 문화를 조성할 수 있는 집단상담 및 교육 프로그램, 또래 멘토링 프로그램 운영 방안 등을 공유하여 교사들이 실질적으로 활용할 수 있도록 한다.

특히, 학교는 학교폭력 관련 학생들의 학교 적응을 돕기 위해 피해학생과 가해학생 각각의 특성에 맞춘 프로그램을 기획하고 운영할 필요가 있다. 피해학생에게는 심리적 안정과 대인관계 회복을 위한 프로그램을 지원하고, 가해학생에게는 책임감을 강화하며 행동 변화를 목표로 하는 프로그램이나 교육을 제공해야 한다. 이러한 교육적 지원 활동은 학교폭력 사안 종료 후 피해학생과 가해학생 모두가 안정적으로 학교생활에 적응할 수 있도록 돕는 사후지도 차원에서 매우 중요한 역할을 한다.

1) 피해학생 지도 프로그램

학교폭력은 피해학생들에게 심리적 트라우마를 남기며, 불안, 우울감, 자존감 저하 등 다양한 심리적 문제를 유발한다. 이러한 문제를 방치하면 학업과 대인관계에도 심각한 어려움을 초래할 뿐만 아니라, 학생의 성장과 발달에 부정적인 영향을 미칠 수 있다. 때문에 피해학생들이 신체적·정신적 건강을 회복하고 학교에 잘 적응할 수 있도록 개인별 특성을 고려한 맞춤형 프로그램을 시행할 필요가 있다. 학교폭력 피해학생을 위한 심리상담 및 정서 지원 프로그램은 학생들이 안전하고 건강한 환경에서 심리적 안정을 회복하도록 돕는다. 이와 함께 또래관계 회복과 대인관계 기술 향상을 목표로 하는 사회성 개발 프로그램도 매우 중요한데 이러한 프로그램은 피해학생들이 다른 사람들과 긍정적인 상호작용을 통해 자신감을 되찾고, 건강한 사회적 관계를 형성하는 데 기여한다.

실제 연구에 따르면, 학교폭력 피해학생을 위한 프로그램에 참여한 학생들은 그렇지 않은 학생들에 비해 회복탄력성과 자아존중감이 유의미하게 향상된 것으로 나타났다(김은희, 2019; 천성문 외, 2016; 현지환, 2015). 이는 피해학생들이 적절한 지원을 받을 경우 심리적 안정뿐 아니라 자아존중감과 회복탄력성 등 전반적인 삶의 질에서 긍정적인 변화를 경험할 수 있음을 보여 준다. 결론적으로, 학교폭력 피해학생을 위한 프로그램은 피해학생의 심리적 안정과 자아존중감 회복, 사회적 적응력 향상에 매우 효과적인 도구이다. 학교는 피해학생들을 돕기 위해 〈표 11-1〉에 제시한 프로그램들을 활용할 필요가 있다.

표 11-1   **학교폭력 피해학생 지도 프로그램**

프로그램명	대상	프로그램 주요 내용	출처
사회성 기술 증진을 위한 미술치료	청소년	• 자기인식 및 타인인식 • 자기조절능력의 향상 • 협력기술 증진 • 분노감정 표현하기 • 자기통제를 통한 충동성 감소 • 자신에 대한 믿음과 변화	김춘경 외 (2015)
자존감 증진 프로그램	중학생	• 합리적 사고와 긍정적 감정 발견하기 • 자신의 가치 발견하기 • 스트레스 상황 극복 • 효과적 감정 표현 • 긍정적 자기진술	현지환 (2015)
스트레스 감소 프로그램	청소년	• 스트레스 탐색 • 문제의 영향력 평가 • 긍정적 감정 가지기 • 새로운 행동 발견하기	김춘경 외 (2015)
마음챙김 프로그램	청소년	• 생각 마음챙김 • 감정 마음챙김 • 신체 마음챙김 • 관계 마음챙김	곽영숙 외 (2024)

피해학생 진로상담을 통한 회복탄력성 증진 프로그램	청소년	• 흥미 탐색 • 적성 탐색 • 가치관 탐색 • 직업세계 이해 • 진로정보 탐험	김은희 (2019)
또래관계 맺기 프로그램	청소년	• 자기표현하기 • 관점의 차이 인정하기 • 행복한 성장	천성문 외 (2016)
용서상담 프로그램	초등학생	• 내마음 자각 및 표현하기 • 부정적 반응 극복하기 • 긍정적 반응하기	김광수 (2009)
등교거부 문제행동 변화 프로그램	초등학생	• 정서적 지지 제공 • 친밀감 증진 • 협상능력 키우기 • 자율성 강화 • 퇴행에 대비하기 및 조력하기	성태훈 (2023)

2) 가해학생 지도 프로그램

학교폭력 가해학생에 대한 대응은 주로 처벌 중심으로 이루어져 왔다. 그러나 이러한 처벌적 접근은 문제행동의 반복을 효과적으로 막기 어렵다는 지적이 있다(김천기, 2021). 학교폭력 가해학생은 문제행동을 반복할 가능성이 높고, 성인이 되어서도 공격적이거나 반사회적인 성향을 지속적으로 보일 위험이 크다. 따라서 학교폭력 문제를 해결하려면, 가해학생이 왜 이러한 행동을 하게 되는지 근본적으로 이해하고 문제의 원인에 개입하는 접근이 필요하다. 앞에서도 언급하였듯이, 가해학생은 타인의 고통에 둔감한 경우가 많다. 이는 공감능력 부족과 깊은 연관이 있다. 공감능력은 정서적 공감과 인지적 공감으로 나눌 수 있는데, 정서적 공감이 부족하면 타인을 배려하거나 약자를 동정하는 능력이 결여되어 타인을 지배하려는 경향이 나타날 수 있고 인지적 공감이 부족하면 타인의 생각을 이해하거나 상황을 정확히 파악하지 못해 부적절한 행동을 할 가능성이 커진다(김슬아 외, 2017). 이 외에도 가해학생은 충동적이고 공격적인 성향을 보이는 경우가 많으며, 긴장, 불안, 외로움, 낮은 자존감, 우울 등 다양한 심리적 변화를 겪는 경우도 흔하다. 이러한 심리상태는 부정적인 행동을 반복적으로 유발할 수 있다. 학교폭력 문제를 근본적으로 해결하기 위해서는 가해학생에 대해 처벌에 의존하는 접근에서 벗어나 가해

표 11-2 **학교폭력 가해학생 지도 프로그램**

프로그램명	대상	프로그램 주요 내용	출처
공감능력 향상 프로그램	청소년	• 감정단어 의미 알기 • 감정 들여다보기 • 친구 감정 들여다보기 • 감정 소중히 여기기	이진영 (2019)
공격성 및 분노조절 프로그램	청소년	• 폭력에 대해 이해하기 • 나의 분노 발견하기 • 부정적 감정조절하기 • 비합리적 사고 찾기 • 긍정적 자아상 찾기	김봉년 외 (2019)
	중학생	• 자기효능감 향상 • 분노조절능력 향상 • 공감능력 향상	유화영 (2017)
	학교폭력 가해 청소년	• 감정 메뉴판 • 몸은 내 마음의 힌트 • 복닥복닥 내 마음 • 내 인생의 주인공은 나	천성문 외 (2016)
사이버폭력 감소를 위한 집단상담	중학생	• 스트레스 알아차리기 • 감정 알아차리기 • 자기통제 • 충동성 다스리기	최주은 (2019)
	중학생	• 스트레스 인식 • 자기통제력 증진 • 충동성 조절 • 공격성 조절	이효정 (2015)

학생을 대상으로 한 다양한 프로그램을 도입하고 실행할 필요가 있다. 가해학생을 대상으로 한 개입 프로그램은 공감능력, 감정조절, 문제해결 능력을 향상시켜 궁극적으로 학교폭력의 재발을 줄이는 데 기여할 수 있다. 학교는 가해학생 지도를 위해 〈표 11-2〉에 제시한 프로그램을 활용할 수 있다.

3. 외부기관 연계

학교폭력 사안은 신속히 대처하는 것이 중요하지만, 사안이 해결된 후에도 피해학생과 가해학생 모두가 안정적으로 학교생활을 이어 갈 수 있도록 사후관리가 필요하다. 이를 위해 학교폭력 관련 학생들에게 심리치료와 상담을 제공하는 것이 중요하다. 하지만 학교 현장에서는 전문적인 상담이나 개별 학생 상황에 맞는 맞춤형 교육을 시행하는 데 여러 한계가 존재한다. 이러한 한계를 극복하기 위해 학교는 지역사회의 관련 기관과 협력하여 필요한 지원을 받을 수 있도록 해야 한다. 예를 들어, 심리상담, 의료서비스, 법률적 지원 등이 필요할 경우 외부 전문 기관과 연계하여 적절한 도움을 제공할 수 있어야 한다. 학교폭력 문제와 관련하여 협력 가능한 대표적인 외부기관으로는 교육청 내 위(Wee) 센터, 지역의 청소년상담복지센터, 청소년정신건강센터 등이 있다. 학교는 이들 기관과의 연계 활동을 통해 학생들이 학교폭력으로 인한 부정적 영향을 극복하고 건강한 학교생활을 이어 갈 수 있도록 지원할 수 있다.

1) 위(Wee) 프로젝트 기관

위(Wee) 프로젝트는 학교폭력 · 학업 중단 등 학교에서 발생하는 다양한 위기 요인으로부터 학생을 보호하기 위한 목적으로 시행되는 공적 프로젝트이다. 위(Wee) 프로젝트는 학교, 교육청, 지역사회가 연계하여 학생들의 건강하고 즐거운 학교생활을 지원하는 통합지원 서비스 망으로, 학교에는 위(Wee) 클래스, 교육지원청에는 위(Wee) 센터, 교육청에는 위(Wee) 스쿨 등이 있다. 또한 가정의 문제로 인해 학업을 유지하기 어려운 학생들을 위한 가정형 위(Wee) 센터, 고(高) 위기학생의 보다 심층적인 지원을 위한 병원형 위(Wee) 센터가 운영 중이다. 위(Wee) 센터는 교육지원청 소속 기관으로, 지역 내 인적·물적 자원을 연계하여 학생심리평가-상담-치유를 위한 원스톱(one-stop) 서비스를 제공하고 있다. 지원내용으로는 개인상담, 집단상담, 온라인상담, 심리검사, 학교폭력관련 자문과 학교폭력 예방교육 등이 있다. 교육청 소속의 위(Wee) 스쿨은 학업 중단 위기 학생, 정서적·사회적 어려움을 겪는 학생을 대상으로 한 기숙형 위탁교육 기관이다. 위(Wee) 스쿨에서는 학업 중단 위기 학생들이나 사회적응이 어려운 학생들을 위탁하여 교과교육, 상담활동, 진로직업교육, 사회적응 프로그램 등을 제공하고 있다.

위(Wee) 센터나 위(Wee) 스쿨은 학생이나 학부모가 직접 신청하거나 학교를 통해 신청하여 이용할 수 있다. 학교의 정식적 의뢰 절차를 통한다면, 이용하는 기간에 대해 출석이 인정될 수 있다. 학교에서는 학교폭력 조치 완료 후, 학교생활에 적응하지 못하는 학생들을 위해 위(Wee) 센터에 상담 및 치료를 의뢰할 수 있다. 위(Wee) 센터에서는 의뢰된 학생에 대해 학생의 문제와 유형을 검토하여 필요한 맞춤형 서비스를 제공한다. 피해학생에게는 상담과 함께 자존감 향상 교육, 집단따돌림 예방교육, 사회적응기술 향상 프로그램 등을 제공하고 가해학생에게는 분노조절, 충동조절, 갈등 관리 훈련 등의 프로그램과 맞춤형 상담 서비스를 제공한다.

2) 청소년상담복지센터

청소년상담복지센터는 전국에 약 240여 곳이 운영되고 있으며, 청소년들의 심리적·정서적 문제나 위기 상황에 대해 전문적인 상담과 서비스를 제공한다. 개인상담, 집단상담, 심리검사 등을 통해 다양한 방식으로 도움을 주며, 지역 내 활용 가능한 자원을 연계하여 어려움을 겪는 청소년들에게 원스톱 서비스를 제공하는 역할을 한다.

학교폭력과 관련해서는 찾아가는 예방교육, 학교폭력 인식 개선을 위한 활동과 함께 피해학생의 심리 회복과 가해학생 선도를 위한 상담 프로그램을 운영하고 있다. 청소년상담복지센터에서는 학교폭력 가해학생을 위한 특별교육 프로그램도 운영하고 있는데, 프로그램을 통해 행동 개선과 재발 방지를 돕는다. 프로그램은 감정조절 훈련, 공감능력

향상 교육, 대인관계 개선 활동 등이 있으며 긍정적인 변화를 이끌어 낼 수 있도록 전문
상담사가 지도한다.

또한, 청소년상담복지센터의 1388 청소년지원단은 지역 내 다양한 기관과 협력해 위
기 청소년을 조기에 발견하고 긴급구조, 상담, 의료 지원 등을 제공하기도 하는데, 위기
청소년을 대상으로 즉각적인 구조 활동을 펼치며, 안전이 확보될 때까지 일시보호를 제
공한다.

청소년상담복지센터는 누구나 쉽게 이용할 수 있다. 전화 상담은 1388로 연락하면 24시
간 도움을 받을 수 있으며, 온라인 상담은 청소년상담 1388 홈페이지를 통해 채팅과 게
시판을 이용하면 된다. 가까운 청소년상담복지센터를 방문해 대면 상담도 가능하며, 필
요시 상담사가 학교나 지역으로 찾아가는 서비스도 운영 중이다.

3) 지역정신건강복지센터

지역정신건강복지센터는 정신건강 문제를 겪는 사람들에게 체계적인 상담과 지원을
제공하는 공공기관이다. 지역정신건강복지센터는 청소년의 정신건강을 위해 개별상담,
집단 프로그램, 정신건강교육, 사회적응훈련, 가족지원 프로그램 등을 진행한다. 학교폭
력 피해학생과 가해학생을 대상으로도 이들의 심리적 회복과 재발 방지를 돕기 위해 다
양한 프로그램을 운영하고 있다. 학교폭력 피해학생은 심리적 충격, 불안, 우울감, 학업
부진 등 여러 어려움을 겪을 수 있다. 이를 위해 지역정신건강복지센터에서는 1:1 심리
상담을 통해 학생의 트라우마를 진단하고 회복을 지원한다. 또한 정서 지원 프로그램과
스트레스 관리 교육을 통해 건강한 자아를 회복하고 정신적 안정을 찾을 수 있도록 돕고
있다. 가해학생에게도 폭력적 행동의 심리적 원인을 파악하고 교정적 개입을 통해 재발
방지를 위한 상담과 교육을 제공한다.

학교폭력으로 어려움을 겪고 있는 학생이나 학부모는 다양한 방법을 통해 지역정신
건강복지센터의 도움을 받을 수 있다. 먼저, 학교를 통한 연계가 가능하다. 학생 본인이
나 보호자가 직접 정신건강복지센터에 방문하거나 전화로 상담을 신청할 수도 있다. 정
신건강에 대한 위급 상황이 발생한 경우, 정신건강위기 상담전화 1577-0199로 연락하면

24시간 지원을 받을 수 있다. 일부 지역에서는 온라인 정신건강 상담도 가능하다. 온라인 플랫폼을 통해 상담을 신청하거나 정신건강에 대한 정보를 확인할 수 있다.

4) 청소년꿈키움센터

청소년꿈키움센터는 법무부가 운영하는 청소년비행예방센터로 비행청소년 및 학교폭력 가해학생을 포함한 다양한 위기 청소년들을 돕기 위해 설립되었다. 청소년꿈키움센터는 초기비행청소년이나 학교폭력 가해학생들에게 처벌보다는 교육의 기회를 주어 건강한 청소년으로 성장할 수 있도록 지도하고 있다. 각 지역의 청소년꿈키움센터에서는 학교나 검찰, 법원에서 의뢰한 위기청소년이나 비행청소년을 대상으로 학교폭력 예방교육, 법 체험교육, 보호자교육, 심리치료 등 맞춤형 프로그램을 운영하고 있다.

청소년꿈키움센터는 전국 각지에서 운영 중이며, 지역별 센터에 전화나 방문 예약을 통해 프로그램 참여가 가능하다. 해당 서비스는 무료로 제공되며, 학교와 연계하거나 보호자의 신청으로도 이용할 수 있다.

5) 해맑음센터

해맑음센터는 학교폭력 피해학생들을 위한 기숙형 종합지원센터로, 교육부의 지원을 받아 (사)학교폭력피해자가족협의회가 운영하고 있다. 이 센터는 학교폭력으로 어려움을 겪는 학생들에게 심리 · 예술 치유 프로그램과 대안교육형 위탁 프로그램을 제공하여 학생들의 자신감 회복과 미래 설계를 돕고 있다. 해맑음센터의 대안교육형 위탁 프로그램은 장기, 중기, 단기로 나뉘어 운영되는데, 장기 프로그램은 최대 1년간 진행되며, 학생들이 학업을 지속하면서 심리적 안정과 회복을 도모할 수 있도록 지원한다. 중기 프로그램은 수개월 동안 집중적인 교육과 심리적 치유에 초점을 맞춰 운영된다. 단기 프로그램은 약 2주간 운영되며, 단기간의 집중적 상담과 치유를 목표로 한다. 해맑음센터에 입교한 학생들은 주중에 기숙사에서 생활하며 다양한 교육과 치유 프로그램에 참여하게 된다. 입교를 희망하는 학생은 소속 학교 또는 시 · 도교육청을 통해 신청할 수 있으며 위탁 비용은 무료이다.

6) 푸른나무재단(청소년폭력예방재단)

푸른나무재단은 1995년에 설립된 비영리 시민사회단체로, 학교폭력 예방과 피해학생들의 치유를 위해 다양한 활동을 펼치고 있다. 이 단체는 전국학교폭력상담전화(1588-9128)를 운영하며, 학교폭력으로 어려움을 겪는 피해학생과 가족에게 전문적인 상담과 실질적인 지원을 제공하고 있다. 또한 푸른나무재단은 학생, 교사, 학부모를 대상으로 학교폭력 예방교육을 실시해 건강한 학교 문화를 조성하고, 청소년이 올바른 디지털 문화를 형성할 수 있도록 디지털 시민교육에도 힘쓰고 있다.

푸른나무재단의 대표적인 프로그램 중 하나는 학교폭력 화해 및 분쟁조정 프로그램이다. 이 프로그램은 피해학생과 가해학생 간의 갈등을 해결하고 서로의 관계를 회복하도록 돕기 위해 갈등 조정 전문가가 중립적인 입장에서 피해학생과 가해학생의 이야기에 귀를 기울이고 함께 문제를 해결하도록 이끌어 간다. 이 프로그램은 단순히 학교폭력 문제를 해결하는 데 그치지 않고 피해학생의 심리적 안정을 도모하며, 가해학생의 반성과 변화를 유도해 재발 방지와 관계 회복을 목표로 한다. 이를 위해 조정 회의와 관계 회복 워크숍, 심층 상담 및 심리치료를 병행해 갈등 당사자 간 신뢰를 회복하도록 돕고 있다. 이 외에 푸른나무재단은 비폭력 문화 확산을 위한 다양한 캠페인과 서명 운동을 통해 인식 개선에도 앞장서고 있으며 학교폭력 실태조사를 통해 학교폭력 관련 정책을 제안하는 연구 활동도 진행하고 있다.

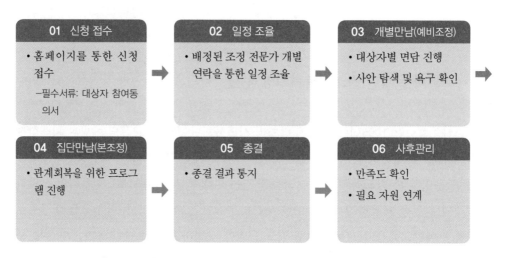

[그림 11-1] 푸른나무재단 화해조정단의 관계회복 프로그램 지원

※ 출처: 푸른나무재단(https://btf.or.kr).

강의 요약

1. 학교폭력은 피해학생과 가해학생뿐만 아니라 주변 공동체에도 큰 영향을 미치므로, 사건이 종 결된 후에도 지속적인 상담 지원이 필요하다. 상담은 심리적 치유와 재발 방지, 관계 회복, 학 교문화 개선을 목표로 해야 한다. 상담을 통해 교사는 피해학생은 상처를 회복하고 학교생활에 잘 적응할 수 있도록, 가해학생은 자신의 행동을 성찰하고 개선할 수 있도록 지도해야 한다.

2. 학교는 학교폭력 사후방안으로 학교폭력 재발 방지를 위한 교육적 차원에서 피해학생에게는 심리적 안정과 자존감 회복, 대인관계 기술을 지원하고, 가해학생에게는 공감능력, 감정조절, 문제해결 능력을 강화하는 맞춤형 교육 프로그램을 제공해야 한다. 또한 학부모와 교사 대상 의 예방 및 대응 교육과 연수를 통해 학교폭력에 효과적으로 대처할 수 있는 체계를 마련해야 한다.

3. 학교폭력 사안 해결 후에도 피해학생과 가해학생의 안정적인 학교생활을 위해 심리치료와 상 담 등 사후관리가 필요하다. 이를 위해 학교는 상담과 맞춤형 교육 프로그램 지원에 더하여 지역사회의 심리상담, 의료서비스, 법률적 지원 등을 제공하는 외부기관과 협력 체계를 구축 해야 한다.

수업활동

1. 내가 담당하는 학급에서 심각한 사이버폭력(지속적 언어폭력) 문제가 발생하였다고 가정하고, 재발 방지 차원에서 학부모 교육 자료로 활용할 가정통신문을 작성해 보자. 안내문에는 사이버 폭력의 예방과 대응 방법을 구체적으로 포함하고, 학부모들이 가정에서 실천할 수 있는 구체적 인 방안을 중심으로 작성해 보자.

🌱 참고문헌

강승호, 민미자(2002). 집단 따돌림을 당하는 학생과 주도하는 학생 및 일반학생의 성격특성과 감성지능 비교연구. 교육학연구, 40(2), 143-168.

강윤형, 고복자, 곽영주, 김붕년, 김영덕, 김제원, 김태숙, 민혜영, 서동수, 안동현, 이소영, 이영식 (2010). 학교위기개입. 서울: 학지사.

강지현, 정연주(2020). 학업중단과 비행: 학업중단 전후 비행변화의 유형 구분 및 특성을 중심으로. 치안정책연구, 34(2), 163-204.

강진령(2022). 학생 생활지도와 상담. 서울: 학지사.

강진령, 유형근(2000). 집단괴롭힘. 서울: 학지사.

고경은, 이수림(2015). 학교폭력 가해피해 중복경험 중학생의 특성 및 학교생활적응에 영향을 미치는 요인 연구: 학교폭력 유형별 집단비교를 중심으로. 청소년상담연구, 23(1), 1-28.

곽금주, 문은영(1993). 청소년의 심리적 특징 및 우울과 비행간의 관계. 한국심리학회지: 발달, 6(2), 29-43.

곽영길(2007). 학교폭력 피해에 대한 인식과 경험에 관한 연구: 서울시 고등학생을 중심으로. 동국대학교 박사학위논문.

곽영숙, 권용실, 김완두, 김윤희(2024). 아동과 청소년을 위한 마음챙김 워크북: 마음챙김 기술지도를 위한 154가지 도구. 서울: 학지사.

관계부처 합동(2016). 학교폭력예방 및 대책 2016년도 시행계획. 교육부.

관계부처 합동(2022). 학교폭력 근절 종합대책. 교육부.

교육부(2012). 학교폭력 사안처리 가이드북.

교육부(2013). 2013년 2차 학교폭력 실태조사 및 정보공시 분석결과 발표 보도자료.

교육부(2015). 1차 학교폭력 실태조사 결과 발표 보도자료.

교육부(2016). 1차 학교폭력 실태조사 결과 발표 보도자료.

교육부(2017). 1차 학교폭력 실태조사 결과 발표 보도자료.

교육부(2018). 1차 학교폭력 실태조사 결과 발표 보도자료.

교육부(2019). 1차 학교폭력 실태조사 결과 발표 보도자료.

교육부(2020). 1차 학교폭력 실태조사 결과 발표 보도자료.

교육부(2020~2024). 제4차 학교폭력 예방 및 대책 기본 계획안.

교육부(2021). 1차 학교폭력 실태조사 결과 발표 보도자료.

교육부(2022). 1차 학교폭력 실태조사 결과 발표 보도자료.

교육부(2023a). 학교폭력 실태조사 보고서.

교육부(2023b). 1차 학교폭력 실태조사 결과 발표 보도자료.

교육부(2023c). 학교폭력 근절 종합대책.

교육부(2024a). 학교폭력 사안처리 가이드북.

교육부(2024b). 1차 학교폭력 실태조사 결과 발표 보도자료.

교육부, 푸른나무재단(2020). 학교폭력 관계회복 프로그램 안내서. 교육부.

구희주(2022). 청소년의 학교폭력 인식에 영향을 미치는 요인. 경기대학교 석사학위논문.

김가은(2019). 청소년의 학교폭력 가해-피해 중첩성에 대한 경로분석. 동국대학교 박사학위논문.

김경숙(2003). 아동의 정서지능과 스트레스 통제감 및 대처행동과의 관계. 홍익대학교 박사학위
    논문.

김광수(2009). 용서상담 프로그램: 아동 및 청소년의 또래 대인관계 문제 개선과 정서능력 개발을 중심
    으로. 서울: 학지사.

김만태(2012). 우리나라 중학교의 상・벌점 운영에 대한 문제점과 개선방안: 서울특별시 소재 중
    학교 교사 및 학생을 중심으로. 국민대학교 석사학위논문.

김명은(2022). 학교폭력 예방을 위한 음악극 창작 프로그램 연구: 사회정서학습(SEL)을 적용하
    여. 연세대학교 석사학위논문.

김미영(2014). 청소년기 사적 자의식과 우울과의 관계에서 정체성 혼미의 매개 효과. 청소년학연
    구, 21(3), 141-169.

김범수(2009). 학교폭력의 실태와 예방대책에 관한 연구. 한남대학교 박사학위논문.

김붕년, 김봉석, 윤미원, 최치현, 안영신, 이호동(2019). 공격성 및 분노조절 프로그램. 서울: 학지사.

김선녀(2019). 사회적 자본이 청소년 비행 유형에 미치는 영향: 광주, 순천시 보호관찰 청소년을
    중심으로. 교정복지연구, 63, 31-60.

김선주, 김영희(2012). 부모와 또래애착, 신체상이 청소년의 폭력비행에 미치는 영향. 소년보호연

구, 20, 37-58.

김소녕, 현녕호(2004). 가성폭력이 십단괴롭힘 행동에 미치는 영향: 사회인지와 정서조절을 중심으로. 한국심리학회지: 임상, 23(1), 17-31.

김슬아, 김인향, 최재원, 임재인, 김붕년(2017). 학교폭력 가해 청소년 대상 인지행동치료기반 프로그램의 효과. 신경정신의학, 56(3), 118-126.

김원영(2017). 학교폭력 가해행동 관련변인에 대한 메타분석. 경북대학교 박사학위논문.

김원영, 윤하나, 김경식(2023). 부모양육태도가 학교폭력 가해행동에 미치는 영향: 과보호양육, 자아탄력성, 우울, 공격성과 학교폭력가해의 구조적 관계. 중등교육연구, 71(4), 637-668.

김윤경(2020). 사회정서학습 이론과 실제. 경기: 다봄교육.

김은정(2019). 청소년 자녀의 건강한 경계선 형성과 분리-개별화를 위한 부모의 역할. 학부모연구, 6(3), 1-19.

김은희(2019). 진로상담프로그램이 학교폭력 피해중학생의 회복탄력성과 진로결정자기효능감에 미치는 효과. 진로교육연구, 29(4), 111-133.

김재엽(1998). 한국 가정폭력 실태와 사회계층 변인과의 관계 연구. 한국사회복지학, 35, 133-155.

김재엽, 송아영, 이지혜(2008). 청소년의 학교폭력피해경험이 인터넷게임중독에 미치는 영향. 정신보건과 사회산업, 29, 150-176.

김재엽, 정윤경(2007). 학교폭력피해경험이 우울에 미치는 영향에서 가족요인의 조절효과. 한국가족복지학, 19, 5-28.

김정옥(2009). 초등학교 집단따돌림 학생들의 경험정도가 자기존중감 및 학교생활 적응과의 관계. 창원대학교 석사학위논문.

김주환(2019). 회복적 탄력성: 시련을 행운으로 바꾸는 마음 근력의 힘. 서울: 위즈덤하우스.

김주희(2005). 학교폭력 가해, 피해, 가피해 유형과 정서 행동문제 및 사회능력의 관계. 숙명여자대학교 석사학위논문.

김지현, 박경자(2009). 아동의 성과 공격성 유형에 따른 사회정보처리과정: 해석단계와 반응결정단계를 중심으로. 대한가정학회지, 47(1), 105-113.

김천기(2021). 학교폭력, 그 새로운 이야기: 학교폭력예방과 학생의 이해. 서울: 학지사.

김춘경, 박지현, 손은희, 송현정, 안은미, 유지영, 이세나, 전은주, 조민규, 한은수(2015). 청소년 집단상담 프로그램. 서울: 학지사.

김하람(2016). 학교폭력 예방을 위한 미술·도덕과 통합수업 프로그램 연구: 중학교 1학년 포스터 제작 수업을 중심으로. 이화여자대학교 석사학위논문.

김현경(1996). 학교관련요인이 청소년폭력에 미치는 영향. 중앙대학교 석사학위논문.

김혜원(2014). 청소년 학교폭력: 이해 예방 개입을 위한 지침서. 서울: 학지사.

김희진, 이호정, 신혜민, 이창배(2023). 부모의 양육태도와 청소년 비행: 사이버비행과 현실비행의 비교. 사회과학연구, 30(3), 133-151.

나희정(2013). 청소년의 학교폭력피해경험과 대처행동과의 관계에서 자기조절능력과 가족건강성의 조절효과. 경북대학교 석사학위논문.

남재봉(2011). 청소년 비행의 유형별 관련요인. 사회과학연구, 28(2), 1-23.

도기봉(2008). 학교폭력에 영향을 미치는 공격성과 생태체계요인의 상호작용효과. 청소년복지연구, 10(2), 73-92.

두경희, 김계현, 정여주(2012). 사이버폭력 연구의 동향과 과제: 사이버 폭력의 정의 및 유형을 중심으로. 상담학연구, 13(4), 1581-1607.

문용린, 김준호, 임영식, 곽금주, 최지영, 박병식, 박효정, 이규미, 정규원, 김충식, 이정희, 신순갑, 태원, 장현우, 박종효, 장맹배, 강주현, 이유미, 이주연, 박명진(2006). 학교 폭력예방과 상담. 서울: 학지사.

문용린, 최지영, 백수현, 김영주(2007). 학교폭력의 발생과정에 대한 남녀 차이 분석: 피해자 상담사례분석을 중심으로. 교육심리학회, 21(3), 703-722.

민승도(2002). 집단따돌림에 대한 초등학교 구성원들의 인식 및 경험유형별 인식 차이. 창원대학교 석사학위논문.

박민철(1999). 공격성의 정신분석개념. 정신분석, 10(1), 3-15.

박영신, 김의철(2001). 학교폭력과 인간관계 및 청소년의 심리 행동특성: 폭력가해, 폭력피해, 폭력무경험 집단의 비교를 중심으로. 한국심리학회지: 사회문제, 7(1), 63-89.

박종철(2019). 교실평화프로젝트. 서울: 양철북.

박종효(2007). 집단따돌림에 대한 이해. 한국청소년연구, 18(1), 247-272.

박혜숙, 김양곤(2014). 한국 청소년의 정서, 가정, 또래 및 학교환경 특성이 비행에 미치는 영향 탐색. 한국심리학회지: 사회 및 성격, 28(2), 119-143.

성태훈(2023). 등교거부 심리치료: 하루 여섯 번의 인사. 서울: 학지사.

송명자(1996). 발달심리학. 서울: 학지사.

송선희, 김항중, 박미진, 이현주(2017). 생활지도와 학교폭력의 이해. 서울: 학지사.

송재홍, 김광수, 박성희, 안이환, 한국초등상담교육학회(2013). 학교폭력의 예방 및 대책. 서울: 학지사.

송혜리(2010). 청소년의 집단따돌림 경험 및 자아탄력성, 학교생활적응과의 관계. 성균관대학교 석사학위논문.

신우열, 최민아, 김주환(2009). 회복탄력성의 세 가지 요인이 청소년의 온라인게임 중독 성향에 미치는 영향. 사이버커뮤니케이션 학보, 26(3), 43-81.

양계민, 정현희(1999). 학교폭력이 청소년의 심리적 적응에 미치는 영향: 가해자, 피해자, 일반학생의 비교를 중심으로. 한국심리학회지: 사회문제, 5(2), 91-104.

양영미, 홍송이(2018). 부모 자녀 간 의사소통과 청소년 자녀의 우울 및 자아탄력성의 관계. 학부모연구, 5(1), 77-95.

오승환(2007). 청소년의 집단괴롭힘 관련 경험에 영향을 미치는 생태체계적 요인분석. 한국정신건강사회복지학회, 25(4), 74-98.

오윤선(2012). 청소년이 지각한 부모 양육태도가 청소년 분노 및 학교폭력에 미치는 영향. 청소년시설환경, 10(3), 91-104.

오인수, 이승연, 이미진(2013). 학교폭력 가해, 피해학생을 위한 교육적 개입에 관한 연구(1). 이화여자대학교 학교폭력예방연구소.

오인수, 이승연, 이미진(2015). 학교폭력 가해, 피해학생을 위한 교육적 개입에 관한 연구(Ⅲ): 도담도담 프로그램 효과성 검증. 이화여자대학교 학교폭력예방연구소.

유형근, 정연홍, 남순임, 노인화, 박선하, 이필주(2019). 학교폭력 예방 및 학생의 이해. 서울: 학지사.

유화영(2017). 학교폭력 가해학생의 자기효능감, 분노조절, 공감능력 증진을 위한 집단상담 프로그램의 효과 연구. 대구대학교 박사학위논문.

이규미, 지승희, 오인수, 송미경, 장재홍, 정제영, 조용선, 이정윤, 이은경, 고경희, 오혜영, 이유미, 김승혜, 최희영(2022). 학교폭력 예방의 이론과 실제. 서울: 학지사.

이동형, 이승연, 신현숙(2011). 괴롭힘의 예방과 개입. 서울: 학지사.

이동훈(2013). 주의력결핍 과잉행동장애, 반항장애, 품행장애와 상담. 이동훈, 고영건, 권해수, 김동일, 김명권, 김명식, 김진영, 박상규, 서영석, 송미경, 양난미, 양명숙, 유영달, 이동혁, 이수진, 조옥경, 최수미, 최의헌, 최태산 공저. 정신건강과 상담(pp. 355-408). 서울: 학지사.

이미리, 김춘경, 여종일(2019). 청소년 심리 및 상담. 서울: 학지사.

이미영(2020). 학교폭력 예방 집단미술치료가 초등학교 저학년 학생의 공감능력과 또래관계의 질 향상에 미치는 효과. 이화여자대학교 석사학위논문.

이보경(2020). 트라이앵글의 심리. 서울: 양철북.

이상문(2020). 비행 친구 유형이 비행 유형에 미치는 영향. 한국공안행정학회보, 29(4), 127-164.

이상신, 유병국, 김양태, 김희숙(2007). 안와전두피질의 기능. 생물치료정신의학, 13(1), 36-44.

이소라(2016). 학교폭력의 실태, 원인, 예방방안에 대한 초·중·고등학교 학생, 학부모, 교사 인식의 비교분석: 학생의 경험을 중심으로. 서강대학교 석사학위논문.

이시형(1997). 학교폭력 실태와 그 예방. 대한의사협회지, 40(10), 1268-1273.

이유진(2014). 청소년문제와 보호. 청소년정책연구원 편. 청소년학개론(pp. 447-480). 경기: 교육과학사.

이은경, 이양희(2006). 아동용 정서경험척도의 신뢰도 및 타당도 검증 : 긍정적 정서와 부정적 정서를 중심으로. 한국심리학회지: 발달, 19(4), 93-115.

이은주(2004). 집단괴롭힘과 자아존중감의 관계에 대한 단기종단적 연구. 청소년학연구, 11(1), 141-165.

이은희(2009). 학교요인과 학교폭력피해경험이 중학생의 등교공포와 교내폭력 심각성 인식에 미치는 영향연구. 한국청소년연구, 20(3), 281-304.

이정숙, 권영란, 김수진(2007). 청소년의 집단따돌림 피해와 우울이 자살사고에 미치는 영향. 정신간호학회지, 16(1), 32-40.

이정연, 박미희, 소미영, 안수현(2020). 코로나19와 교육: 학교 구성원의 생활과 인식을 중심으로. 경기도 교육연구원 이슈페이퍼(2020-08).

이종복(1997). 청소년들의 학교폭력 실태와 대책. 평택대학교 논문집, 9(2), 135-156.

이준복(2022). 디지털 성범죄 근절을 위한 N번방 방지법의 한계점 및 개선방향에 관한 연구. 경찰학연구, 22(1), 159-186.

이진영(2019). 사춘기들을 위한 감정놀이 수업 1, 2, 3: 말썽 끝, 공감시작. 서울: 학지사.

이춘재(1999). 학교폭력에 대한 심리학적 접근. 학교폭력의 학술적, 사회적 대안. 1999년 한국심리학회 심포지엄 논문집.

이춘재, 곽금주(2000). 집단따돌림 경험 유형에 따른 자기개념과 사회적지지. 한국심리학회지: 발달, 13(1), 65-80.

이해경, 신현숙, 이경성(2004). 청소년 자기보고형 문제행동평가척도의 개발: 신뢰도와 타당도의 검증. 한국심리학회지: 발달, 17(1), 147-170.

이현림, 김말선, 박춘자(2012). 학교폭력상담의 이론과 실제. 서울: 한국학술정보(주).

이형순(2023). 초등학교 교과융합 기반 학교폭력예방 프로그램 효과성 분석. 가천대학교 박사학위논문.

이혜정, 송병국(2015). 한나 아렌트의 '악의 평범성'을 통한 학교폭력의 본질 탐색. 교육철학, 55,

99-125.

이화조, 이정애(2023). 청소년의 문제행동 유형과 학업태도와의 관계. 사회복지 실천과 연구, 20(3), 107-134.

이효정(2015). 중학생의 사이버폭력 가해행동 감소를 위한 집단상담 프로그램 개발. 한국교원대학교 석사학위논문.

임경란(2019). 아동기 정서적외상 경험과 자아탄력성이 청소년의 공격성에 미치는 영향: 또래애착의 조절된 매개효과. 청소년학연구, 26(5), 251-276.

임성택(2001). 청소년의 규범적 문제행동과 관련요인에 관한 연구. 한국청소년개발원 연구보고 (01-R17).

임성택, 이금주, 홍송이(2023). 학교학습을 위한 교육심리학. 서울: 박영스토리.

임영식, 한상철(2000). 청소년 심리의 이해. 서울: 학문사.

장덕희(2004). 가정폭력 경험특성에 따른 자녀의 정서적, 행동적, 사회적 부적응에 관한 연구. 한국청소년학회, 11(3), 65-91.

장석문, 최우성(2022). 올어바웃 학폭: 교사와 학부모가 알아야 할 학교폭력의 모든 것. 서울: 가치창조.

장희숙(2003). 아내폭력가정 자녀의 적응에 영향을 미치는 요인들: 쉼터 거주 아동을 중심으로. 한국사회복지학회, 55(1), 255-281.

정명화, 강승희, 김윤옥, 박성미, 신경숙, 신경일, 임은경, 허승희, 황희숙(2005). 정서와 교육. 서울: 학지사.

정미경(2007). 학교폭력 예방교육을 위한 초등학교 도덕과 교육과정 및 교과서 분석. 교육과학연구, 38(1), 143-164.

정여주, 선혜연, 신윤정, 이지연, 오정희, 김옥미, 윤서연, 박은경(2024). 학교폭력예방 및 학생의 이해. 서울: 학지사.

정옥분(2015). 청년발달의 이해. 서울: 학지사.

정옥분, 곽경화(2002). 청소년기, 성년기, 중년기의 배려지향적 도덕성에 관한 연구. 인간발달연구, 9(2), 1-15.

정우식(1986). 청소년 문제, 그 실상과 대책. 서울: 삼성출판사.

정유진(2009). 집단따돌림이 아동의 자아존중감과 학교 생활적응에 미치는 영향. 건국대학교 석사학위논문.

정윤주(2010). 청소년 초기의 신체상 태도와 관련 변인들 간의 관계. 대한가정학회지, 48(5), 103-117.

정일환, 주동범, 문수백, 류영숙, 조태윤, 정현숙, 전경숙(2024). 학교폭력 예방 및 학생의 이해. 서울: 학지사.

정종진(2012). 학교폭력 상담 05: 이론과 실제 편. 서울: 학지사.

정종진(2013). 학교폭력의 개념. 송재홍, 김광수, 박성희, 안이환, 오익수, 은혁기, 정종진, 조붕환, 홍종관, 황매향 공저. 학교폭력의 예방 및 대책(pp. 51-86). 서울: 학지사.

조아미(2014). 청소년발달과 심리. 청소년정책연구원 편. 청소년학개론(pp. 135-159). 서울: 교육과학사.

조정실, 차명호(2010). 폭력 없는 평화로운 학교 만들기: 학교폭력, 화해로 이끄는 절차와 대처기술 가이드북. 서울: 학지사.

채선기(2023). 마음활동 집단상담프로그램: 어울림, 뻔뻔학애. 서울: 학지사.

천성문, 함경애, 최희숙, 정봉희, 김은아, 박은아(2016). 위기청소년을 위한 집단상담 프로그램. 서울: 학지사.

청소년폭력예방재단(2024). 2023 전국 학교폭력, 사이버 실태조사.

최영임, 임정섭, 김교헌(2018). 애착 및 갈등조절능력이 대학생의 공격성에 미치는 영향: 적대적 해석편향의 매개효과. 청소년학 연구, 25(7), 1-31.

최윤진(2008). 청소년 호칭의 역사에 관한 연구. 청소년학연구, 15(7), 369-386.

최주은(2019). 초등학교 고학년의 SNS 기반 언어폭력 예방을 위한 집단상담 프로그램 개발. 한국교원대학교 석사학위논문.

최준혁(2021). 청소년성보호법 개정을 통한 그루밍처벌에서의 쟁점. 비교형사법연구, 23(2), 177-208.

최지영, 김재철(2016). 청소년의 오프라인 비행과 온라인 비행의 발달궤적유형 및 영향요인 탐색. 아동교육, 25(1), 49-67.

최지윤(2009). 청소년의 또래괴롭힘 피해경험이 우울증상에 미치는 영향에서 정서조절 양식의 중재효과. 숙명여자대학교 석사학위논문.

최현석(2011). 인간의 모든 감정. 서울: 서해문집.

최효진(2006). 청소년의 학교폭력 가해, 피해성향에 영향을 미치는 요인에 대한 연구. 동덕여자대학교 석사학위논문.

학교폭력예방연구소(2017). 학교폭력 영역별 실태 분석 및 대안 탐색(II): 장애학생의 학교 폭력 경험분석 및 효과적 개입방안. 이화여자대학교 학교폭력예방연구소 연구보고서(PR 2017-5차-03).

학교폭력예방연구소(2018). 학교폭력 영역별 실태 분석 및 대안 탐색(Ⅲ): 다문화학생의 학교폭력 경험분석 및 효과적 개입방안. 이화여자대학교 학교폭력예방연구소 연구보고서(PR 2018-6차-03).

학생정신건강지원센터(2024). 학생정서·행동검사특성개요. https://www.smhrc.kr/business/emotiveTest2

한국청소년정책연구원(2016). 청소년심리학. 서울: 교육과학사.

한국청소년정책연구원(2022). 아동 청소년 대상 디지털 성범죄 현황 및 대응방안연구.

한국청소년정책연구원 학교폭력예방연구지원센터(2024). https://www.stopbullying.re.kr

한영주, 채선기, 김수진, 최정호(2017). 십오통활 집단상담 프로그램. 서울: 학지사.

한유경, 김성기, 박정희, 박주형, 선미숙, 오인수, 윤미선, 이언조, 이윤희, 이지은, 전수민, 정제영, 황혜영(2018). 학교폭력예방 및 학생의 이해. 서울: 학지사.

허성호, 박준성, 정태연(2009). 집단따돌림이 피해청소년의 자아에 미치는 영향에 관한 종단연구. 한국청소년연구, 20(4), 279-299.

현지환(2015). 자아존중감 향상 프로그램이 중학교 3학년 남학생의 자아존중감 향상, 우울감소 및 자살생각 감소에 미치는 효과. 영남대학교 석사학위논문.

홍윤철(2022). 호모 커먼스: 유전자에서 디지털까지 인류 빅 히스토리를 통한 공간의 미래. 서울: 포르체.

홍현미, 정영은(2018). 청소년에서 집단따돌림과 우울증. *Mood and Emotion, 16*(2), 51-56.

Akers, R. L., & Seller, C. S. (2011). 범죄학 이론[*Criminological theories: Introduction, evaluation, and application*]. (민수홍, 박기석, 박강우, 기광도, 전영실, 최병각 역). 서울: 나남. (원저는 2009년 출간).

American Psychiatry Association (2015). 정신질환의 진단 및 통계편람(제5판)[*Diagnostic and statistical manual of mental disorders: DSM-5*]. (권준수, 김재진, 남궁기, 박원명, 신민섭, 유범희, 윤진상, 이상익, 이승환, 이영식, 이헌정, 임효덕 역). 서울: 학지사. (원저는 2013년 출간).

Anderson, C. A., & Bushman, B. J. (2007). The effect of videogame violence on physiological desensitization to real-life violence. *Journal of Experimental Social Psychology, 43*(3), 489-496.

Anderson, C. A., & Dill, K. E. (2000). Video games and aggressive thoughts, feelings and behavior in the laboratory and in life. *Journal of Personality and Social Psychology, 78*(4), 772-790.

Arnett, J. J. (2000). Emerging adulthood: A theory of development from the late teens through the twenties. *American Psychologist, 55*(5), 469–480.

Arnett, J. J. (2018). 인간발달: 문화적 접근[*Human development: A cultural approach,* 2nd ed.]. (정영숙, 박영신, 정명숙, 안정신, 노수림 역). 서울: 시그마프레스. (원저는 2016년 출간).

Aronson, E., Wilson, T. D., & Akert, R. M. (2013). *Social psychology: The heart and the mind.* Harper Collins College Publishers.

Austin, S., & Joseph, S. (1996). Assessment of bully/victim problems in 8 to 11 year olds. *British Journal of Educational Psychology, 66*(4), 447–456.

Baldry, A. C., & Winkel, F. W. (2003). Direct and vicarious victimization at school and at home as risk factors for suicidal cognition among Italian adolescents. *Journal of Adolescence, 26*(6), 703–716.

Bandura, A. (1973). *Aggression: A social learning analysis.* Prentice Hall.

Bandura, A. (1997). *Self-efficacy: The exercise of control.* W. H. Freeman.

Bandura, A. (2002). Selective moral disengagement in the exercise of moral agency. *Journal of Moral Education, 31*(2), 101–119.

Bandura, A. (2006). Adolescent development from an agentic perspective. In T. Urdan & F. Pajares (Eds.), *Self-efficacy beliefs of adolescents* (pp. 1–43). IAP.

Bandura, A., Ross, D., & Ross, S. A. (1963). Imitation of film-meditated aggressive models. *The Journal of Abnormal and Social Psychology, 66*(1), 3–11.

Becker, H. S.(1963). *Outsiders: Studies in the sociology of deviance.* The Free Press.

Berger, K. S. (2007). Update on bullying at school: Science forgotten? *Developmental Review, 27*(1), 90–126.

Black, D. (2021). *6 seeds of despair: The causes of antisocial personality disorder.* Oxford Academic.

Bowers, L., Smith, P. K., & Binney, V. (1992). Perceived family relationships of bullies, victims and bully victims in middle childhood. *Journal of Social and Personal Relationships, 11*(2), 215–232.

Bowker, J. C. W., Rubin, K. H., Burgess, K. B., Booth-LaForce, C., & Rose-Krasnor, L. (2006). Behavioral characteristics associated with stable and fluid best friendship patterns in middle childhood. *Merrill-Palmer Quarterly, 52*(4), 671–693.

Brendgen, M., Vitaro, F., Tremblay, R. E., & Lavoie, F. (2001). Reactive and proactive aggression: Predictions to physical violence in different contexts and moderating effects of parental monitoring and caregiving behavior. *Journal of Abnormal Child Psychology, 29*(4), 293-304.

Brewer, D. D., Hawkins, J. D., Catalano, R. F., & Neckerman, H. J. (1995). *Preventing serious, violent, and chronic juvenile offending: A review of evaluations of selected strategies in childhood, adolescence, and the community.* Sage.

Bronfenbrenner, U. (1979). *The ecology of human development.* Harvard University Press.

Bronfenbrenner, U. (1994). Ecological models of human development. *International Encyclopedia of Education, 3*(2), 37-43.

Carlson, M., Charlin, V., & Miller, N. (1988). Positive mood and helping behavior: A test of six hypotheses. *Journal of Personality and Social Psychology, 55*(2), 211-229.

Chang, S. A., Tillem S., Benson-Williams C., Baskin-Sommers A. (2021). Cognitive empathy in subtypes of antisocial individuals. *Frontiers in Psychiatry, 12,* 677-975.

Christensen, P., Wood, W., Preiss, R., Gayle, B., Burrell, N., Allen, M., & Bryant, J. (2007). Effects of media violence on viewers' aggression in unconstrained social interaction. In R. W. Preiss, B. M. Gayle, N. Burrell, M. Allen, & J. Bryant (Eds.), *Mass media effects research: Advances through meta-analysis* (pp. 145-168). Lawrence Erlbaum Associates Publishers.

Cloward, R., & Ohlin, L. (1960). *Delinquency and opportunity: A theory of delinquent gangs.* Free Press.

Cohen, A. K. (1955). *Delinquent boys: The culture of the gang.* Free Press.

Cohen, A. K. (1965). The sociology of the deviant act: Anomie theory and beyond. *American Sociological Review, 30*(1), 5-14.

Coloroso, B. (2003). *The bully, bullied and the bystander.* Harper Collins.

Cornell, D., & Huang, F. (2016). Authoritative school climate and high school student risk behavior: A cross-sectional multi-level analysis of student selfreports. *Journal of Youth and Adolescence, 45*(11), 2246-2259.

Crick, N. R., & Dodge, K. A. (1994). A review and reformulation of social information-processing mechanisms in children's social adjustment. *Psychological Bulletin, 115*(1), 74-

101.

Crick, N. R., & Dodge, K. A. (1996). Social information-processing mechanisms in reactive and proactive aggression. *Child Development, 67*(3), 993-1002.

Crick, N. R., Grotpeter, J. K., & Bigbee, M. A. (2002). Relationally and physically aggressive children's intent attributions and feelings of distress for relational and instrumental peer provocations. *Child Development, 73*(4), 1134-1142.

Crick, N. R., Nelson, D. A., Morales, J. R., Cullerton-Sen, C., Casas, C. F., & Hickman, S. E. (2001). Relational victimization in childhood and adolescence: I hurt you through the grapevine. In J. Juvonen & S. Graham (Eds.), *Peer harassment in school: The plight of the vulnerable and victimized* (pp. 196-214). Guilford Press.

Cullen, F. T., Gendreau, P., Jarjoura, G. R., & Wright, J. P. (1997). Crime and the bell curve: Lessons from intelligent criminology. *Crime & Delinquency, 43*(4), 387-411.

Demaray, M. K., & Malecki, C. K. (2003). Perceptions of the frequency and importance of social support by students classified as victims, bullies, and bully/victims in an urban middle school. *School Psychology Review, 32*(3), 471-489.

Dodge, K. A. (1980). Social cognition and children's aggressive behavior. *Child Development, 51*(1), 162-170.

Duncan, R. D. (1999). Maltreatment by parents and peers: The relationship between child abuse, bully victimization, and psychological distress. *Child Maltreatment, 4*(1), 45-55.

Eder, D. (1985). The cycle of popularity: Interpersonal relations among female adolescents. *Sociology of Education, 58*(3), 154-165.

Eggen, P. & Kauchak, D. (2011). 교육심리학[*Educational Psychology*]. (신종호, 김동민, 김정섭, 김종백, 도승이, 김지현, 서영석 역). 서울: 학지사. (원저는 2010년 출간).

Eisenberg, N., Guthrie, I. K., Cumberland, A., Murphy, B. C., Shepard, S. A., Zhou, Q., & Carlo, G. (2002). Prosocial development in early adulthood: a longitudinal study. *Journal of Personality and Social Psychology, 82*(6), 993-1006.

Eisenberg, N., Lennon, R., & Roth, K. (1983). Prosocial development: a longitudinal study. *Developmental Psychology, 19*(6), 846-855.

Elkind, D. (1967). Egocentrism in adolescence. *Child Development, 38*(4), 1025-1034.

Elkind, D. (1985). Egocentrism redux. *Developmental Review, 5*(3), 218-226.

Erikson, E. H. (1968). *Identity, youth, and crisis.* Norton.

Espelage, D. L., & Holt, M. K. (2001). Bullying and victimization during early adolescence: Peer influences and psychosocial correlates. In R. A. Geffner, M. Loring, & C. Young (Eds.), *Bullying behavior: Current issues, research, and interventions* (pp. 123-142). The Haworth Press, Inc.

Estevez, E., Murgui, S., & Musitu, G. (2009). Psychological adjustment in bullies and victims of school violence. *European Journal of Psychology of Education, 24*(4), 473-484.

Evertson, C. M., & Emmer, E. T. (2009). *Classroom management for elementary teachers.* Pearson Education.

Farrington, D. P. (1991). Childhood aggression and adult violence: Early precursors and later life outcomes. In D. Pelper & K. Rubin (Eds.), *The development and treatment of childhood aggression.* Lawrence Erlbaum.

Farrington, D. P. (1993). Understanding and preventing bullying. In M. Tony (Ed.), *Crime and justice* (Vol. 17, pp. 381-458). University of Chicago Press.

First, M. B,. Bell, C. C., Cuthbert, B., Krystal, J. H., Malison, R., Offord, D. R., Reiss, D., Shea, T., Widiger, T., & Wisner, K. L. (2002). Personality disorders and relational disorders: A research agenda for addressing crucial gaps in DSM. In M. B. First, D. A. Regier, & D. J. Kupfer (Eds.), *A Research Agenda for DSM-V* (pp. 123-200). American Psychiatric Pub.

Franz, D. Z., & Gross, A. M. (2001). Child sociometric status and behaviors: An observational study. *Behavoir Modification, 25*(1), 3-20.

Gilligan, C. (1977). In a different voice: Women's conceptions of self and morality. *Harvard Educational Review, 47*(4), 481-517.

Gilligan, C. (1982). *In a difference voice: Psychological theory and women's development.* Harvard University Press.

Gilligan, C., & Attanucci, J. (1988). Two moral orientations: Gender differences and similarities. *Merrill-Palmer Quarterly, 34*(3), 223-237.

Goode, E. (2015). The Sociology of Deviance. In E. Goode (Ed.), *The handbook of deviance* (pp. 1-29). John Wiley & Sons, Inc.

Gottman, J. M., & Graziano, W. G. (1983). How children become friends. *Monographs of the Society for Research in Child Development, 48*(3), 1-86.

Graham, S., Bellmore, A. D., & Mize, J. (2006). Peer victimization, aggression, and their co-occurrence in middle school: Pathways to adjustment problems. *Journal of Abnormal Child Psychology, 34,* 349-364.

Greenberg L. S., & Johnson, S. M. (1988). *Emotionally focused therapy for couples.* Guilford Press.

Gurian, M. (2009). *The purpose of boys: Helping our sons find meaning, significance, and direction in their lives.* John Wiley & Sons.

Gurucharri, C., Phelps, E., & Selman, R. (1984). Development of interpersonal understanding: A longitudinal and comparative study of normal and disturbed youths. *Journal of Consulting and Clinical Psychology, 52*(1), 26-36.

Harari, Y. N. (2015). 사피엔스: 유인원에서 사이보그까지, 인간 역사의 대담하고 위대한 질문[*Sapiens: A Brief History of Humankind*]. (조현욱 역). 서울: 김영사. (원저는 2011년 출간).

Hare, R. (2011). *Without conscience: The disturbing world of the psychopaths among us.* Guildford Press.

Hawley, P. H. (2007). Social dominance in childhood and adolescence: Why social competence and aggression may go hand in hand. In P. H. Hawley, T. D. Little, & P. Rodkin (Eds.), *Aggression and adaptation: The bright side to bad behavior* (pp. 1-29). Lawrence Erlbaum and Associates.

Hay, D. F., Nash, A., & Pedersen, J. (1981). Responses of six-month-olds to the distress of their peers. *Child Development, 52*(3), 1071-1075.

Hay, D. F., Payne, A., & Chadwick, A. (2004). Peer relations in childhood. *Journal of Child Psychology and Psychiatry, 45*(1), 84-108.

Hazler, R. J. (1996). Bystanders: An overlooked factor in peer on peer abuse. *Journal for the Professional Counselor, 11*(2), 11-21.

Hirsch, T. (1969). *Causes of delinquency.* University of California Press.

Hodges, E. V., & Perry, D. G. (1999). Personal and interpersonal antecedents and consequences of victimization by peers. *Journal of Personality and Social Psychology, 76*(7), 677-685.

Hoffman, M. L. (1984). Interaction of affect and cognition in empathy. In C. E. Izard, J. Kagan, & R. B. Zajonc (Eds.), *Emotion, cognition, and behavior* (pp. 103-131). Cambridge

University Press.

Hoffman, M. L. (1987). The contribution of empathy to justice and moral judgment. In N. Eisenberg & J. Strayer (Eds.), *Empathy and its development* (pp. 47-80). Cambridge University Press.

Hoffman, M. L. (2008). Empathy and prosocial behavior. In M. Lewis, J. M. Haviland-Jones, & L. F. Barrett (Eds.), *Handbook of emotions* (pp. 440-455). Guilford Press.

Hogben, M. (1998). Factors moderating the effect of televised aggression on viewer behavior. *Communication Research, 25*(2), 220-247.

Hong, J. S., & Espelage, D. L. (2012). A review of research on bullying and peer victimization in school: An ecological system analysis. *Aggression and Violent Behavior, 17*(4), 311-322.

Hoover, J. H., Oliver, R., & Hazler, R. J. (1992). Bullying: Perceptions of adolescent victims in the midwestern USA. *School Psychology International, 13*(1), 5-16.

Huang, Y. Y., & Chou, C. (2010). An analysis of multiple factors of cyberbullying among junior high school students in Taiwan. *Computers in Human Behavior, 26*(6), 1581-1590.

Jaffee, S., & Hyde, J. S. (2000). Gender differences in moral orientation: A meta-analysis. *Psychological Bulletin, 126*(5), 703-726.

Jensen, F. E., & Nutt, A. E. (2014). *The teenage brain.* Blackstone Audio.

Kalat, J. W., & Shiota, M. N. (2007). *Emotion.* Cengage Learning.

Kaltiala-Heino, R., Rmpela, M., Rantane, P., & Rimpela. A. (2000). Bullying at School: An indicator of adolescents at risk for mental disorders. *Journal of Adolescence, 23*(6), 661-674.

Kandel, D. B. (1978). Homophily, selection, and socialization in adolescent friendships. *American Journal of Sociology, 84*, 427-436.

Klebold, S. (2016). 나는 가해자의 엄마입니다[*A mother's reckoning: Living in the aftermath of tragedy*]. (홍한별 역). 서울: 반비. (원저는 2016년 출간).

Kochenderfer, B. J., & Ladd, G. W. (1996). Peer victimization: Manifestations and relations to school adjustment in kindergarten. *Journal of School Psychology, 34*(3), 267-283.

Kohlberg, L. (1963). The development of children's orientations toward a moral order: I. Sequence in the development of moral thought. *Vita Humana, 6*(1-2), 11-33.

Kohlberg, L. (1975). The cognitive-developmental approach to moral education. *The Phi*

Delta Kappan, 56(10), 670–677.

Kohlberg, L. (1984). The Psychology of moral development: The nature and validity of moral stages. In *Essays on moral development* (Vol. 2). Harper & Row.

Koo, H., Kwak, K., & Smith, P. K. (2008). Victimization in Korean schools: the nature, incidence and distinctive features of Korean bullying or wang-ta. *Journal of School Violence, 7*(4), 119–139.

LaFontana, K. M., & Cillessen, A. H. (2010). Developmental changes in the priority of perceived status in childhood and adolescence. *Social Development, 19*(1), 130–147.

Law, D. M., Shapka, J. D., Hymel, S., Olson, B. F., & Waterhouse, T. (2012). The changing face of bullying: An empirical comparison between traditional and internet bullying and victimization. *Computers in Human Behavior, 28*(1), 226–232.

Macklem, G. L. (2003). *Bullying and teasing: Social power in children's groups.* Kluwer Academic Pub.

Marcia, J. E. (1966). Development and validation of ego-identity status. *Journal of Personality and Social Psychology, 3*(5), 551–558.

Marcia, J. E. (1991). Identity and self development. In R. Lerner, A. Peterson, & J. Brooks-Gunn (Eds.), *Encyclopedia of adolescence* (Vol. 1, pp. 529–533). Garland.

Matza, D. (1964). *Delinquency and drift.* Transaction Publishers.

McAlinden, A. M. (2006). Setting Em Up: Personal, familial and institutional grooming in the sexual abuse of children. *Social & Legal Studies, 15*(3), 339–362.

McAuliffe, M. D., Hubbard, J. A., Rubin, R. M., Morrow, M. T., & Dearing, K. F. (2006). Reactive and proactive aggression: Stability of constructs and relations to correlates. *The Journal of Genetic Psychology, 167*(4), 365–382.

McCabe, K. A., & Martin, G. M. (2005). *School violence, the media, and criminal justice Response.* Peter Lang.

McLloyd, V. C. (1998). Socioeconomic disadvantage and child development. *American Psychologist, 53*(2), 185–204.

Mears, D. P., & Cochran, J. C. (2013). What is the effect of IQ on offending? *Criminal Justice and Behavior, 40*(11), 1280–1300.

Mishna, F., Cook, C., Gadalla, T., Daciuk, J., & Solomon, S. (2010). Cyber bullying behaviors among middle and high school students. *American Journal of Orthopsychiatry, 80*(3), 362–374.

Mofit, T. E. (1993). A developmental taxonomy. *Psychological Review, 100*(4), 674–701.

Murray, J. P. (1999). Studying television violence. In J. K. Asamen & G. L. Berry (Eds.), *Research paradigms, television, and social behavior* (pp. 369–410). Sage.

Muuss, R. E. (1996). *Theories of Adolescence.* The McGraw–Hill Companies.

Nansel, T. R., Overpeck, M., Pilla, R. S., Ruan, W. J., Simons–Morton, B., & Scheidt, P. (2001). Bullying behaviors among US youth: Prevalence and association with psychosocial adjustment. *Journal of the American Medical Association, 285*(16), 2094–2100.

Noddings, N. (1995). Teaching themes of care. *Phi Delta Kappan, 76*(9), 675–679.

Nolen–Hoeksema, S., Fredrickson, B., Loftus, G. R., & Lutz, C. (2014). *Introduction to psychology.* Cengage Learning.

Olweus, D. (1978). *Aggressionin the schools: Bullies and whipping boys.* Hemisphere.

Olweus, D. (1991). Bully/victim problems among schoolchildren: Basic facts and effects of a school based intervention program. In D. J. Pepler & K. H. Rubin (Eds.), *The development and treatment of childhood aggression* (pp. 411–449). Erlbaum.

Olweus, D. (1993). *Bullying at school: What we know and what we can do.* Blackwell.

Olweus, D. (1994). Bullying at school: Long–term outcomes for the victims and an effective school based intervention program. In L. R. Huesmann (Ed.), *Aggressive behavior: Current perspectives* (pp. 97–130). Plenum Press.

Olweus, D. (1995). Bullying or peer abuse at school: Facts and intervention. *Current Directions in Psychological Science, 4*(6), 196–200.

Olweus, D., & Limber, S. (1999). Bullying prevention program. In D. S. Elliot (Ed.), *Blueprints for violence prevention.* C&M Press.

Olweus, D., Limber, S., & Mihalic, S. F. (1999). Blueprints for violence prevention, book nine: Bullying prevention program. *Boulder, CO: Center for the Study and Prevention of Violence, 12*(6), 256–273.

Papalia, D. E., Olds, S. W., & Feldman, R. D. (2007). *Human development.* McGraw–Hill.

Perry, D. G., Hodges, E. E., & Egan, S. K. (2001). Determinants of chronic victimization by peers: A review and a new model of family influence. In J. Juvonen & S. Graham (Eds.),

Peer harassment in school: The plight of the vulnerable and victimized (pp. 73-104). The Guilford Press.

Piaget, J. (1964). Development and learning. In R. E. Ripple and V. N. Rockcastle (Eds.), *Piaget rediscovered* (pp. 7-20). Cornell University Press.

Piaget, J. (1972). Intellectual evolution from adolescence to adulthood. *Human Development, 15*(1), 1-12.

Randall, P. (1997). Pre-school routes to bullying. In D. Tattum & G. Herbert (Eds.), *Bullying: Home, school, and community*. David Fulton.

Reckless, W. C., & Simon, D. (1972). *The prevention of juvenile delinquency*. Ohio State University Press.

Rice, F. P., & Dolgin, K. G. (2009). 청소년심리학[*Adolescent: Development, relationships, and culture*]. (정영숙, 신민섭, 이승연 역.) 서울: 시그마프레스. (원저는 2008년 출간).

Riviere, J. (1972). On the genesis of psychical conflict in earliest infancy. In M. Klein, P. Heimann, S. Isaacs, & J. Riviere (Eds.), *Developments in psychoanalysis* (pp. 37-66). Hogarth.

Rowe, D. C. (2002). *Biology and crime*. Roxbury.

Rudolph, K. D. (2009). Adolescent depression. In I. Gotlib & C. Hammen (Eds.), *Handbook of depression* (pp. 444-466). Guilford.

Ryall, R. G. (1974). *Competitive dialysis studies of metal-protein equilibria*. The Australian National University.

Salmivalli, C. (2010). Bullying and the peer group: A review. *Aggression and Violent Behavior, 15*(2), 112-120.

Salmivalli, C., Lagerspetz, K., Bjorkqvist, K., Osterman, K., & Kaukiainen, A. (1996). Bullying as a group process: Participant roles and their relations to social status within the group. *Aggressive Behavior, 22*(1), 1-15.

Schacter, H. L., & Margolin, G. (2019). When it feels good to give: Depressive symptoms, daily prosocial behavior, and adolescent mood. *Emotion, 19*(5), 923-927.

Schultz, L. H., & Selman, R. L. (1989). Bridging the gap between interpersonal thought and action in early adolescence: The role of psychodynamic processes. *Development and Psychopathology, 1*(2), 133-152.

Selman, R. L. (1980). *The growth of interpersonal understanding.* Academic Press.

Seri, L., & Montebarocci, O. (2024). The importance of mental functions and autobiographical memory in the development of identity and life story in adolescence: Their role in preventing identity diffusion, aggressiveness and depression among adolescents. *Journal of Child and Adolescent Psychiatry, 1*(3), 1–18.

Shields, A., & Cicchetti, D. (2001). Parental, maltreatment and emotion dysregulation as risk factors for bullying and victimization in middle school. *Journal of Clinical Child Psychology, 30*(3), 349–363.

Simmons, R. (2018). 소녀들의 심리학[*Odd girl out: The hidden culture of aggression in girls*]. (정연희 역). 서울: 양철북. (원저는 2011년 출간).

Slee, P. T. (1994). Situational and interpersonal correlates of anxiety associated with peer victimization. *Child Psychiatry and Human Development, 25*(2), 97–107.

Smith, P. K. (2019). Research on cyberbullying: Strengths and limitations. In H. Vandebosch & L. Green (Eds.), *Narratives in research and interventions on cyberbullying among young people* (pp. 9–27). Springer.

Smith, P. K. (2021). 심리학으로 말하다: 학교폭력[*The Psychology of school bullying*]. (정지숙 역). 서울: 돌배나무. (원저는 2019년 출간).

Smith, P. K., & Myron-Wilson, R. (1998). Parenting and school bullying. *Clinical Child Psychology and Psychiatry, 3*(3), 405–417.

Steinberg, L. (2011). *Adolescence.* McGraw-Hill.

Stephen, J., Fraser, E., & Marcia, J. E. (1992). Moratorium-achievement (Mama) cycles in lifespan identity development: Value orientations and reasoning system correlates. *Journal of Adolescence, 15*(3), 283–300.

Sternberg, R. J., & Williams, W. M. (2002). *Educational psychology.* Allyn & Bacon.

Stevens, V., De Bourdeaudhuji, I., & Van Oost, P. (2000). Bullying in Flemish schools: An evaluation of anti-bullying intervention in primary and secondary schools. *British Journal of Educational Psychology, 70*, 195–210.

Sudermann, M., Jaffe, P., & Schieck, E. (1996). Bullying: Information for parents and teachers. London Family Court Clinic. Retrieved from: http://www.Ifcc.on.ca/bully.htm

Sullivan, E. V., McCullough, G., & Stager, M. (1970). A developmental study of the relationship between conceptual, ego, and moral development. *Child Development, 41*(2), 399–411.

Sullivan, H. S. (1950). The illusion of personal individuality. *Psychiatry, 13*(3), 317–332.

Sullivan, H. S. (1953). *The interpersonal theory of psychiatry.* Norton.

Sutherland, E. H., & Cressey, D. (1992). *Principles of criminology* (11th ed.). AltaMira Press.

Sykes, G. M., & Martza, D. (1957). Techniques of neutralization: A theory of delinquency. *American Sociological Review, 22*(6), 664–670.

Thomas, M. R. (2006). *Violence in America's schools: Understanding prevention, and responses.* Praeger Publishers.

Volk, A. A., Dane, A. V., & Marini, Z. A. (2014). What is bullying? A theoretical redefinition. *Developmental Review, 34*(4), 327–343.

Willard, N. E. (2007). *Cyberbullying and cyberthreats: Responding to the challenge of online social aggression, threats, and distress.* Research Press.

Wolff, J. C., & Ollendick, T. H. (2006). The comorbidity of conduct problems and depression in childhood and adolescence. *Clinical Child and Family Psychology Review, 9,* 201–220.

Woolfolk, A. (2013). *Educational psychology* (12th ed.). Pearson.

교육플러스(2021. 9. 30.). 떼카, 카톡감옥…… 늘어나는 사이버폭력. https://www.edpl.co.kr/news/articleView.html?idxno=2779

디지털 성범죄 사건인 'N번방 사건(2019)'. https://ko.wikipedia.org

매일경제(2023. 10. 16.). 'n번방 방지법' 2년…… 디지털 성범죄 더 늘어. https://www.mk.co.kr/news/society/10851053

머니투데이(2023. 5. 28.). "학폭위 처분 과해" 소송 건 가해자…… 시간 끌기 '최장 26개월'. https://news.mt.co.kr/mtview.php?no=2023052715102080096

소년심판, 소년법을 움직인 드라마(2023. 10. 3.). https://www.rfa.org

연합뉴스(2024. 11. 21.). 성남시의원 자녀학폭사건 심의만 4개월…… 대응논란. https://www.yna.co.kr/view/MYH20241121004500641

연합뉴스(2024. 12. 5.). 고교생 "입시 중인데 학폭 처분 가혹"…… 법원 "조치 적절". https://www.yna.co.kr/view/AKR20241204116600065?input=1195m

연합뉴스(2024. 7. 3.). 진주 중학생 학폭 피해자 40명 넘어…… 교육청 전수조사 결과. https://www.yna.co.kr/view/AKR20240703079400052

영화 〈우아한 거짓말〉(2014). https://namu.wiki

월간교육정책 포럼(2021. 7. 21.). 변화하는 학교폭력, 그 대안은 무엇인가. https://edpolicy. kedi.re.kr/frt/webzine/selectWebzineList1.do?strCurMenuId=10101&nTbWebzineS eq=2105

토요저널(2024. 8. 25.). 2023학년도 학교폭력 발생 현황분석. https://blog.naver.com/ tynews/223560446494

푸른나무재단(2024). https://btf.or.kr

한겨레(2023. 3. 13.). 학교폭력에 딸 떠난 뒤 8년의 고통…… "아무도 사과하지 않았다." https:// www.hani.co.kr/arti/society/society_general/1083286.html

한겨레(2023. 4. 14.). 정순신 아들엔 "황금" 같던 수업…… 피해자는 2년간 단 이틀만 출석. https://www.hani.co.kr/arti/politics/assembly/1087933.html

한겨레(2024. 9. 2.). 딥페이크 텔레방에 22만 명…… 입장하니 "좋아하는 여자 사진 보내라." https://www.hani.co.kr/arti/society/society_general/1154764.html

한겨레(2024. 10. 27.). '모래 섞인 과자 먹인' 시의원 자녀 학폭 파장…… 공분의 화환 120개. https://www.hani.co.kr/arti/area/capital/1163942.html

JTBC 뉴스(2023. 5. 3). 때리고 주변에서는 웃고…… '충남 태안 학폭영상' 경찰 수사 중. https:// news.jtbc.co.kr/article/NB12124902

KBS 뉴스(2023. 3. 3.). "학생이 뭔 돈, 겜비 내줄게"…… 착한 동네 형의 충격적 정체. https:// www.youtube.com/watch?v=2vAA2OxR46E

MBC 뉴스(2023. 5. 8.). 머리채 잡아끌고 "쫙, 쫙!"…… '연락받지 않는다'면서. https://imnews. imbc.com/news/2023/society/article/6481426_36126.html

MBC 뉴스(2023. 5. 25.). "학폭위 열어달라고 했는데"…… 고3 학생 끝내 숨져. https://imnews. imbc.com/replay/2023/nwdesk/article/6487490_36199.html

MBC 뉴스(2024. 11. 8.). 학생 수영부 '집단 성폭력' 경찰 수사 착수. https://news.mbccb.co.kr/ home/sub.php?menukey=61&mod=view&RECEIVE_DATE=20241108&SEQUENCE= 4333ng.re.kr

SBS 뉴스(2022. 7. 25.). '킥보드 결제 셔틀'까지 시키는 신종 학교폭력…… 막을 방법은? https:// news.sbs.co.kr/news/endPage.do?news_id=N1006835689

YTN뉴스(2022. 6. 15.). 6학년이 3학년들 성추행 "유사 성행위도 강요". https://www.ytn. co.kr/_ln/0115_202206152059470193

🌱 찾아보기

저자 소개

임성택(Lim Sungtaek)
강원대학교 대학원 교육학 석사(교육심리 전공)
미국 State University of New York at Albany (Ph. D.)
현 강원대학교 교육학과 교수

이금주(Lee Keumjoo)
미국 Arizona State University (Master of Education, Major in
    Curriculum and Instruction)
강원대학교 대학원 교육학 박사(교육심리학 전공)
현 강원대학교 교육학과 강사

홍송이(Hong Song-Ee)
서울대학교 대학원 교육학 석사(교육심리 전공)
강원대학교 대학원 교육학 박사(교육심리 및 상담 전공)
현 강원대학교 교육학과 강사

채선기(Chae Seon Ki)
성균관대학교 대학원 교육학 석사(교육학 전공)
한남대학교 대학원 상담학 석사(상담심리 전공)
한국상담대학원대학교 상담학 박사(아동청소년상담 전공)
현 수원대학교 교육대학원 상담교육과 특임교수
    춘천교육대학교 객원교수
    한국다움상담연구소 소장

황정숙(Hwang Jeong Sook)
강원대학교 대학원 교육학 석사(교육심리 전공)
강원대학교 대학원 교육학 박사(교육사회학 전공)
현 강원대학교 교육학과 강사

학교폭력예방 및 학생의 이해
School Violence Prevention by Understanding Students

2025년 3월 10일 1판 1쇄 인쇄
2025년 3월 20일 1판 1쇄 발행

지은이 • 임성택 · 이금주 · 홍송이 · 채선기 · 황정숙
펴낸이 • 김진환
펴낸곳 • ㈜ **학지사**

　　　　　04031 서울특별시 마포구 양화로 15길 20 마인드월드빌딩
대표전화 • 02-330-5114　　팩스 • 02-324-2345
등록번호 • 제313-2006-000265호

홈페이지 • http://www.hakjisa.co.kr
인스타그램 • https://www.instagram.com/hakjisabook

ISBN 978-89-997-3374-1　93370

정가 20,000원

출판미디어기업 **학지사**

간호보건의학출판 **학지사메디컬** www.hakjisamd.co.kr
심리검사연구소 **인싸이트** www.inpsyt.co.kr
학술논문서비스 **뉴논문** www.newnonmun.com
교육연수원 **카운피아** www.counpia.com
대학교재전자책플랫폼 **캠퍼스북** www.campusbook.co.kr